Rausch und Rummel

Sacha-Roger Szabo (M.A.) studierte an der Albert-Ludwigs-Universität Freiburg Germanistik, Soziologie und Philosophie. Er hatte mehrere Lehraufträge am dortigen Institut für Soziologie. Seine Forschungsschwerpunkte sind Spieltheorie, Alltagsartefakte und -kulturen sowie allgemeine soziologische Theorie und Literaturtheorie. Zu seinen Veröffentlichungen zählen Arbeiten beispielsweise zur postmodernen Lyrik in der ehemaligen DDR oder zu Phänomen der Massenkultur, wie etwa dem Sammeln von Fahrchips.

Sacha-Roger Szabo

Rausch und Rummel

Attraktionen auf Jahrmärkten und in Vergnügungsparks.
Eine soziologische Kulturgeschichte

[transcript]

Bibliografische Information der Deutschen Bibliothek
Die Deutsche Bibliothek verzeichnet diese Publikation in der Deutschen Nationalbibliografie; detaillierte bibliografische Daten sind im Internet über http://dnb.ddb.de abrufbar.

Zugl.: Freiburg (Breisgau), Univ., Diss., 2006

Umschlaggestaltung: Kordula Röckenhaus, Bielefeld
Umschlagabbildung: © PhotoCase.com
Lektorat: Sacha-Roger Szabo
Satz: Alexander Masch, Bielefeld
Druck: Majuskel Medienproduktion GmbH, Wetzlar
ISBN 3-89942-566-9

Gedruckt auf alterungsbeständigem Papier mit chlorfrei gebleichtem Zellstoff.

Inhalt

Einleitung

Hier ist des Volkes wahrer Himmel,
Zufrieden jauchzet groß und klein:
Hier bin ich Mensch, hier darf ich's sein![1]

Diese von Faust gesprochenen Sätze aus der von Goethe verfassten Tragödie weisen auf drei grundlegende Merkmale des Jahrmarkts hin. Zum einen handelt es sich bei diesem Fest um einen Ort des Volkes, der sowohl Kindern wie auch Erwachsenen zugänglich ist. Vor allem aber wird diesem Fest eine katalytische Wirkung zugesprochen. Der Mensch darf an diesem Ort seine innersten Triebe und Sehnsüchte ausleben. Damit ist auch das zentrale Anliegen benannt dem sich diese Arbeit widmet. Was ist der Reiz, der von einem Jahrmarkt, insbesondere von den Jahrmarktsattraktionen ausgeht? Diese kultursoziologische und kulturtheoretische Arbeit ist dabei folgendermaßen aufgebaut:

Im folgenden Kapitel wird die verwendete Literatur in Grundzügen vorgestellt. Die einzelnen Unterkapitel behandeln Literatur zu (Volks-)Festen, einzelnen Jahrmarktsattraktionen sowie zur Spieltheorie. Im dritten Kapitel wird eine historisierende Chronologie der verschiedenen Formen dieses Festes eröffnet. Ausgehend von der religiösen Kirchweihe bis hin zu den modernen Vergnügungsparks wird gezeigt, wie sich dieses ursprünglich religiöse Fest ins Profane verschiebt. Dabei wird auch der Frage nachgegangen, inwiefern der Besuch eines Jahrmarkts mit dem

1 Johann Wolfgang von Goethe: „Faust", Reclam, Stuttgart, 1986, S. 28 in der Szene „Vor dem Tor", in welchem ein Kirmestreiben herrscht. – Ein weiteres Goethe zugeschriebenes Zitat, das jedoch nicht verbürgt ist, verkürzt den Osterspaziergang prägnant zu: „Die Kirmes ist des Volkes wahrer Himmel." Aus: Quelle: Deutscher Schaustellerbund, http://www.dsbev.de/gewerbe/main.htm [Stand 01.12.2005].

Entstehen von Freizeit korrespondiert, ob dieser Besuch mehr als nur die Flucht vor bedrückenden Arbeitsverhältnissen ist oder ob er nicht sogar ein Erleben einer bestimmten Form von ekstatischer Transzendenz ermöglicht. Die Jahrmarktsattraktionen können als Mutproben aufgefasst, als säkularisierte Initiationsriten begriffen werden. Ein wesentliches Moment von Initiationsriten ist es, die Grenzen der eigenen Vorstellung zu überschreiten und auf diese Weise ein Bild des Jenseits zu gewinnen.[2] Dieses Erlebnis von Transzendenz als außergewöhnliches Bewusstsein liegt als Erlebnisgröße den Jahrmarktsattraktionen zugrunde.

Caillois' Spielbegriff eröffnet die Möglichkeit der Bestimmung bestimmter Formen eines profanen Transzendenzbegriffs, der sich aus dem Bereich des religiösen exkludierte.[3] Im Folgenden werden daher die Merkmale der Jahrmarktsattraktionen nach den Spieltheorien Caillois, einer Weiterentwicklung des Ansatzes Huizingas, analysiert, abgeglichen und in Kategorien eingeteilt. Im fünften Kapitel werden die einzelnen Jahrmarktsattraktionen[4] einer systematischen sozialphänomenologischen Untersuchung unterzogen. Schwerpunkt der Betrachtung sind Attraktionen aus dem Zeitraum vom Ende des neunzehnten bis zum Ende des zwanzigsten Jahrhunderts. Versucht man das Treiben auf dem Jahrmarkt begrifflich einzuklammern, so ergibt sich das Problem, dass sich dieses Geschehen, obwohl es in der Gesamtschau als Einheit erscheint, in eine Vielzahl unterschiedlicher Phänomene zersplittert. Sucht man nach dem Prinzip, welches Attraktionen wie Bierzelt, Achterbahn, Schießbude und Karussell miteinander verbindet, so muss man einen Ordnungsbegriff finden, welcher den jeweiligen Charakteristika einer Jahrmarktsattraktion gerecht wird. Diese sind dann dezidiert zu benennen und gegenüber anderen Attraktionen abzugrenzen. Zugleich ist das Gesamtensemble als Einheit zu erfassen, um dasselbe in einen übergeordneten kulturellen Kontext einzuordnen. Dies leistet Caillois' Theorie. In der Einzelbetrachtung zeigt sich, dass jeder Attraktion ein Moment eingebettet ist, das sich ganz allgemein gesprochen dadurch auszeichnet, dass es zu einem außergewöhnlichen Zustand der Wirklichkeitserfahrung kommt. Im abschließenden sechsten Kapitel werden die Ergebnisse der Arbeit zunächst auf der Grundlage der vorangegangenen Kapitel zu-

2 Vgl. Hartmut Kraft: „Über innere Grenzen. Initiation in Schamanismus, Kunst, Religion und Psychoanalyse", Diederichs, München, 1995, S. 22-28.

3 „So haben viele Spiele und gerade viele der am meisten verbreiteten einen heiligen Ursprung", aus: Roger Caillois: „Der Mensch und das Heilige", Hanser, München, 1988, S. 207.

4 Technisch werden Jahrmarktsattraktionen in der DIN-Verordnung als „Fliegende Bauten" klassifiziert. Siehe dazu: www.tekkies.de: http://www.tekkies.de/pdf/DIN-4112-Fliegende-Bauten.pdf, [Stand 01.06.2006].

sammengefasst. Darauf folgend widmet sich das Kapitel der Frage nach der Funktion, die das Ensemble Jahrmarkt für die jeweilige Gesellschaft erfüllt und welche Leistung der Jahrmarkt für eine Kultur erbringt.

Das Bemerkenswerte an diesem Geschehen ist es, dass mittels technischer Apparaturen ein profan-transzendentes Erlebnis ermöglicht wird. Auf dieser Metaebene kommt hier dem menschlichen Körper eine zentrale Rolle zu, da auf diesen die meisten Jahrmarktsattraktionen intensiv Bezug nehmen. Mittels dieser Bezugsgröße wird eine Einheit zwischen Individuum und Umwelt hergestellt. Diese ekstatische Einheit bildet einen semantischen Komplementärbegriff zur durch die funktional differenzierte Moderne bedingten zersplitterten Wirklichkeit.

Quellen

Die vorliegende Arbeit versteht sich als soziologische Untersuchung des Phänomens der Jahrmarktsattraktionen. Diese Betrachtung gründet zum ersten auf Arbeiten zu (Volks-)Festen und Attraktionen, zum zweiten auf grundlegenden Aufsätzen zur Spieltheorie und zum dritten auf ausgewählten Jahrmarktsabbildungen und untersucht darauf aufbauend die kulturtheoretischen Implikationen einzelner Attraktionen.

Arbeiten zu Festen und Attraktionen

Ausgangspunkt dieser Überlegungen sind vor allem heimat- und volkskundliche Arbeiten zur Geschichte bestimmter Volksfeste. Anhand dieser wird die Entwicklung des Jahrmarkts erläutert. Die Betrachtung der Entwicklung einzelner Jahrmarktsattraktionen basiert zum einen auf den bereits genannten Arbeiten, zum anderen auf speziellen Monographien zu den jeweiligen Attraktionen.

Eine erste Betrachtung der Literatur zum Thema Jahrmarkt und Volksbelustigungen vermittelt zunächst ein scheinbar paradoxes Bild, denn es gibt nur wenige Veröffentlichungen, die sich mit der Kulturgeschichte dieses Phänomens befassen. Zugleich aber gibt es eine unüberschaubare Anzahl an Publikationen heimatkundlicher Provenienz, die die Geschichte der jeweiligen regionalen Veranstaltungen erzählen.[1]

1 Eine ähnliche Unüberschaubarkeit gilt für die Belletristik mit Jahrmarktsbezug. Im Folgenden wird daher eine chronologisch aufgebaute Darstellung der bekanntesten jahrmarktsthematisierten Bücher gegeben. Eine stimmungsvolle Sammlung von Kirmesbeschreibungen wurde von Georg Adolf Narciß zusammengetragen (Georg Adolf Narciß: „Wahrhaffter und Eigentlicher Jahrmarkt der Welt berühmtesten Messen. Gar kurzweilige, possierliche und fast lächerliche neue und alte Historien, Reime und An-

Neben diesen beiden Bereichen gibt es noch spezielle Monographien zu Fahrgeschäften und Kirmesattraktionen sowie kulturtheoretische beziehungsweise kulturphilosophische Abhandlungen zu Jahrmärkten und Vergnügungsparks.

Die meisten Veröffentlichungen zu den verschiedenen Volksfesten sind vorrangig im heimatkundlichen und lokalgeschichtlichen Umfeld verankert. Einen ersten Überblick geben die so genannten „Festführer", die ähnlich Reiseführern neben der Anfahrt auch kurz auf die Geschichte der Feste eingehen. Hervorzuheben ist hier Angelika Feilhauers Buch „Feste feiern in Deutschland. Ein Führer zu alten und neuen Volksfesten und Bräuchen"[2], Leander Petzoldts „Feste und Feiern in Baden-Württemberg"[3], die Veröffentlichung im Auftrag der Allianz Versicherung „Alte Bräuche – Frohe Feste. Zwischen Flensburg und Obersdorf, Aachen und Bayreuth"[4] sowie die Veröffentlichung von Klaus Walther „Zwiebelmarkt und Lichterfest",[5] die in persönlichem Stil die Feste der ehemaligen DDR beschreibt.

Die Kirmesmonographien gehen sehr intensiv, wenngleich teilweise unreflektiert und gelegentlich unsystematisch, auf die Geschichte der jeweiligen Volksfeste ein und sind aber als Quelle und Abbildungsar-

---

ekdoten durch den Curiositätenliebhaber Georg Adolf Narciß zusammengetragen", Ehrenwirth, München, 1967). Anfang des zwanzigsten Jahrhunderts entstanden einige Thematisierungen des Wiener Vergnügungsviertels, des Praters. Eine Sammlung dieser Beschreibungen wurde von Dietmar Grieser herausgegeben (Dietmar Grieser: „Gustl, Liliom und der dritte Mann. Ein literarischer Praterspaziergang", Kremyr und Schertau, Wien, 1992). Eine weitere bekannte Veröffentlichung, die den Prater als Schauplatz hat, ist „Josephine Mutzenbacher" (Felix Salten: „Josephine Mutzenbacher. Die Lebensgeschichte einer wienerischen Dirne von ihr selbst erzählt", Rowohlt, Hamburg, 1978). Insgesamt findet das Jahrmarktsthema seine größte Verbreitung in Unterhaltungsromanen und „Groschenromanen". Innerhalb dieses Genres ist Stephen Kings Horrorroman „Achterbahn. Riding the Bullet" die populärste Veröffentlichung. In diesem Roman wird ein Anhalter mit der Frage konfrontiert, ob er sein Leben für das seiner Mutter zu geben gewillt ist. Da die Achterbahnfahrt eine grundsätzliche Lebensgefährdung darstellt, fungiert in diesem Roman die Achterbahn als Symbol einer Initiation und des Verlassens einer bestimmten Lebensphase (Stephen King: „Achterbahn. Riding the Bullet", Ullstein, München, 2000).

2 Angelika Feilhauer: „Feste feiern in Deutschland. Ein Führer zu alten und neuen Volksfesten und Bräuchen", Nagel und Kimche, Zürich, 2000.

3 Leander Petzold: „Feste und Feiern in Baden-Württemberg", G. Braun, Karlsruhe, 1990.

4 Allianz Versicherung (Hg.): „Alte Bräuche frohe Feste zwischen Flensburg und Oberstdorf, Aachen und Bayreuth", Allianz, o. O., o. J.

5 Klaus Walther (Hg.): „Zwiebelmarkt und Lichterfest. Bräuche, Feste, Traditionen", Mitteldeutscher Verlag Halle, Leipzig, o. J.

chiv sehr nützlich, zumal oft auch sehr detailreich auf das Schaustellergewerbe und auf die Geschichte der regional ansässigen Schaustellerfamilien eingegangen wird. Erwähnenswert sind hier die Veröffentlichungen von Peter Parnicke „Oldenburger Jahrmarktstradition. Geschichte und Geschichten zu Oldenburger Schaustellermärkten“[6], von Fürstenberger und Ritter „500 Jahre Basler Messe“[7], von Stimmin und Vogt „Hamburger Dom. Das Volksfest des Nordens im Wandel“[8] und die Veröffentlichung „Kirmes in Krefeld“[9], die vom Oberstadtdirektor der Stadt Krefeld herausgegeben wurde, sowie die vom ehemaligen Marktmeister Peter Lepold[10] verfasste Geschichte der Freiburger Messe. Aus der Vielzahl der Veröffentlichungen zu den großen Volksfesten sind die Arbeiten von Heidrun Wotzel „Die Dresdner Vogelwiese. Vom Armbrustschießen zum Volksfest“[11], die sich sehr ausführlich mit der Geschichte dieses Volksfestes auseinandersetzt, sowie die Veröffentlichungen zum Cannstatter Wasen von Strohecker und Wilmann[12] zu nennen. Neben diesen Arbeiten ist vor allem auf den Katalog „Das Oktoberfest. Einhundertfünfundsiebzig Jahre Bayerischer National-Rausch“[13], der vom Münchner Stadtmuseum mit herausgegeben wurde, zu verweisen.

Auch sei hier auch auf Marcello La Speranzas „Prater Kaleidoskop. Eine photohistorische Berg- und Talfahrt durch den Wiener Wurstelprater[14]„ hingewiesen. La Speranza vergleicht die historische Entwicklung des Praters anhand zweier Bestückungspläne und dokumentiert dies durch Photodokumente.[15] Eine Besonderheit stellt die Veröffentlichung

6 Peter Parnicke: „Oldenburger Jahrmarktstradition. Geschichte und Geschichten zu Oldenburger Schaustellermärkten“, Isensee, Oldenburg, 1995.

7 Markus Fürstenberger/Ernst Ritter: „500 Jahre Basler Messe“, Helbig und Lichtenhahn, Basel, 1971.

8 Elisabeth Stimming/Holger Vogt: „Hamburger Dom. Das Volksfest des Nordens im Wandel“, Medien-Verlag Schubert, Hamburg, 1995.

9 Oberstadtdirektor der Stadt Krefeld – Amt für Landwirtschaft, Liegenschaften und Marktwesen (Hg.): „Kirmes in Krefeld. Geschichte und Geschichten von Schaustellern“, o. V., o. O., 1991.

10 Peter Lepold: „Freiburger Messe … Ein Bummel durch ihre Geschichte“, Promo Verlag, Freiburg, 1980.

11 Heidrun Wozel: „Die Dresdner Vogelwiese. Vom Armbrustschießen zum Volksfest“, Verlag der Kunst, Dresden, 1993.

12 Hans Stroheker, Günter Willmann: „Cannstatter Volksfest”, Konrad Theiss Verlag, Stuttgart, 1978.

13 Münchner Stadtmuseum: „Das Oktoberfest. Einhunderfünfundsiebzig Jahre Bayerischer National-Rausch”, F. Bruckmann, München, 1995.

14 Marcello La Speranza: „Prater Kaleidoskop. Eine fotohistorische Berg- und Talfahrt durch den Wiener Wurstelprater”, Picus, Wien, 1997.

15 Eine stimmungsvolle Photodokumentation zur Berliner Jahrmarktgeschichte stellt das kleine Bändchen von Heinrich Zille dar: „Buden, Bier

„Wurstelprater“[16] von Felix Salten dar, der weniger die Geschichte des Praters, als vielmehr das Flair dieses Vergnügungsortes einzufangen sucht.

Eine frühe Sammlung der unterschiedlichen Attraktionen stellt das 1843 erschienene Bilderbuch „Der Jahrmarkt. Sehenswürdigkeiten und Scenen in bunter Reihe“[17] dar. Dargestellt sind hier – neben verschiedenen Schaubudenattraktionen, wie der Menagerie oder dem Wachsfigurenkabinett, Dressurvorführungen, artistische Aufführungen – ein Karussell sowie eine Glücksbude. Eine umfangreiche Sammlung historischer Graphiken wurde von Hermann Schardt herausgegeben.[18] Eine weitere Sammlung von Abbildungen aus dem Jahrmarktsmilieu wurde von der Puppentheatersammlung der Stadt München unter dem Titel „Hereinspaziert Hereinspaziert. Jahrmarktsgraphiken aus drei Jahrhunderten“[19] herausgegeben.[20] Anhand dieser Beispiele kann gezeigt werden, wie artistische Aufführungen, die ehemals Teil des Jahrmarktvergnügens waren,[21] von dem Festplatz verschwanden und sich als Zirkusattraktion außerhalb des Jahrmarkts eine neue und andere Form der Präsentation aneigneten. Eine gelungene Darstellung der verschiedenen Zirkusattraktionen wurde von Jörn Merkert als Katalog zur Ausstellung „Zirkus Circus Cirque“[22] im Rahmen der 28. Berliner Festwochen 1978 herausgegeben.

---

und starke Frauen. Ein Rummelspaziergang mit Heinrich Zille“, Fackelträger, Hannover, 1987.

16 Felix Salten: „Wurstelprater“, Fritz Molden, Wien, 1973.

17 „Der Jahrmarkt. Sehenswürdigkeiten und Scenen in bunter Reihe“, Insel, Frankfurt a.M., 1978.

18 Hermann Schardt (Hg.): „Schausteller Gaukler und Artisten. Schaubuden-Graphik der Vormärzzeit“, Verlag Fredebeul und Koenen, Essen, 1980.

19 Puppentheatersammlung der Stadt München (Hg.): „Hereinspaziert Hereinspaziert. Jahrmarkts-Graphik aus drei Jahrhunderten“, o. V., o. O., o. J.

20 Neben diversen Ausstellungen verschiedener Formate gibt es in Deutschland zwei Museen, die sich dezidiert mit dem Thema der Schaustellerei beschäftigen. Dies ist zum einen die Abteilung Schaustellerei im „Münchner Stadtmuseum“ unter der Leitung von Florian Dering und daneben ein privat geführtes Museum in Essen, das von Erich Knocke ins Leben gerufen wurde, das „Essener Markt- und Schaustellermuseum“.

21 Zu diesem Thema wurde von Stephan Oettermann eine Sammlung faksimilierter Schaustellerzettel herausgegeben (Stephan Oettermann: „Alte Schaustellerzettel“, Puppen & Masken, Frankfurt, 1980).

22 Nationalgalerie Berlin: „Zirkus Circus Cirque“, Greno, Obertshausen, 1978.

Als Grundlagenwerk ist Florian Derings überarbeitete volkskundliche Dissertation „Volksbelustigungen“[23] zu nennen. Dering beschreibt, ausgehend von einer Betrachtung über die Fassadenmalerei der Jahrmarktsgeschäfte, ausführlich die Geschichte der einzelnen Attraktionen bis in die achtziger Jahre des zwanzigsten Jahrhunderts, wobei nicht allein nur die technischen Attraktionen, sondern auch deren Entstehungsgeschichte beleuchtet werden. Auf die Entwicklungen der unterschiedlichen Jahrmarktsattraktionen wird auch, wenngleich unsystematischer, von Willy Thoma in der Festschrift „Faszination Karussell- und Wagenbau“[24] zum 200-jährigen Firmenjubiläum der Familie Mack, die neben der Fabrikation von Fahrgeschäften und Schaustellerwagen auch den Vergnügungspark Europa-Park bei Rust betreibt, eingegangen. Eine ältere und weniger umfassende Kulturgeschichte wurde 1952 von Alfred Lehmann unter dem Titel „Zwischen Schaubuden und Karussells. Ein Spaziergang über Jahrmärkte und Volksfeste“[25] verfasst. Neben den Fahrgeschäften geht Lehmann ausführlich auf die Schaubuden ein, bei denen Menschen mit bestimmten Auffälligkeiten ausgestellt wurden. Auf diese unterschiedlichen Schaubuden, die neben Schaustellungen auch Varietes, Kinematographen, Panoptiken und Panoramen umfassen, gehen die Autoren (u.a. Oettermann) des 1992 erschienenen und von Lisa Kosok und Matthilde Jamin herausgegebenen Katalogs zur Ausstellung im Ruhrlandmuseum „Viel Vergnügen. Öffentliche Lustbarkeiten im Ruhrgebiet der Jahrhundertwende“[26] dezidiert ein.

Neben diesen Veröffentlichungen sei hier auch auf Stephan Oettermanns Veröffentlichung „Das Panorama“[27] hingewiesen, in welchem auf Jahrmarktspanoramen eingegangen wird.[28] Auch sei hier auf eine

23 Florian Dering: „Volksbelustigungen. Eine bildreiche Kulturgeschichte von den Fahr-, Belustigungs- und Geschicklichkeitsgeschäften der Schausteller vom 18. Jahrhundert bis zur Gegenwart“, Delphi, Nördlingen, 1986.

24 Willi Thoma: „Faszination Karussell- und Wagenbau. 200 Jahre Mack Waldkirch“, o. V., o. O., o. J.

25 Alfred Lehmann: „Zwischen Schaubuden und Karussells“, Dr. Paul Schöps, Frankfurt a.M., 1952.

26 Lisa Kosok/Mathilde Jamin (Hg.): „Viel Vergnügen. Öffentliche Lustbarkeiten im Ruhrgebiet der Jahrhundertwende“, Verlag Peter Pomp, Essen, 1992.

27 Stephan Oettermann: „Das Panorama. Die Geschichte eines Massenmediums“, Syndikat, Frankfurt a.M., 1980.

28 Neben dem Jahrmarktspanorama untersuchte Oettermann in weiteren Veröffentlichungen andere Sehenswürdigkeiten, wie Elefanten (Stephan Oettermann: „Die Schaulust am Elefanten. Eine Elephantographia Curiosa“, Syndikat, Frankfurt a.M., 1982), Tätowierte (Stephan Oettermann: „Zeichen auf der Haut. Die Geschichte der Tätowierung“, Syndikat, Frankfurt a.M., 1979) und Läufer (Stephan Oettermann: „Läufer und Vorläufer. Zu einer Kulturgeschichte des Laufsports“, Syndikat, Frankfurt a.M., 1984.

weitere Veröffentlichung von Florian Dering verwiesen, der einen Artikel über Jahrmarktsautomaten in dem von Cornelia Kemp und Ulrieke Gierlinger herausgegebenen Katalog „Wenn der Groschen fällt ... Münzautomaten – gestern und heute“[29] verfasste. Von Florian Dering wurden noch weitere Publikationen aus dem Umfeld der Schaustellerei mitverfasst, die sich mit der Geschichte des Steilwandfahrens als Jahrmarktsattraktionen („Im Banne der Motoren“[30]) und der Schaustellerdynastie der Schichtls („Schichtl – Heute Hinrichtung“[31]) beschäftigten.

Ein Vergnügungsgeschäft, das vor allem in Nordamerika intensiv erforscht wurde und wird, ist die Achterbahn, der „Roller Coaster“. Aus der Vielzahl der englischsprachigen Veröffentlichungen sind hier vor allem Robert Cartmells Veröffentlichung „The Incredible Screaming Machine“[32] sowie die aufwendig gestalteten Bücher von Scott Rutherford „The American Rollercoaster“[33], David Bennett „Roller Coaster“[34] und „Roller Coasters: A Thrill-Seekers Guide to the Ultimate Scream Machines“ von Robert Cooker[35] zu nennen. Im deutschsprachigen Raum sind bislang nur zwei Publikationen erschienen. Klaus Schützmannskis „Roller Coaster“[36], eine Veröffentlichung, die sich mit dem Lebenswerk des Achterbahningenieurs Werner Stengel beschäftigt und im Rahmen der gleichnamigen Ausstellung im Münchner Stadtmuseum erschien, und Frank Lanfers „100 Jahre Achterbahn“[37], für die Lanfer den deutschen Studienpreis erhielt. Daneben ist der Aufsatz „Erlebniswelt Ach-

29 Florian Dering: „Für ein paar Groschen Vergnügen“, in: Cornelia Kemp, Ulrike Gierlinger (Hg.): „Wenn der Groschen fällt ... Münzautomaten – gestern und heute“, Deutsches Museum, München, 1989.

30 Roland Opschonek, Florian Dering, Justina Schreiber: „Im Banne der Motoren. Die Geschichte einer Schausteller-Attraktion“, Buchendorfer Verlag, München, 1995.

31 Florian Dering/Margarete Gröner/Manfred Wegner (Hg.): „Heute Hinrichtung. Jahrmarkts- und Varietéattraktionen der Schausteller-Dynastie Schichtl“, Christian Brandstätter Verlag, Wien, 1990.

32 Robert Cartmell: „The incredible Scream Machine“, Amusement Park Books Inc. and Bowling Green State University Popular Press, o. O., 1987.

33 Scott Rutherford: „The American Roller Coaster“, MBI Publishing Company, Osceola, 2000. Rutherford gab noch ein weiteres Buch mit heraus: Mike Schafer/Scott Rutherford: „Roller Coasters“, MBI Publishing Company, Osceola, 1998.

34 David Bennett: „Roller Coaster. Wooden und Steel Coasters, Twisters and Corkscrews“, Chartwell Books Inc., New Jersey, 1999.

35 Robert Cooker: „Roller Coasters: A Thrill-Seekers Guide to the Ultimate Scream Machines”, Main Street Press, o. O., 2004.

36 Klaus Schützmannsky: „Roller Coaster. Der Achterbahn-Designer Werner Stengel“, Kehrer Verlag, Heidelberg, 2001.

37 Frank Lanfer: „100 Jahre Achterbahn“, Gemi, o. O., 1998.

terbahn“ von Frank Lanfer und Hans Jürgen Kagelmann erwähnenswert, in dem die Autoren die Achterbahn als Versuch deuten, der Zivilisationslangeweile zu entkommen.[38] In einem weiteren Aufsatz zu diesem Themenkreis stellt Torsten Blume die Beschleunigung des Körpers in der Achterbahn als Erlebnisinstanz heraus.[39]

Eine weitere umfangreiche Veröffentlichung aus dem englischsprachigen Raum, die sich mit der Faszination technischer Vergnügungsanlagen beschäftigt, ist Norman Andersons „Ferris Wheels. An Illustrated History“[40], die bislang die einzige Monographie zu Riesenrädern ist.

Obwohl in der vorliegenden Arbeit das Schaustellergewerbe und dessen Geschichte weniger im Vordergrund steht, sei hier auf Peter Parnicke „Oldenburger Jahrmarktstradition. Geschichte und Geschichten zu Oldenburger Schaustellermärkten“[41] mit einem kurzen Abriss der

38 Frank Lanfer/Hans Jürgen Kagelmann: „Erlebniswelt Achterbahn“, in: Hans Jürgen Kagelmann/Reinhard Bachleitner/Max Rieder (Hg.): „Erlebniswelten. Zum Erlebnisboom in der Postmoderne“, Profil Verlag, München, 2004. In diesem Aufsatz eröffnen die Autoren noch weitere Perspektiven, die geeignet sind, das Phänomen Achterbahn zu enträtseln, wie etwa eine interkulturelle Differenz der Rezeption der Achterbahn zwischen Europa und Amerika. Daneben beschreiben die Autoren erlebnispsychologische Perspektiven, die die Neugierde in den Vordergrund rückt, eine spielpsychologische Dimension, die Parallelen zwischen dem Kinderspiel und „gewissen Erlebnisformen“ sieht, einer psychophysiologischen Perspektive des „Sensation-Seekings“, die von einer grundlegenden Reizsuche jedes Individuums ausgeht, einer stresserholungspsychologischen Perspektive, die dem Stress eine Art kathartische Erholung zugesteht, und einer psychodynamischen Perspektive, die im Rückgriff auf Michael Balint das Phänomen des Angstsuchens thematisiert. Dies sind Denkansätze, die in der vorliegenden Arbeit gleichfalls aufgegriffen und weitergeführt werden. Vgl. Frank Lanfer/Hans Jürgen Kagelmann: „Erlebniswelt Achterbahn“, in: Hans Jürgen Kagelmann/Reinhard Bachleitner/Max Rieder (Hg.): „Erlebniswelten. Zum Erlebnisboom in der Postmoderne“, Profil Verlag, München, 2004, S. 84-85. Eine weitere empfehlenswerte Publikation von Kagelmann ist: Hans Jürgen Kagelmann: „Freizeitparks und andere Erlebniswelten“, Profil, München, 2002. Mit dem Ansatz von Kagelmann setzt sich die Diplomarbeit von Frederic Goronzy auseinander. (Frederic Goronzy: „Die Inszenierung des Paradieses – Eine qualitative Inhaltsanalyse von künstlichen Erlebniswelten“, Diplomica, Hamburg, 2002).

39 Torsten Blume: „Die Achterbahn – oder die Welt gerät Tempo, Tempo vollständig aus den Fugen“, in: Regina Bittner (Hg.): „Urbane Paradiese”, Edition Bauhaus, Campus, Frankfurt a.M., 2001.

40 Norman Anderson: „Ferris Wheels. An Illustrated History“, Bowling Green State University Popular Press, Ohio, 1992.

41 Peter Parnicke: „Oldenburger Jahrmarktstradition. Geschichte und Geschichten zu Oldenburger Schaustellermärkten“, Isensee, Oldenburg, 1995, S. 111-129.

Entstehung des Schaustellerstandes[42] sowie auf Margit Ramus „Wie alles begann … Jahrmärkte, Fahrendes Volk und Karussells“[43] und Lilian Birnbaums „Fahrende“[44] hingewiesen. Eher dokumentarisch ist die Publikation „‚Mit Romantik hat unser Beruf nichts zu tun‘. Münchner Schaustellerfrauen erzählen aus ihrem Leben“[45] von Birgit Götz. Eine ausführliche historisierende Darstellung der Schaustellerei wird in dem von Youri Messen-Jaschin, Florian Dering, Anne Cuneo und Peter Siedler verfassten Buch zur Ausstellung „Die Welt der Schaustellerei“[46], die 1986 in Lausanne stattfand, gegeben.

Die bisher genannte Literatur geht auf das Was und Wann ein. Der Frage, warum diese Vergnügungen für Menschen reizvoll sind, wird in nur sehr wenigen Arbeiten nachgegangen. Zu nennen sind hier die Arbeiten von David Nasaw „Going Out. The Rise and Fall of Public Amusements“[47] und von Kaspar Maase „Grenzenloses Vergnügen“[48], die historisch argumentierend die Volksbelustigungen als neues Freizeitvergnügen vor allem der Arbeiterschicht verstehen, denen die gehobenen Schichten misstrauisch gegenüberstehen. Diese Arbeit geht von der grundlegenden These aus, dass sich die Freizeit von der Arbeitszeit abhebt. In der freien Zeit wird dann ein Erlebnis gesucht, das eine Form

42 Einen Eindruck, wie Künstler das Schaustellerleben und den Jahrmarkt wahrgenommen haben, vermittelt der Katalog zur Ausstellung *„Fahrendes Volk. Spielleute * Schausteller * Artisten*“*, der im Rahmen der Ruhrfestspiele 1981 herausgegeben wurde (Ruhrfestspiele Recklinghausen ’81 (Hg.): „Fahrendes Volk. Spielleute. Schausteller. Artisten“, o. V., o. O., o. J.). Eine dokumentarische Arbeit stellt die Veröffentlichung von Susanne Abel dar. Susanne Abel: „Bremer Schausteller 1945-1985: Zum Wandel von Arbeit und Leben“, Schmerse, o. O., 1988.

43 Margit Ramus: „Wie alles begann … Jahrmarkt, Fahrendes Volk und Karussells“, Komet, Pirmasens, 2004. Beachtenswert ist der Teil der Arbeit über das fahrende Volk auf Seite 8-13. Darüberhinaus widmet sich die Autorin, die zugleich Schaustellerin und Kunsthistorikerin ist, intensiv dem Entstehen der verschiedenen Arten von Karussels und gehört daher auch in die Gruppe der Literatur über Jahrmarktsattraktionen.

44 Lilian Birnbaum: „Fahrende“, Medusa, Wien, 1984.

45 Birgit Götz: „‚Mit Romantik hat unser Beruf nichts zu tun‘. Münchner Schaustellerfrauen erzählen aus ihrem Leben“, Buchendorfer Verlag, München, 1999.

46 Youri Messen-Jaschin/Florian Dering/Anne Cuneo/Peter Sidler: „Die Welt der Schaustellerei vom XVI. bis zum XX. Jahrhundert“, Editions des Trois continents, Lausanne, 1986.

47 David Nasaw: „Going Out. The Rise and Fall of Public Amusements“, Basic Books, o. O., 1993.

48 Kaspar Maase: „Grenzenloses Vergnügen. Der Aufstieg der Massenkultur 1850-1970“, Fischer, Frankfurt a.M., 1997.

der Selbstversicherung des Individuums ist. Theoretischer Hintergrund bildet hier die Begrifflichkeit der Erlebnisgesellschaft (Schulze).[49]

Brigitte Veiz' an Freud und Elias ausgerichtete empirische Diplomarbeit[50] über das Oktoberfest versteht den Reiz als rauschhaft-kathartisches Ausleben der unterschiedlichen Triebe und greift damit indirekt über eine psychoanalytische Begrifflichkeit Friedrich Graves platonischen Dialog über den „Marktzauber" auf, dessen Reiz in einer triebhaften Katharsis besteht.[51] Weniger im individuellen, sondern im gesellschaftlichen Kontext versteht Bachtin den Jahrmarkt ähnlich dem Karneval als eine „umgestülpte Welt".[52] Ähnlich Bachtin betrachtet Claudia Schirrmeister Vergnügungsorte wie den Jahrmarkt oder den Vergnügungspark als Räume, in denen „nicht-ernsten" Dingen nachgegangen werden kann, die im Alltag unterdrückt werden.[53]

Neben den Buchpublikationen beschäftigen sich auch mehrere Zeitschriften[54] mit den Themenkreisen Jahrmarkt und Vergnügungspark. Im deutschsprachigen Raum gibt es drei relevante Medien,[55] dies sind die Schaustellerzeitung „Der Komet"[56], die „Kirmes und Park Revue" und

49 Gerhard Schulze: „Die Erlebnisgesellschaft. Kultursoziologie der Gegenwart", 8. Auflage, Campus, Frankfurt a.M., 2000, S. 417-457.

50 Brigitte Veiz: „Das Oktoberfest. Masse, Rausch und Ritual. Sozialpsychologische Betrachtungen eines Phänomens. Eine qualitative Studie", Selbstverlag, 2001.

51 Friedrich Grave: „Marktzauber. Die Erlösung vom Zweck", Dieterichs, Jena, 1929. Besonders S. 188-189, daraus: „Unser eigenes Selbst, im tiefsten Kern, hat mit der göttlichen Weltseele gemein, dass wir es nicht sinnlich, ja eigentlich nur „negativ" zu erkennen vermögen. [...] Zweckhaft verständig wirkt der Wille, wo er, in sich selber stehend, auf Mittel sinnt, um Ziele zu erreichen und sittlich-vernünftig endlich dort, wo er seinen Weg geht lediglich um des rechten Gehens willen – im Vertrauen auf höhere Führung. Der „Marktzauber" hat es vorzugsweise mit der Klasse der triebmäßig-kathartischen Äußerungsweisen zu tun." S. 188.

52 Michail Bachtin: „Literatur und Karneval. Zur Romantheorie und Lachkultur", Fischer, Frankfurt a.M., 1996.

53 Claudia Schirrmeister: „Schein-Welten im Alltagsgrau. Über soziale Konstruktion von Vergnügungswelten", Westdeutscher Verlag, Opladen, 2002.

54 Aus dem angelsächsischen Raum sei hier auf folgende Publikationen verwiesen. „Park World" und „Amusement Today", sowie auf das Magazin „The Caroussel. News & Trader", das sich gezielt an Sammler von Karussellen richtet. Andere Magazine sind: „Amusement Business Today", „Funworld Magazine", „InPark Magazine" und „Theme Parks Magazine".

55 Eine Publikation, die sich auf Führungskräfte von Erlebnisparks konzentriert und hier der Vollständigkeit halber erwähnt werden sollte ist „Euro Amusement Professional" aus dem G. P. Probst Verlag, Lichtenau.

56 Der Komet gab anlässlich seines 100-jährigen Bestehens einen Katalog heraus, der einen Querschnitt über Jahrmarktsattraktionen sowie eine historisierende Darstellung derselben zeigt. „Volksfeste und Märkte. Heraus-

die „Park + Ride". „Der Komet" ist die älteste Publikation, sie erscheint seit über 100 Jahren und berichtet über Neuigkeiten sowohl für, als auch aus dem Schaustellermilieu. Die zehnmal im Jahr erscheinende „Kirmes und Park Revue", Europas größte regelmäßig erscheinende Fachzeitschrift, entstand 1996 aus einer Beilage des „Trödler Magazins". Neben Berichten über die verschiedenen Jahrmärkte und Messen und Beschreibungen der neuesten Attraktionen wird in dieser Zeitschrift auch auf die Schaustellerei eingegangen. Die „Park + Ride" ist das vereinsinterne Organ des Kirmesclubs „Freundeskreis Kirmes und Freizeitparks"[57], in dem neben Vereinsinformationen und Reiseberichten auch über die Geschichte der verschiedenen Parks und Jahrmärkte sowie sehr detailliert über technische Attraktionen berichtet wird.

Aufsätze zur Spieltheorie

Im Folgenden wird die grundlegende Literatur zur Spieltheorie nur kurz vorgestellt. Eine eingehende Betrachtung erfolgt im entsprechenden Ka-

---

gegeben als Jubiläumsbuch 100 Jahre Der Komet", Komet Druck und Verlagshaus Klaus Endres, Pirmasens, 1983.

57 Die Veröffentlichungen spiegeln jedoch nur einen Teil der Kultur wieder, die sich um die Vergnügungsattraktionen gebildet hat. Außer kommerziellen Angeboten, wie Informationsdienste wie etwa „Themata" (Webseite: http://www.themata.com/ [Stand 01.12.2005]), hat sich im Internet ein breites Spektrum unterschiedlichster nichtkommerzieller Angebote gebildet. Neben den Schausteller-Homepages ist eine Vielzahl unterschiedlicher Seiten entstanden, die oftmals sehr aufwendig, teilweise mit Videobeispielen eine Enzyklopädisierung der verschiedenen Fahrgeschäfte betreiben und neben technischen Daten auch die verschiedenen Betreiber auflisten. Daneben haben sich auch mehrere Internetforen etabliert, wie „Freizeitparkweb" (http://freizeitparkweb.de/cgi-bin/dcf/dcboard.cgi [Stand 01.12.2005]) und „Ride-n-Rumours" (http://www.ride-n-rumors.de/portal .php [Stand 01.12.2005]). Eine Seite die sich schwerpunktmäßig alten Fahrgeschäften widmet sei an dieser Stelle auch erwähnt: „Kirmes-Nostalgie" (http://www.kirmes-nostalgie.de/) [Stand 01.06.2006]. Außerhalb des Internets haben sich Kirmes und Vergnügungsparkinteressierte in Clubs zusammengeschlossen, wie etwa dem „Freundeskreis Kirmes und Freizeitpark" (Webseite: http://www.fkf-online.de/ [Stand 01.12.2005]), dem „German Coaster Club" (http://www.germancoasterclub.de/ [Stand 01.06.2006]), dem „European Coaster Club" (Webseite: http://www.coas terclub.org/ [Stand 01.12.2005]), dem belgischen Verein „Rollercoasterfriends" (http://www.rollercoasterfriends. com/ [Stand 01.06.2006]) und dem US-amerikanischen Pendant „American Coaster Enthusiasts" (Webseite: http://www.aceonline.org/ [Stand 01.12.2005]). Einen Überblick über die „Szene" bietet Roller Coaster Database (http://rcdb.com/ [Stand 01.06.2006]).

pitel zur Theorie des Spiels, zu den Merkmalen des Spiels und den Spielkategorien. Die Betrachtung des Jahrmarkts aus Sicht der Spieltheorie gründet vorwiegend auf den Arbeiten von Johan Huizinga „Homo ludens“[58] und Roger Caillois' „Die Spiele und die Menschen. Maske und Rausch“[59].

Abbildungen

Ein besonderes Medium, welches in dieser Arbeit als Material herangezogen wird, stellen – neben aktuellen Photographien – historische Ansichts- oder Postkarten mit Abbildungen von Jahrmärkten dar. Bei diesen Lithographien liegt das Augenmerk nicht allein nur auf der Attraktion, wie das bei den heutigen Photographien zu beobachten ist, sondern auch deren Umfeld, der Atmosphäre wird Gewicht eingeräumt. Kirmespostkarten eignen sich zudem insofern als Grundlage, als diese selbst ein Teil des Jahrmarkttreibens waren,[60] wie dies auf dem unten abgebildeten Exemplar deutlich wird, bei dem ein Postkartenverkäufer ein zentrales Motiv der Karte bildet. Als besonderes Charakteristikum ist festzuhalten, dass mittels der Karten der räumliche und zeitliche Rahmen des Ereignisses – im vorliegenden Fall der Jahrmarktveranstaltung – überwunden wird und das temporäre Ereignis „Jahrmarkt“ auf diese Weise verewigt werden konnte.

Die erste Postkarte ist die in Österreich 1869 erscheinende „Correspondenz Karte“, der noch alle Merkmale einer Ansichtskarte (wie Benennung der Ansicht und Briefmarkenfeld) fehlen.[61] 1870 führt der

58 Johan Huizinga: „Homo ludens. Vom Ursprung der Kultur im Spiel“, Rowohlt, Hamburg, 1997.

59 Roger Caillois: „Die Spiele und die Menschen. Maske und Rausch“, Ullstein, Berlin, 1982.

60 Eine Veröffentlichung, die sich ausschließlich mit diesem Gebiet beschäftigt, wurde von Hans Mogner herausgegeben. Hans Mogner: „Gruss vom Jahrmarkt und Schützenfest um die Jahrhundertwende auf alten Ansichtskarten“, Junfermann, Paderborn, 1985. Neben dieser Veröffentlichung gibt es noch faksimilierte Sammlungen von Kirmespostkarten wie etwa: Schaustellerverband Lübeck e. V. (Hg.): „Die Geschichte der Hansestadt Lübeck in 12 Festzugsbildern Anno 1898“, Kunsthaus Lübeck, Lübeck, o. J., oder Stadtarchiv München (Hg.): „Gruss von Hippodrom“, o. V., o. O., 1981.

61 In der Sendung „O zapft is“ wurde ein kurzes liebevolles Feature zu Kirmespostkarten gesendet. „O zapft is“, BR, 16.09.05. Zur Geschichte der Postkarten sei hier hingewiesen auf Horst Hille: „Sammelobjekt Ansichtskarte“, VEB Verlag für Verkehrswesen, Berlin, 1989 sowie auf Horst Hil-

Abbildung 1: Postkarte: Postkartenverkäufer, ca. 1925

Norddeutsche Bund zusammen mit Bayern, Baden und Württemberg gleichfalls eine „Correspondenz Karte" ein, die zu einem großen Verkaufsschlager avanciert. August Schwarz bedruckt im gleichen Jahr eine „Correspondenz Karte" mit einem Motiv. 1872 erscheint die wahrscheinlich erste Ansichtskarte mit einer Schweizer Landschaft. Um die Jahrhundertwende erreicht die Postkartenbegeisterung in Deutschland ihren Höhepunkt. Es werden aber nicht nur Postkarten verschickt, sondern auch leidenschaftlich gesammelt. So werden Postkartenalben sowie besondere Reisepostkartenalben angelegt, in denen nach Möglichkeit aus jedem bereisten Ort eine Karte hinzugefügt wird. Ab 1919 sinkt die Begeisterung für Postkarten, was sowohl mit der sinkenden Druckqualität als auch mit dem Aufkommen anderer Kommunikationsformen (Telefon) begründet wird.[62]

Die Abbildungen auf den Post- oder Ansichtskarten des Zeitraums der Jahrhundertwende bilden neben einzelnen Fahrgeschäften vor allem das Umfeld der Attraktionen ab. Auf vielen Abbildungen sind die Fahrgeschäfte und sonstigen Attraktionen eine detailreiche und kulturwissenschaftlich informative Kulisse für Szenen des Menschlichen und Zwischenmenschlichen. Daher sind die Postkarten, neben den Photographien, die ideale Beifügung für diese Arbeit.

---

le: „Ansichtskarten sammeln", Phil Creativ Verlag, Schwalmtal, 1993 und Horst Hille: „Postkarte genügt. Ein kultur-historisch-philatelistischer Streifzug, Urania-Verlag, Leipzig, 1988.

62 Wolfgang Till: „Alte Postkarten", Battenberg, Augsburg, 1994, S. 27.

Die Entwicklung der Vergnügungsorte: Historische Grundlagen

„Kirmes", „Jahrmarkt", „Volksfest": alle diese Begriffe sind sinnverwandt, aber keinesfalls bedeutungsgleich. Sie bezeichnen zugleich historische Stationen des Wandels eines Phänomens. Ordnet man diese Bezeichnungen einander zu, so zeigt sich eine Entwicklung der Säkularisierung eines sakralen Geschehnisses, das in der kirchlichen Sphäre beheimatet ist und durch den Einfluss der erstarkenden Städte und dem entstehenden Bürgertum zu einem profanen Ereignis wird.[1] Eine Bezeichnung, die den Fokus stärker auf die Erlebnisqualität als auf eine historische Referenz bezieht, ist „Rummel" bzw „Rummelplatz" und wird im Deutschen Wörterbuch von Grimm wie folgt definiert:

Rummel:
a) lärm, getöse, so gebräuchlich in zahlreichen dialekten
b) lärmender vorfall, auflauf, tumult.[2]

Die Geburt der Kirmes aus der Kirchmesse

Die *Kirmes*, die Kirchmesse, ist im frühen Mittelalter fest im religiösen Kontext eingebettet. Die Kirmes bezeichnet ursprünglich die zu einer Einweihung einer Kirche gelesene Messe und die im Anschluss daran stattfindenden Kirchweihfeste, die an dem Namenstag des Kirchenheili-

1 Schirrmeister: „Schein-Welten", S. 160-162.
2 Aus: Jacob und Wilhelm Grimm, Deutsches Wörterbuch, Band 14, S. Hirzel, Leipzig, 1854-1960. Spalte 1481.

gen stattfinden.[3] An diesen Tagen soll eine besonders enge Verbindung zwischen den Gläubigen und dem Heiligen bestehen.[4] Im Rahmen dieser Kirmessen kommt es zu Festlichkeiten, die auch Gaukler, Artisten und Spielleute anziehen, so dass sich religiöse Handlung mit weltlicher Festivität verbinden.[5] In diesem Begriffsfeld hat auch die Bezeichnung „Messe" für Volksfeste aber auch für Warenschauen ihren Ursprung. Bei den heutigen Kirmessen vermischen sich diese verschiedenen Elemente, zum Teil werden diese Elemente in der (Re-)Konstruktion von Tradition miteinander verbunden.[6] Die Entwicklung unterschiedlicher Elemente, die in den heutigen Kirmessen zu finden sind, werden im Folgenden anhand ausgewählter Beispiele verdeutlicht und illustriert.

Das Bad Hersfelder „Lullusfest" nimmt für sich den Titel der ältesten Kirmes Deutschlands in Anspruch. Das „Lullusfest" findet an dem Todestag des Mainzer Erzbischofs Lullus statt. Es wandelt sich allerdings im 13. Jahrhundert von einem Patronatsfest (einem Fest, an dem an den Kirchenheiligen gedacht wird) zu einem Jahrmarkt und erhält die jetzige Gestalt in den dreißiger Jahren des 20. Jahrhunderts.[7] Dieses Fest ist ein gutes Beispiel für den Wandel religiöser Feste hin zu Volksfesten.

3 „Der Jahrmarkt im Ganzen hat auch eine Kulturfunktion. Denn die Wurzeln die dort verankert sind, die gehen zurück, auf die Kirchweih, deshalb heißen ja viele Namen heute noch, Kerber, Kirmes, das ist alles über Jahrhunderte zurückzuführen auf Kirchweih. Wenn eine Kirche eingeweiht wurde, hat man jedes Jahr sein Fest gefeiert. Und im Mittelalter, die Zeiten waren hart genug, waren die Leute froh, wenn sie einmal feiern konnten." Werner Stengel im Interview.

4 Aus diesem Kontext heraus entsprangen auch die regionalen Bezeichnungen für die Kirmes: „Kerb" in Oberbayern, „Kerwe" in Niederbayern und Franken, „Dult" und „Chilbi" im Südwestdeutschen Raum. Quelle: http://de.wikipedia.org/wiki/Chilbi [Stand 01.12.2005], sowie zu den anderen regionalen Bezeichnungen siehe: http://de.wikipedia.org/wiki/Kirchweih [Stand 01.06.2006].

5 Ausführlich wurde diese Entwicklung für die Würzburger Kilianimesse aufgezeichnet. Vgl. Werner Dettelbacher: „Die Kilianimesse zu Würzburg", Echter Verlag, Würzburg, 1977.

6 Beispielhaft kann man dies an der Waldshuter Chilbi demonstrieren. Das Volksfest bezieht sich auf einen Mythos der sich auf die Belagerung Waldshuts im Waldshuter Krieg 1468 beruft. Hier sollen die ausgehungerten Waldshuter einen Widder gemästet und vor die Stadttore geworfen haben, um ihren Nahrungsmangel zu verbergen und damit die Moral der Belagerer zu schwächen. Tatsächlich gründet sich das Fest jedoch auf den Tag des Friedensschlusses, an dem ein Totenamt zum Gedenken der Belagerten gehalten werden soll. Verbunden wurde dieses Datum mit einem Kirchweihfest, der Chilbi und diese kirchlichen Feierlichkeiten wurden im Lauf der Zeit durch einen Jahrmarkt ergänzt.

7 Vgl. Quelle: Lullusfest: http://www.lullusfest.de/lolls05/ [Stand 01.12. 2005] und siehe auch Feilhauer: „Feste", daraus: „[z]unächst war es ein

Die drittälteste Kirmes ist die „Herforder Vision“.[8] Wir finden in der Entstehungsgeschichte der Herforder Kirmes ein religiöses Phänomen, ein so genanntes „Wunder“.[9] Die „Herforder Vision“ erinnert an eine Marienerscheinung auf dem Herforder Luttenberge. Hier soll Maria am 11. Juni 1011 einem Bettlerknaben erschienen sein und ihm befohlen haben, dass sich der Herforder Konvent innerlich und äußerlich wandeln und an dieser Stelle eine Kirche errichten solle. Als Zeichen der Glaubwürdigkeit verleiht Maria – so die Legende – dem Knaben körperliche Unverletzbarkeit. Als der Knabe die Botschaft der Äbtissin überbringt, wird er zuerst einer Wasser- und dann einer Feuerprobe unterzogen, und als er diese Proben besteht, zieht der Konvent gemeinsam mit dem Knaben zu der Stelle, die dieser mit einem Kreuz markiert hat, und erblicken als Zeichen Marias eine weiße Taube, worauf an dieser Stelle ein Stift gegründet wird.

Jahrmärkte und andere weltliche Feste

Unter „Jahrmarkt“ versteht man im allgemeinen Sprachgebrauch einen ‚Markt mit Verkaufs- und Schaubuden, Karussellen und ähnlichen Einrichtungen, welcher einmal oder mehrmals im Jahr stattfindet‘. Der Ursprung des Jahrmarkts liegt im Mittelalter. Der Jahrmarkt ist – im Gegensatz zur Kirmes – von Anfang an weltlichen Charakters, da er dem Handel und der Vergnügung dient. Als Gründungsdatum betrachten viele der heutigen Jahrmärkte die Verleihung der Marktrechte. Der Markt dient früher vorrangig dem oftmals zollfreien, teilweise auch privilegienfreien Warenaustausch. Vergnügungs- und Belustigungselemente sind hier eher Randphänomene. Auffällig ist eine Verbindung sakraler und profaner Elemente; so wurde oft ein Feiertag, meist aber ein Namenstag eines Heiligen zum fixen Datum.

---

rein kirchliches Fest, das sich jedoch im Zuge der Säkularisation zu einem Jahrmarkt entwickelte“, S. 210.

8 Aus: Herforder Wochenanzeiger: http://www.wochenanzeiger-herford.de/index.php3?id =ausgabe &kategorie=kultur&m_id=47 [Stand 01.12.2005] und aus: OWL-Community: http://owl-community.de/modules.php?name =Kalender& op=view&eid =258 [Stand 01.12. 2005] daraus: „Auf dem Luttenberg, wo die Gottesmutter dem Bettler erschien, startet am Samstag, 11. Juni der Visionsumzug. Mit dem Volksfest erinnern die Herforder an ein Ereignis, das vor mehr als 1000 Jahren wie ein Lauffeuer durch Europa ging – die Herforder Vision. Sie ist eines der ältesten Volksfeste und wohl die erste Marienerscheinung nördlich der Alpen.“

9 Wikipedia: http://de.wikipedia.org/wiki/Herford [Stand 01.12.2005].

Die Vergabe von Markttagen fällt in das Aufgabengebiet des jeweiligen Souveräns. In den Annalen Witzenhausens beispielsweise, einer der Städte, die für sich den Titel des ältesten Jahrmarkts in Deutschland beanspruchen, wird überliefert, dass in der Osterwoche am 30. März 1225 auf Anordnung des Landgrafen Ludwig der Jahrmarkt stattfinden solle. Obwohl diese Veranstaltung keine primär kirchliche ist, fällt doch auf, dass hier eine enge Verbindung zum Osterfest, dem höchsten kirchlichen Feiertag besteht. Bemerkenswert ist hier die Trennung und gleichzeitige Verzahnung von kirchlichen und weltlichen Ereignissen und die durch die Verleihung von Rechten einhergehende Aufwertung der Stadt.

Für die Akrobaten und Artisten hat der Jahrmarkt eine besondere Stellung inne. Der „Marktfrieden" befreit nicht nur auswärtige Händler von Zoll- und Steuerbelastungen, hebt nicht nur Zunftgesetze kurzfristig auf, sondern schützt auch Marktbesucher vor Verfolgung und Gewalttaten. Gerade dieses Privileg schützt nichtsesshafte Gaukler und Spielleute, die sonst ohne Strafe misshandelt oder gar getötet werden können. Zugleich ermöglicht der Jahrmarkt den Fahrenden sich ihr Auskommen zu sichern, indem sie Kunststücke vorführend das Geld für ihren Lebensunterhalt verdienen können. Diese Kunststücke und Darbietungen ergänzen den Jahrmarkt um zusätzliche Außergewöhnlichkeiten, die den Stadtbewohnern und dem Landadel eine Abwechslung bedeuten.[10] Hinzu kommt, dass sowohl Händler als auch Vaganten von den Geschehnissen außerhalb der Stadtgrenzen berichten.

Höfische Feste, mittelhochdeutsch „hôchgezît" genannt, bilden eine weitere Klasse der mittelalterlichen Festkultur. Anlässe dieser Feierlichkeiten sind Krönungen, Hochzeiten, Schwertleiten (Ritterschlag) aber auch Kirchenfeste. Viele dieser Feste finden zu Pfingsten statt. Das sicherlich am besten beschriebene Hoffest ist das Mainzer Hoffest von 1184,[11] worin besonders deutlich wird, welchen Zweck Feste dieser Art erfüllen: Zentrales Anliegen des Ausrichters des Festes ist die Demonstration der Macht durch Prunk – also die politische Veranschaulichung der Macht. Viele der höfischen Feste sind auch zugleich dezidiert politische Ereignisse gewesen, in denen der Adel fester an den Herrscher gebunden werden sollte. Zur Unterhaltung dienen sowohl Turniere als auch Minnespiele, Hoftänze und musikalische Darbietungen.[12] Überliefert ist etwa, dass Kaiser Friedrich II, einen Elefanten besaß, der in einem Aufbau eine ganze Kapelle zur Belustigung der Gäste tragen

---

10 Vgl. Margit Bachfischer: „Musikanten Gaukler und Vaganten. Spielmannskunst im Mittelalter", Battenberg, Augsburg, 1998.

11 Ausführlicher in Joachim Bumke: „Höfische Kultur", DTV, München, 1990.

12 Vgl. Bachfischer: „Musikanten".

konnte. Auch ist eine Szene von Friedrich II beschrieben, in der er zur Belustigung seiner Gäste zwei Sarazenen-Mädchen auftreten lässt, die gestützt auf vier runden Kugeln Kunststücke vollbringen. Neben diesen Unterhaltungsphasen gibt es aber auch Wettkampfspiele, wobei hier das Lanzenstechen im Vordergrund steht. Daneben gibt es auch Armbrust-, Bogenschießen sowie Speer- und Steinwerfen. Die Kirche steht diesen höfischen Festen zwiespältig gegenüber. Auf der einen Seite werden wesentliche Elemente eines Festes von der Kirche geprägt (Hochzeit, Schwertleite). Auf der anderen Seite lehnt die Kirche die Unterhaltungselemente – wie den höfischen Tanz – ab, da dort schamlos Körperteile entblößt würden. Mit dieser ablehnenden Haltung versucht die Kirche Bumke zufolge, den Lebensstil des Adels einzuschränken und damit letztlich zu kontrollieren.

Neben den Jahrmärkten entstehen auch so genannte „Schützenfeste" in den Städten. Diese Entwicklung vollzieht sich im Rahmen der wachsenden politischen Selbstbestimmung der Städte. Indem sich die Städte von den Pflichten gegen die Adligen, die sie militärisch beschützen, freimachen, übernehmen die Städte auch ihre Verteidigungsmaßnahmen selbst. Im Zuge dessen gewinnt die Armbrust als Waffe an Bedeutung. Um die Fertigkeiten der Schützen – sowohl von Söldnern als auch von Bürgermilizen – zu schulen, werden Schießwettbewerbe abgehalten. Als Ziel wird oft ein Vogel auf einer Stange montiert.[13] Daher auch die Bezeichnung „Vogelschießen".[14] Im 19. Jahrhundert entstehen im Umfeld der Schützenvereine, die aber nicht als Miliz organisiert, sondern stärker in der Heimatpflege und der Jagd verwurzelt sind, weitere Schützenfeste, in deren Rahmenprogramm auch Schausteller[15] angesiedelt sind.[16]

---

13 Dies wird etwa in der Geschichte des Hannoverschen Schützenfestes deutlich, das als das größte Schützenfest der Welt gilt. Siehe dazu: Helmut Zimmermann: „Das Große Hannoversche Schützenbuch. Die Geschichte des hannoverschen Schützenwesens von den Anfängen im Mittelalter bis zur Gegenwart", Schlütersche, Hannover, 1981.

14 Das Dresdner Volksfest, die „Vogelwiese", leitet aus dieser Tradition ihre Bezeichnung ab. Vgl. Lehmann: „Schaubuden", S. 16-18.

15 Als „Schausteller" bezeichnet man ‚jemanden, der gewerbsmäßig auf Jahrmärkten, Messen und Volksfesten ein Fahrgeschäft oder einen der Belustigung dienende Stand (z. B. Schießbude) betreibt, etwas zeigt oder vorführt'. Der Schausteller zieht dabei mit dem Wohnwagen von Ort zu Ort.

16 Hier bildet etwa das Biberacher Schützenfest ein Musterbeispiel. Obwohl auch hier die Wurzel dieses Festes in den Bürgerwehren liegt, zeichnet sich das Biberacher Schützenfest vor allem als Kinderfest aus. Dieses stark religiös geprägte Kinderfest wandelt sich im Laufe des neunzehnten Jahrhunderts durch eine größere Zahl von Schaukeln, Rutschen, Kletterbäumen und Seilbahnen zu einem Kindervergnügungspark, der durch Schaustellerbetriebe ergänzt sowie im Rahmenprogramm durch Brauchtumsgruppen erweitert wird, wobei die Ausrichtung auf Kinder und Schü-

Volksfeste

Volksfeste sind festliche Veranstaltungen für die gesamte Bevölkerung. Das Fest wird also nicht ausschließlich für den Adel oder für Angehörige einer bestimmten Gruppierung ausgerichtet, sondern kommt auch und vor allem dem gemeinen Volk zugute. Die ersten Volksfeste entstehen im neunzehnten Jahrhundert.[17] In Deutschland sind das „Münchner Oktoberfest“ und der „Cannstatter Wasen“ die größten und bekanntesten.

Das Oktoberfest[18] entsteht aus den Hochzeitsfeierlichkeiten der Vermählung zwischen Kronprinz Ludwig und der Prinzessin Therese von Sachsen-Hildenhausen. Diese Vermählung findet am 12. Oktober 1810 auf einer vor München gelegenen Wiese statt, die seither „Theresienwiese“ heißt, woraus sich auch die Bezeichnung „Wiesn“ für das Oktoberfest ableitet. Den Abschluss des Festes damals bildet ein Pferderennen. 1811 wird dieses Rennen um eine Fachausstellung zur Förderung der Bayrischen Landwirtschaft erweitert. Das „Zentrallandwirtschaftsfest“ hat sich bis in die heutige Zeit im Drei-Jahres-Rhythmus erhalten, wohingegen das Pferderennen in den dreißiger Jahren abgeschafft wird. Die Vergnügungsattraktionen sind in den ersten Jahren spärlich (wobei hier zu bemerken ist, dass die große Zeit der Karussellerfindungen erst Ende des 19. Jahrhunderts beginnt). 1818 wird von einem Karussell und zwei Schaukeln berichtet. Zwischen den Ausstellungsständen versorgen kleine Buden die Besucher mit Bier. Aus diesen Buden entwickeln sich gegen Ende des neunzehnten Jahrhunderts die großen Festzelte, die das heutige Oktoberfest prägen.

Die Gründungsintention des zweiten großen deutschen Volksfestes, des Cannstatter Wasens bei Stuttgart, ist von einer wirtschaftlichen Notlage geprägt, als Missernten zu Hungersnöten geführt haben.[19] Dieses „Landwirtschaftliche Hauptfest zu Kannstadt“ wird am 16. März 1818 bekannt gegeben. Hauptattraktionen sind neben der Viehschau ein Viehmarkt, Prämierungen, ein Pferderennen sowie ein Fischerstechen. Nach dem Tod König Wilhelm I übernimmt die Stadt Cannstatt die Organisation des Festes, da der Thronfolger kein Interesse an diesem zeigt. Das Fest wird zweigegliedert in ein Volksfest und ein Landwirtschaftsfest.

---

ler bestimmend bleibt. Vgl. Fritz Kolesch, Christa Graupner, Susen Schönberg: „Das Biberacher Schützenfest“, Dr. Karl Höhn, Biberach, 1999.

17 Dering: „Volksbelustigungen“, S. 17-18.

18 Zur Geschichte des Oktoberfestes sei hier auf zwei Veröffentlichungen hingewiesen: Münchner Stadtmuseum (Hg.): „Oktoberfest“, S. 19-21 und Veiz: „Das Oktoberfest“, Band 1, S. 16-24.

19 Vgl. Willmann Stroheker: „Cannstatter Volksfest“ und Landeshauptstadt Stuttgart (Hg.): „Festschrift zum 150. Cannstatter Volksfest“, o. V., 1995.

Das Volksfest findet mit einer gewissen Regelmäßigkeit statt und wird lediglich durch politische oder wirtschaftliche Ereignisse ausgesetzt. Das Landwirtschaftsfest findet hingegen nur noch alle zwei beziehungsweise heute (in Absprache mit München und Hamburg) nur noch alle drei Jahre statt.

Vergnügungsviertel

Ende des 19. Jahrhunderts entstehen „dauerhafte“ Volksfeste.[20] Diese Volksfeste bestehen an einem und demselben Ort das ganze Jahr über und man bezeichnet dieses dann unter anderem als „Vergnügungsviertel“[21]. Beispielhaft werden hier der Wiener Prater und Coney Island[22] vorgestellt.[23]

Ein bekanntes Vergnügungsviertel ist der Wiener Prater. Ursprünglich ist das Pratergebiet ein Jagdrevier. Im Jahr 1766 entstehen Bier- und Weinstuben, Kuchen- und Wurststände, aber auch die ersten Karusselle. Gegen Ende des 19. Jahrhunderts wandelt sich dann das Gesicht des Praters. Aus den schlichten Buden werden „richtige“ Cafés und Restaurants; es entsteht im Prater das Vergnügungsetablissement „Venedig in Wien“ mit künstlichen Kanälen und Gondelfahrten. Regelmäßig finden Konzerte und Volksfeste statt. Man plante sogar, im Jahr 1873 eine Weltausstellung im Prater auszurichten. Das Wahrzeichen des Praters, das Riesenrad, wird 1897 im Rahmen der Feierlichkeiten zum 50. Jahr der Thronbesteigung Franz Joseph I. erbaut.[24]

Auf Coney Island, eine der Stadt New York vorgelagerte Insel, siedeln sich ab 1839 Hotels und Seebäder an.[25] Auf dieser Insel siedelten sich ab Ende des neunzehnten Jahrhunderts mehrere Vergnügungsparks an (Sea Lion Park, 1895, Steeplechase Park, 1897, Lunapark, 1903 und

20 Dering: „Volksbelustigungen“, S. 19-21.

21 Im allgemeinen Sprachgebrauch wird mit „Vergnügungsviertel“ ein ‚Stadtviertel, in welchem sich Bars, Unterhaltungslokale, Bordelle etc. befinden‘ bezeichnet. In dieser Arbeit wird der Ausdruck in engerem Sinne als ‚dauerhaftes Volksfest‘ verstanden.

22 „Coney Island, was ist aus dir geworden“, in: Kirmes und Park Revue 1+2/97, 1997, S. 86-88.

23 Nur der Vollständigkeit halber sei auch hier auf den 1843 gegründeten Kopenhagener Vergnügungspark „Tivoli“ hingewiesen.

24 Zur Geschichte des Praters: Hans Pemmer: „Der Prater: Von den Anfängen bis zur Gegenwart“, Jugend und Volk Verlag, Wien, 1974.

25 Zur Geschichte von Coney Island siehe die Webseite „Coney Island History Site“ (http://naid.sppsr.ucla.edu/coneyisland/ [Stand 01.06.2006]).

Dreamland 1904) und bildeten so einen riesigen zusammenhängenden Komplex.[26]

Abbildung 2: Postkarte: Coney Island, 1929

Großen Einfluss auf die Gestalt der Vergnügungsorte üben die Weltausstellungen im neunzehnten Jahrhundert aus. Die Weltausstellungen als Publikumsmagnete sind mit ihren Attraktionen sowohl Inspiration für die Vergnügungsviertel und zugleich Lieferant an Attraktionen, die nach dem Ende der Ausstellungen oftmals in Vergnügungsvierteln oder -parks auftauchen. So wird zum Beispiel ein stählerner Aussichtsturm der Weltausstellung 1876 in Philadelphia 1878 in Coney Island wieder installiert. Eine andere Attraktion, die ihren Ausgang in einer Weltausstellung hat, ist das Riesenrad, das zuerst auf der Weltausstellung 1893 gezeigt wird und in ähnlicher Form in London, Paris und im Wiener Prater nachgebaut wird.[27]

---

26 Coney Island ist eine New York vorgelagerte Insel, die intensiv durch Eisenbahn und U-Bahn Verbindungen erschlossen wurde. Siehe dazu: John F. Kasson: „Amusing the Million: Coney Island at the Turn of the Century (American Century)“, Hill & Wang, o. O., 1978; Michael Immerso: „Coney Island: The People's Playground“, Rutgers University Press, o. O., 2002 und Woody Register: „The Kid of Coney Island: Fred Thompson and the Rise of American Amusements“, Oxford University Press, Oxford, 2003.

27 Aber auch menschliche Akteure der Weltausstellungen versuchen im Anschluss der Weltausstellung auf den Volksfesten und Vergnügungsparks ein weiteres Auskommen zu finden und vermischen sich hier teilweise mit traditionellen Schaustellergeschäften.

Vergnügungsparks

Die zweite große Gruppe der ganzjährigen und „sesshaften" Vergnügungsorte stellen die Vergnügungsparks dar. Unter einem Vergnügungspark versteht man im Allgemeinen ein ‚Gelände mit Schau- und Verkaufsbuden, Karussellen oder ähnlichem'. Im Gegensatz zu den in den vorangegangenen Abschnitten besprochenen Vergnügungsorten sind die Vergnügungsparks nicht „durch Zufall" entstanden, sondern sind in der Regel von Grund auf in Anlage und Aussehen geplant. Die Vergnügungsviertel, die ihren Ursprung einem historischen Ereignis verdanken beziehungsweise aus touristischen Attraktionen wie Seebädern hervorgehen, kann man als Vorläufer der Vergnügungsparks betrachten. Nach dem Vorbild von Coney Island entstehen in Amerika Anfang des 20. Jahrhunderts mehrere Vergnügungsparks[28] deren Besonderheit die ständige Präsenz, aber zugleich auch die Umzäunung bildet, so dass Besucher durch ein Eintrittstor gehen müssen. Dies bietet die Möglichkeit, ein allgemeines Eintrittsgeld zu erheben. Außerdem kann durch gezielte Auswahl des Publikums die Kriminalität gesenkt werden. Viele dieser Vergnügungsparks sind thematisch nicht geordnet, sondern präsentieren kontextlos ihre Vergnügungsanlagen.

Vertreter dieser Parks in Deutschland sind Hugo Haases Vergnügungspark in Hamburg Stellingen[29] oder der Vergnügungspark Fredenbaum[30] in Dortmund.[31]

Der „Holiday Park" in Deutschland ist für diese Art von Vergnügungsparks ein modernes Beispiel. Im Unterschied zu den Themenparks, die im Folgenden besprochen werden, ist dieser Vergnügungspark noch im traditionellen Schaustellerkontext verankert.[32] Erika Schneider, die

28 Nasaw: „Going Out", 1993. S. 82-86 und folgende Webseite, die auch die Geschichte von Venice Beach nachzeichnet „Venice, California History Site (http://naid.sppsr.ucla.edu/venice/ [Stand: 01.06.2006]).

29 Gabriele Klunkert: „Hugo Haase in Leipzig", Kirmes und Park Revue 9, 2001, S. 24-27.

30 Siehe dazu auch: Ralf Ebert: „Der Lunapark im Fredenbaum", in: Gisela Franke (Hg.): „8 Stunden sind kein Tag. Freizeit und Vergnügen in Dortmund 1870-1939", Edition Braus, o. O., 1993, S. 126 130.

31 In England hat sich aus dieser frühen Gründerzeit bis heute der Blackpool Pleasure Beach erhalten, bei dem auch heute noch – neben aktuellen – alte originale Fahrgeschäfte erhalten sind.

32 Bis ins Jahr 1546 wird diese Linie von der Parkverwaltung zurückverfolgt. Einen guten Eindruck gibt der Katalog zum 30 jährigen Jubiläum wieder. Hier wird die enge Vernetzung zwischen dem Holiday Park und dem klassischen Schaustellergewerbe an vielen Stellen über die Jahre hinweg deutlich. „30 Jahre Lust auf Spaß. 30 Jahre Holiday Park", Holiday Park, Hassloch, 2001.

Abbildung 3: Postkarte: Vergnügungspark Fredenbaum, 1902

Gründerin des Parks, reist zunächst als Schaustellerin mit einer Liliputanergruppe umher. 1970 kauft sie einen „Märchenpark"[33] in Hassloch. Dort entstehen ein Liliputanerdorf und ein Liliputanerzirkus.[34] Ergänzt wird dies durch einen Tierpark[35] und ein Delphinarium. Auch hier ist noch der zirzensische Einfluss deutlich, da Shows und Tiervorführungen den Park prägen. Weitere Attraktionen werden hinzugefügt – allerdings ohne große thematische Kontextuierung. Das Wappentier des Parks, ein Papagei, wird erst im Jahre 1976 entwickelt. Auch dies ist ein Indiz für ein langsames Entstehen des Parks – im Unterschied zu Themenparks, die von Beginn an durchstrukturiert sind. So sind auch auf dem Wegeplan keine Themenbereiche erkennbar.

Beginnend mit den achtziger Jahren werden dem „Holiday Park" aufregendere Attraktionen hinzugefügt. Erst bei der 2001 eröffneten

33 Die Märchenparks entstanden nach dem Zweiten Weltkrieg und waren letztlich kleinere Parks mit verschiedenen Szenerien, die teils durch bewegliche Figuren gebildet wurden und Szenen aus hauptsächlich deutschen Märchen darstellten. Gerade im Hinblick auf die Schrecknisse des Zweiten Weltkriegs stellten diese Parks mit ihrer „heilen Welt" ein angefragtes Angebot dar. Elemente dieser Parks haben sich bis in die aktuelle Zeit noch in verschiedenen Themenparks erhalten.

34 Auch heute haben Liliputaner noch ihren festen Platz im Showprogramm des Parks.

35 Etwa in den sechziger Jahren des zwanzigsten Jahrhunderts entstanden einige „Safari-Parks", die einerseits das aus den Menagerien entstandene Gewerbe der gewerblich betriebenen Zoologischen Gärten (Zoo) weiterentwickelten und andererseits Elemente aus dem Vergnügungssektor vereinzelt einsetzten. Ein schöner Vertreter dieser Art von Parks ist der „Steinwasen Park", der neben Tiergehegen und Grünanlagen auch verschiedene Fahrattraktionen betreibt.

„Expedition GeForce" findet sich ein „Theming", das auch mehr als die Fahrattraktion selbst umfasst, wobei auch hier wieder „klassische" Schaustellerartistik mit integriert wird. So tritt auf einer Bühne des in der Atmosphäre einer Dschungelexpedition gestalteten Bereichs der Mozambiquaner „Elvis Mokko" auf, der Tische und Stühle mit dem Gebiss hochheben und tragen kann. Bekleidet ist er mit einem Lendenschurz und in der Dekoration finden sich afrikanische Waffen. Diese exotische Präsentation erinnert im Übrigen stark an die Völkerschauen der Jahrhundertwende, auf denen so genannte „Menschenfresser"[36] präsentiert wurden.

Mit der Eröffnung Disneylands 1954[37] ändert sich die Gestaltung von Vergnügungsparks grundlegend. Disneyland ist der erste thematisch gegliederte Vergnügungspark, der erste „Themenpark".[38] Er gliedert sich in mehrere Bereiche, in die auch die Fahrattraktionen thematisch eingebunden sind. 1954 stellt Walt Disney, der Schöpfer von Micky Maus, sein Disneyland im Fernsehen vor. 1955 wird die Anlage mit der Freilassung von Hunderten von Brieftauben eröffnet. Die Anlage wird wie Disneys Zeichentrickfilme auf der Grundlage seiner Zeichnungen entwickelt.[39]

Thematischer Mittelpunkt Disneylands ist das Dornröschenschloss, eine veränderte Nachbildung des Schlosses Neuschwanstein. Mit diesem Schloss schuf sich Disney neben Micky Maus ein weiteres Markenzeichen, das neben dem Walt-Disney-Schriftzug und dem Micky-Maus-Konterfei als Firmenzeichen fungiert. Zu diesem Schloss führt eine „typische" Kleinstadthauptstraße des amerikanischen mittleren Westens,

---

36 Zum Thema des Kannibalismus als Projektion von Ängsten dem Fremden als Anderem gegenüber sei auch verwiesen auf: Ioan M. Lewis: „Schamanen, Hexer, Kannibalen", Athenäum, Frankfurt a. M., 1989, S. 93-104.

37 Andreas Platthaus: „Von Mann und Maus. Die Welt des Walt Disney", Henschel, Berlin, 2001, S. 189-212 und Richard Schickel: „Disneys Welt. Zeit, Leben, Kunst & Kommerz des Walt Disney", Kadmos, Berlin, 1997, S. 248-272.

38 Siehe: Imagineers: „Walt Disney Imagineering: A Behind the Dreams Look at Making the Magic Real", Disney Editions, o. O., 1998.
Und siehe: Schirrmeister: „Schein-Welten". S. 179 192. Eine eindrückliche Reportage über die verschiedenen Bereiche eines Themenparks wurde von RTL II gesendet. „Exklusiv – Die Reportage. Die Spaß-Profis. Der Harte Job im Freizeitpark", RTL II, 17.01.06.

39 Auf die Figuren muss im Folgenden nicht eingegangen werden, es sei lediglich darauf hingewiesen, dass auch hier eine Verzahnung mit dem traditionellen Vergnügungsbereich (Achterbahn, Schausteller, Getränkeausschank etc.) vorhanden ist. Disney selbst thematisiert mit Pinoccio, der Geschichte einer lebenden Holzpuppe, das Leben fahrender Schausteller. Vgl. Platthaus: „Von Mann und Maus", S. 147.

die Disney in Anlehnung an die Stadt Marceline entwirft, in der er einige Zeit seiner Jugend verbrachte.

Disneyland integriert zudem Fahrattraktionen thematisch in den Park.[40] Zugleich setzt Disney auf Synergieeffekte mit der Zeichentrick- und Filmproduktion. So lässt er den Kraken aus der Verfilmung von Jules Vernes „20 000 Meilen unter dem Meer“ so herstellen, dass dieser auch in Disneyland eingesetzt werden kann. Damit erzielt Disneys Inszenierung eine Form von Wirklichkeit, die sich für einen Besucher mit den entsprechenden Kenntnissen sowohl der Disney'schen Figuren und Filmzitaten, aber auch einem Vorwissen an Mythen und Sagen als bekannt und damit letztlich „wirklich“ darstellt.[41] Diese vollständige Durchgestaltung folgt – so Platthaus – einer „Überwältigungsstrategie à la Hollywood“[42].

Darüber setzt Disney Erfahrungen ein, die er im Zeichentrick gewonnen hat. So werden die Erdgeschosse der Parkgebäude im Maßstab 8:10, die nächsten Stockwerke dann jedoch im Maßstab 6:10 gebaut.[43] Durch diese Umproportionierungen vermittelt sich ein Eindruck von „künstlich hergestellter Natürlichkeit“, wobei immer Wert auf eine „realistische“ Grundlage gelegt wird. Daher arbeiten Wernher von Braun und Willy Ley an der Konzeption von „Tomorrowland“ (übersetzt: „Die Welt von Morgen“) mit.

Disneyland ist jedoch nicht nur hinsichtlich einer durchgängigen Thematisierung neuartig. Hinzu kommt eine Neuerung für Themenparks in Form von Animatronics, künstlichen Figuren, die sich natürlich bewegen und so eine Illusion von Lebendigkeit erzeugen.[44] Damit greift Disney ein mehrfach variiertes grundlegendes Thema neu auf das ausgehend vom Zeichentrick die Frage thematisiert, wie Dinge künstlich

---

40 Interessant ist, dass sich anfangs Karussellhersteller weigerten, Attraktionen mit dem entsprechenden „Theming“ herzustellen. Vgl. Karal Ann Marling: „Designing Disney's Theme Parks. The Architecture of Reassurance“, Flammarion, Paris, New York, 1997.

41 „Man könnte Disneyland […] tatsächlich als ein Modell jenes „Globalen Dorfes“ bezeichnen, von dem Marshall McLuhan spricht, einen Ort, an dem man buchstäblich innerhalb von Sekunden Kopien einiger der wichtigsten Errungenschaften berühren, schmecken und sehen kann, die unsere eigenen, aber auch die Identität der übrigen Dorfbewohner geprägt haben“, aus: Richard Schickel: „Disneys Welt. Zeit, Leben, Kunst & Kommerz des Walt Disney“, S. 261.

42 Platthaus: „Von Mann und Maus“, S. 195.

43 Vgl. Beth Dunlop: „Building a Dream. The Art of Disney Architecture”, Harry N. Abrams, o. O., 1996.

44 Vgl. Ralph Latotzki: „(Audio-) Animatronics“, in: Freundeskreis Kirmes und Freizeitpark e. V. (Hg.): „Dark Ride“, Odd GmbH Graphische Betriebe, Bad Kreuznach, 2005, S. 18-24.

belebt werden können.[45] Diese Maschinen erwecken den Eindruck von Lebendigkeit, indem sie teilweise sogar das Atmen imitieren.[46] Mit den Animatronics transformiert Disney ein intramediales Interesse der künstlichen Lebendigkeit, das er bereits mit Pinoccio thematisiert hat, in eine haptische Form. Disneys erstes Projekt auf diesem Gebiet ist die Konstruktion eines Roboters in Gestalt Abraham Lincolns für die Weltausstellung 1963 in New York.[47]

Der Park selbst ist in unterschiedliche Bereiche unterteilt, die letztlich nur durch Disneys Gestaltungswillen zueinander in Beziehung gesetzt sind.[48] Von der Hauptstraße gehen in diese Bereiche sorgfältig auf Blickfang geplante Achsen ab. Durch diese technische Herstellung von Natürlichkeit entsteht eine „Hyperatmosphäre“[49]. Umgrenzt wird der Park durch einen hohen Sichtwall auf dem eine Eisenbahn fährt und damit den Eindruck eines abgeschlossenen Raumes vermittelt. Aldo Legnaro beschreibt diese umfassende Einplanung des Besuchers als „Gouverning by Fun“[50]. So gibt es für Disneyland im Unterschied zu früheren

45 Die Geschichte künstlich bewegter Figuren reicht weit vor Disney zurück. Zum Beispiel soll Heron von Alexandria ein Figurenspiel besessen haben. Albertus Magnus soll ein mechanischer Türöffner gehört haben, der von Thomas von Aquin zerstört worden sein soll. Nach der Renaissance unter dem Eindruck einer neu entstehenden analytischen Naturwissenschaft gibt es Versuche, den menschlichen Körper als mechanische Maschine zu begreifen (La Mettrie). In diesen Zeitraum fällt auch das Entstehen der berühmten Androiden von Vaucanson und Jaquet-Droz. Vgl. Johann Nikolaus Martius/Johann Christian Wiegleb: „Vaucansons Beschreibung eines mechanischen Flötenspielers“, in: Klaus Völker (Hg.): „Künstliche Menschen. Über Golems, Homuculi, Androiden und lebende Statuen“, Suhrkamp, Frankfurt a. M., 1994, S. 103-112.

46 Auf einer anderen medialen Ebene stand auch der Zeichentrick vor dem Problem Lebendigkeit herzustellen. Disneys Leistung im Zeichentrick bestand darin, nicht nur Bewegung zu inszenieren, sondern den Figuren einen individuellen Charakter zu geben.

47 Diese Figur wurde anschließend nach Disneyland gebracht und um einige Persönlichkeiten ergänzt.

48 Zum „Theming“ sei verwiesen auf: Sonja Beeck: „Parallele Welten: Theming: Analyse einer Methode aus dem Bereich der visuellen Kommunikation zur semantischen Programmierung, bezogen auf den Kontext von Architektur und Städtebau im 21. Jahrhundert“, Universität Karlsruhe, Fakultät für Architektur. Diss. v. 21.02.2003, Online Publikation (http://www.ubka.uni-karlsruhe.de/cgi-bin/psview?document=/2003/architektur/1&search=/2003/architektur/1) [Stand 01.06.2006].

49 Reinhard Knodt: „Liebes Montafon“, in: Reinhard Knodt: „Ästhetische Korrespondenzen. Denken im technischen Raum“, Reclam, Ditzingen, 1994, S. 124.

50 Aldo Legnaro: „Subjektivität im Zeitalter ihrer simulativen Reproduzierbarkeit. Das Beispiel des Disney-Kontinents“, in: Ulrich Bröckling, Su-

Vergnügungsparks nicht nur (Stadt-)Führer, sondern zugleich Strategie-Führer, die den optimalen Besuchsweg vorgeben.

Diese Verbindung zwischen Bekanntem und Ungewöhnlichem, führt zu einer spannenden Wechselwirkung, die man mit Guy Debord als „Spektakel“[51] beschreiben kann. Realität und Spektakel stehen in einer Überkreuzstellung, in der sie sich nicht nur in ihr Gegenteil verkehren, sondern sich verdoppelnd überlagern. In diesem Kontext lässt sich auch Baudrillards Feststellung „Eines Tages werden sie in Disneyland Disneyworld rekonstruieren“[52] verorten. Die „künstlich hergestellte Natürlichkeit“ ist das originär Neue an Disneys Konzept.

Für den ersten Park Disneys ist ein 170 000 Quadratmeter großes Grundstück in Anaheim, einem kleinen Städtchen südlich von Los Angeles, gekauft worden. Als Disney seinen zweiten Park an der Ostküste der Vereinigten Staaten plant, kauft er nach dieser Erfahrung ein Areal von zusammen 43 Quadratmeilen, das die Größe Disneylands um das Sechshundertfünfzigfache übertriff; das riesige Areal in Florida ist bis zum heutigen Zeitpunkt noch nicht vollständig erschlossen. Dieser Park, das „Magic Kingdom“ wird nach Disneys Tod 1971 eröffnet.[53] Disneyworld unterscheidet sich von den historischen Vorläufern in zwei wesentlichen Punkten: zum einen durch ein durchgängiges Konzept und zum anderen dadurch, dass Disney nicht nur einen Vergnügungspark, sondern eine Welt schaffen wollte,[54] in der der Besucher nicht nur einige Stunden, sondern Tage verbringen und ständig Neues entdecken kann.[55]

---

sanne Krasmann, Thomas Lemke: „Gouvernementalität der Gegenwart“, Suhrkamp, Frankfurt a. M., 2000, S. 297-307.

51 „Das Spektakel und die tatsächliche gesellschaftliche Aktivität lassen sich nicht abstrakt gegenüberstellen; diese Verdoppelung ist selbst gedoppelt. Das Spektakel, das die Wirklichkeit verkehrt, ist tatsächlich selbst produziert. Zugleich wird die erlebte Wirklichkeit von der Betrachtung des Spektakels überlagert und nimmt in sich selbst die spektakuläre Ordnung auf, indem sie ihr eine positive Haftung gibt.“ Guy Debord: „Die Gesellschaft des Spektakels“, Edition Revolutionsbräuhof, Wien, 1999, S. 9.

52 Jean Baudrillard: „America“, Matthes und Seitz, München, 1995, S. 194.

53 Außerdem wird 1983 in Lizenz „Disneyland Tokyo“ eröffnet und 1992 „Eurodisney“.

54 „Beide, die Kirmes und der Park, wollen Menschen aus dem täglichen Leben herausreißen und Abwechslung bringen. Das war die Philosophie von Disney. Disney wollte ja eine Traumwelt bauen, und sagen: Hier, eine perfekte Welt.“ Werner Stengel im Interview.

55 Siehe dazu auch das Interview in der TAZ mit dem Chefimagenieer und Vizepräsidenten von Disney. Taz: http://www.taz.de/pt/2006/05/02/a0152.1/text [Stand 01.06.2006]. Daraus:

„taz: Herr Rhode, was ist ein Imageneer?

Joe Rhode: Imageneers machen alles, was es in einem Themenpark zu sehen gibt. Konzept, Design und Produktion. Das kann ein Ride sein, also

Diese Welt wird von Disney auf Familien hin konzipiert, charakteristische Merkmale von Jahrmärkten, wie Alkohol und die dezidierte Thematisierung von Sexualität werden bewusst ausgeschlossen.[56] Neben Disney World existiert dort ein „Blizzard Water Adventure Park“ und das noch von Disney angedachte „EPCOT“ („Experimental Prototype Community of Tomorrow“).[57] Das EPCOT sollte in Zusammenarbeit

---

eine Fahrt mit einer der Themenachterbahnen, ein Park, ganze Straßensysteme oder selbst die urbanen Planungen in den Themenparks.

[taz] Und wie sehen Sie sich selbst?

[Joe Rhode] Na ja, ich bin der Geschichtenerzähler, der seine Geschichten mit Formen und Objekten anstatt mit Worten erzählt.

[taz] Man kann also sagen, Sie bauen Geschichten?

[Joe Rhode] Ja, jeder von uns hat einen besonderen Hintergrund, Architekten, Ingenieure, Maler, Drehbuchautoren. Ich selbst komme vom Bühnenbild, aber davor war ich Kunstlehrer und habe mal Landschaften für die Filmindustrie gemalt. Aber Imagineure sind nur als Team das, was sie sind. Wir erfinden Geschichten, fast so, als ginge es um Romane, Stücke oder Filme. Nur geben wir ihnen auch eine physische Existenz. [...] Wir Imagineure glauben, dass die Geschichtenerzähler die ersten Beweger aller Aktivitäten sind. Ich bin der Direktor, wenn Sie so wollen, dieser Beweger. Es war von Anfang an klar, dass wir für den jüngsten Disney-Themenpark, „Das Königreich der Tiere“, ein großes, ikonenhaftes Objekt benötigten.

[taz] Weil perfekte, fantastische Landschaften nun mal einen Berg haben?

[Joe Rhode] Weil wir bei den Besuchern die intuitive Navigation anregen wollen. Die Menschen sollen einen optischen Bezugspunkt finden, das funktioniert viel besser als Hinweisschilder und Wegbeschreibungen und hält sie in einem narrativen Flow. Und weil das Königreich der Tiere um das Thema Natur kreist, kann das benötigte große Etwas nun mal nicht ein Architekturobjekt sein, sondern muss ein Landschaftsobjekt sein. Also ein Berg.

[...]

[taz] Glauben Sie im Ernst, dass jemand, der mit dieser Achterbahn fährt, das alles wahrnimmt und nicht nur damit beschäftigt ist, bei diesen halsbrecherischen Loops nicht aus dem Wagen zu fallen?

[Joe Rhode] Beim ersten Mal merkt das kaum jemand. Aber unsere Themenparks sind bewusst so konzipiert, dass man sie wieder und wieder und wieder besuchen kann, als Kind und als Erwachsener. Das heißt, jeder unserer Attraktionen funktioniert zunächst einmal auf einem sehr, sehr einfachen Spaßniveau. Sie sollten aber auch beim zweiten, dritten und vierten Besuch interessant bleiben und immer wieder neue Aspekte preisgeben.“

56 So gibt es in Disneys Vergnügungsparks ein striktes Alkoholverbot, vor allem aber wird Sexualität peinlichst vermieden. Kann man den Jahrmarkt als Möglichkeit begreifen, die eigene Sexualität auszuleben, so ist Disney die entschärfte Institution; es ist eine reine Familienwelt.

57 1996 wurde auf dem Areal eine Gemeinde „Celebration“ gegründet, die 20.000 Einwohner umfasst, die gezielt ausgewählt wurden und mit festen Wohnregeln lebt.

mit der Industrie neue Verfahren und Produkte präsentieren. EPCOT selbst aber vermischt Produktwerbung, Firmendarstellung und Disneyland und wurde nicht zu der von Disney anvisierten „Dauer-Weltausstellung“.

Der 1975 gegründete „Europa-Park“, der sich selbst als „Freizeitpark“ bezeichnet, ist – wie Disneyland – ein Themenpark, der sich vorwiegend an geographisch-kulturellen Merkmalen orientiert.[58] Die Themenbereiche widmen sich also anderen Ländern. Die in Waldkirch beheimatete Betreiberfamilie Mack blickt auf eine über 200-jährige Firmengeschichte als Wagen- und Karussellbauer zurück, damit ist für Willi Thoma, den Firmen- und Parkbiographen der Firma Mack, der Park eine logische Weiterentwicklung und erfüllt zudem auch Ausstellungsfunktion.

Die Themenbereiche geben sowohl Einblick in das „Leben“ der jeweiligen Nationen als auch in deren Mythologie.[59] Hier ergänzen einzelne authentische Details die Atmosphäre zu einem „typischen“ Ensemble.[60] Der Themenbereich Russland wird beispielsweise durch kleine russische Häuschen eingeleitet, in denen Ikonenmaler und Holzschnitzer ihr Handwerk präsentieren, und von einer drehbaren Achterbahn (Euro-Mir) als Attraktion bestimmt. Der Achterbahn ist eine originale Raumsonde als Museumsobjekt beigeordnet. Der skandinavische Bereich wird durch Wasserattraktionen dominiert und mit für Skandinavien typischen Holzhäusern umrahmt. In der norwegischen Parkkirche können auch Trauungen abgehalten werden. Im Schweizer Bereich ist eine Bobbahn als Attraktion vorhanden und wird von einem „echten“ Walliser Dorf umrahmt.

Auffällig an allen Thematisierungen sind die starken Stereotypisierungen, die jedoch durch die Kulissenhaftigkeit stimmig wirken: Die Strategie der Vereinfachung wird mit dem Moment der Künstlichkeit ergänzt. Bemerkenswert ist der Versuch, die allgegenwärtigen Zitate auf den abendländischen Kulturhorizont als Lehrgang der Kultur und Geschichte zu begreifen. Lernen wird in der Überlegung von Thoma zur Möglichkeit, sich eine Alternativwelt zu schaffen. In diesem Kontext ist es eine logische Weiterführung, dass die Betreiber des Europa-Parks den Aufbau eines Science Centers planen, in dem Wissen greifbar vermittelt

58 Zum Europa-Park siehe: Parkscout: „Europa-Park“, Vista Point, Köln, 2005.

59 Vgl. Willi Thoma: „Europa-Park. Freizeit und Kultur“, Waldkircher Verlag, Waldkirch, 1986.

60 Einen guten Eindruck bietet der Parkführer, in dem die einzelnen Themenbereich den Ländern zugeordnet werden: „Europa-Park. Deutschlands größter Freizeitpark. 70 Seiten mit über 200 Farbfotos und neuem Panoramaplan“, o. V., o. O., o. J.

wird. Wobei das Lernen als Angebot und nicht als Belehrung verstanden werden soll.[61]

Freizeit

Vergnügungsorte (wie die vorgestellten Jahrmärkte, Kirmessen, Parks, Viertel und Themenparks) dienen – neben dem finanziellen Interesse der Betreiber – dem Zweck, Menschen Vergnügen und Lust zu bereiten sowie Wissen und Werte zu vermitteln. Aus Sicht der Benutzer dient ein Jahrmarkt oder Park folglich der eigenen Freizeitgestaltung, wobei Freizeit eine grundsätzliche Voraussetzung für die Nutzung der Angebote darstellt. Somit ist „Freizeit" ein zentraler Begriff in der Forschung zu Vergnügungsorten, der genauere Betrachtung verlangt.

Freizeit leitet sich von dem mittelalterlichen Rechtsbegriff „frey zeyt" ab; dies bedeutet ursprünglich ‚persönlicher, vom Souverän garantierter Schutz während der Marktzeit'; ein anderer Ausdruck hierfür ist „Marktfrieden". Hier findet also ein Wandel der Wortbedeutung statt, da der Ausdruck „frey zeyt" nicht im heutigen Sinne von ‚arbeitsfreie Zeit, Mußestunden' verwendet wird.

Für das Entstehen von „Freizeit" im heutigen Sinne wird in der Freizeitforschung das Auseinandertreten von Arbeit und Nichtarbeit als Ausgangspunkt gedacht.[62] Bezieht man Freizeit auf die Industrialisierung, so wird dieser Begriff klarer. Durch – unter anderem mittels Arbeitskämpfen erreichte – feste Arbeitszeiten kann „Freizeit" nun vom Arbeiter akkumuliert werden; es gibt zum Beispiel verlängerte Wochenenden, welche einen Ausflug an die Küste ermöglichen. Historisch fällt dies mit dem Aufkommen der ersten Seebäder zusammen. Gekoppelt damit ist das neu entstandene Verkehrmittel Eisenbahn, mit der erste Kurzausflüge an die Seebäder unternommen werden können.[63]

Freizeit als planbare Größe ist zwingend verbunden mit dem Entstehen der Arbeiterschicht, deren Tätigkeiten weniger als die vorindustriellen Tätigkeiten von äußeren Bedingungen, wie etwa dem Wetter, abhängen, sondern in erster Linie vom Maschinentakt bestimmt wird. Zugleich wird die Arbeitszeit räumlich und zeitlich vom übrigen Leben getrennt. Dabei verkürzt sich mit dem Einsetzen ernsthafter Bestrebungen zur Reglementierung der Wochenarbeitszeit und dem Schutz der Arbei-

---

61 Siehe dazu HTW Chur: http://66.249.93.104/search?q=cache:UcsfC4sHH2EJ:www.fh-htwchur.ch/files/A43-Vier-Todsuenden_bei_FZP-Planung.pdf+europa-park+kreft&hl=de&gl=de&ct=clnk&cd=17 [Stand 01.06.2006].

62 Maase: „Grenzenloses Vergnügen", S. 38-42.

63 Ebd., S. 79-83.

ter die Arbeitszeit sukzessiv. Anfangs wird in den unterschiedlichen Industrien bis zu 100 oder 120 Stunden in der Woche gearbeitet.[64] Im Zuge der Arbeitsschutzbestimmungen, die in England etwa ab Mitte des neunzehnten Jahrhunderts umgesetzt werden und denen mit Verspätung weitere Länder folgen, wird die Wochenarbeitszeit der Arbeiter reglementiert.

Begrifflich steckt aber eine Schwierigkeit in dem Begriff der Freizeit: Was ist Arbeitszeit und was Freizeit? Ist Freizeit nur die Zeit, die man frei zur Verfügung hat? Kann man dann Essen, Schlafen, Autofahrten zur Freizeit rechnen? Strittig ist auch der Gang in die Kneipe nach Feierabend. Wissenschaftsgeschichtlich werden diese Tätigkeiten als Wiederherstellung der Produktionsfähigkeit aufgefasst, aber nicht zur Arbeitszeit gezählt.[65] Ziehen wir diese regenerativen Tätigkeiten von der Freizeit ab, so bleibt ein Quantum Zeit übrig, die – sofern es die finanziellen Mittel erlauben – von dem Individuum selbst gestaltet werden kann.[66]

Eine kritische Neudeutung erhält der Freizeitbegriff durch Habermas.[67] Habermas setzt der Arbeitsfreude Konsumgenuss entgegen. Bei

64 Diese langen Arbeitszeiten gelten in erster Linie für Ungelernte, für Frauen und Kinder. Qualifizierte Arbeitskräfte arbeiten Maase zufolge 60 oder weniger Stunden in der Woche. Ebd. S. 43-45.

65 Jochen Köhler: „Von der Muße zum Marketing. Die Perfektionierung der Feiertage“, in: Peter Kemper (Hg.): „Der Trend zum Event“, Suhrkamp, Frankfurt a. M., 2001, S. 11-26.

66 Ausgehend vom Protestantismus, der durch die Trennung zwischen Häuslichem und Öffentlichem sowohl eine Aufwertung der Arbeit und zugleich eine Trennung zwischen Arbeit und Freizeit bewirkte, wurde Zeitverschwendung durch den sich aus dem Protestantismus entwickelnden Pietismus zu einer der schwersten Sünden. Die Frage nach der Nutzung der Freizeit wird beispielsweise in der Pädagogik thematisiert. In Absetzung zu Pestalozzis Idee, dem Schüler Freiheit durch Freizeit, Bummeltage und Freistunden zu vermitteln, entwickelt sich im Pietismus eine Freizeitvorstellung, die es den Schülern verbietet, ihre Freizeit selbstverantwortlich zu nutzen. Spiel wird als Eitelkeit und Torheit angesehen. In der Freizeit sollen die Zöglinge gemeinschaftlich Beten oder so genannte „Erbauungsstunden“ besuchen. Dieser protestantisch-pietistische Freizeitbegriff prägt auch heute noch maßgeblich die Freizeitvorstellungen, wie wir beim Europa-Park sehen. Vgl. auch Maase: „Grenzenloses Vergnügen“. S. 48-52 und siehe auch: Max Weber: „Gesammelte Aufsätze zur Religionssoziologie 1“, Mohr, Tübingen, 1988, S. 54-56.

67 „Die Fabrikationsgewalt über Kultur ist scheinbar, wenn sich auch die Produzenten nach und nach darauf einlassen, Kultur in der Manier des Komforts zu produzieren. […] Und doch stellt sich gerade hier die Unverfügbarkeit der Kultur und die Ohnmacht der Kulturproduzenten deutlich heraus: Rückgriff über Rückgriff auf das gewährte Schöpferische beutet die Kultur aus und flickt ihre Stücke mühsam zusammen. Kultur – aus dem Stadium der Säkularität in das der Profanität eingetreten – wird, ob-

sinkender Arbeitsfreude wachse das Bedürfnis nach Konsum zur Kompensation, wobei sich diese Pole nicht gegenüberstehen, sondern sich vielmehr ergänzen. Freizeit wird als Arbeitsausgleich und letztlich zur Effizienzsteigerung produziert und dient dem Arbeitnehmer als angebotene Fluchtmöglichkeit.[68]

Hier schließt sich auch an, was Gerhard Schulze in seinem Buch „Die Erlebnisgesellschaft" den „Erlebnismarkt" nennt.[69] Durch die Entfremdung[70] und die Gewöhnung des Menschen an authentische Lebensgefühle entsteht eine Industrie, die Erlebnisse als einzigartige und nicht alltägliche Geschehnisse produziert[71] und damit letztlich wieder kompensatorisch wirkt.[72] Diese Flucht in eine Erlebniswelt ist jedoch nur ei-

---

wohl das an sich schlechthin nicht Konsumierbare und nicht Produzierbare, gleichwohl konsumiert und produziert." Jürgen Habermas: „Arbeit – Freizeit – Konsum. Frühe Aufsätze", Raubdruck der Zeitschrift Merkur und aus der Festschrift für E. Rothacker, o. O., o. J.

68 Conrad Lay: „„„Freizeitpark Deutschland"? Zur Zukunft der Arbeitsgesellschaft", in: Peter Kemper (Hg.): „Der Trend zum Event", Suhrkamp, Frankfurt a. M., 2001, S. 201-216.

69 Gerhard Schulze: „Die Erlebnis-Gesellschaft. Kultursoziologie der Gegenwart", Campus, Frankfurt a.M., 2000. S. 421-424, und vgl. Horst W. Opaschowski: „Kathedralen des 21. Jahrhunderts. Erlebniswelten im Zeitalter der Eventkultur", B. A. T. Freizeit-Forschungsinstitut GmbH, Hamburg, 2000. S. 104-105, daraus: „Früher waren Religion und Kirche für Heilsversprechen zuständig. Heute und in Zukunft sorgt eine mächtige Erlebnisindustrie für Glücksversprechungen."

70 Zum Marx'schen Begriff der Entfremdung vgl. Joachim Israel: „Der Begriff der Entfremdung. Zur Verdinglichung des Menschen in der bürokratischen Gesellschaft", Rowohlt, Hamburg, 1985.

71 Für die vorliegende Arbeit ist Schulzes Begriff der Distinktion interessant. Die Art der Freizeitnutzung folgt hier einer Unterscheidung, die die unterschiedlichen sozialen Klassen trennt. Neben der E-Kultur (Ernsten Kultur) besteht die U-Kultur (Unterhaltungskultur), die weniger anspruchsvoll und als weniger wertvoll angesehen wird. Letztlich findet man auch hier den protestantischen Zeitwertbegriff wieder. Selbst dort wo unterschiedliche Schichten das gleiche Produkt oder Phänomen nutzen, gibt es verschiedene Rahmungen (Goffmann), die diese Distinktion ermöglichen.

72 „Ein wirklicher Massenmarkt für populäre Künste entstand nach 1900. Vorbereitet haben ihn einfallsreiche Kulturunternehmer, die immer wieder neue Attraktionen zu bieten wussten, und ein Unterschichtpublikum, das neben Vertrautem die Überbietung des Bekannten verlangte. [...] Den Menschen auf dem Land boten Kirchweihfeste und Jahrmärkte sehr viel seltener und in bescheidenerem Rahmen kommerzielle Vergnügung. Doch auch hier konkurrierten die Schausteller, und sie setzten gleichfalls auf die Reize des Rätselhaften und Atemberaubenden, technisch Aufwendigen, erotisch Lockenden und ästhetisch Verzaubernden. Preisringen und Panorama, Völkerschau und Abnormitätenkabinett, Schleiertanz und vor der Jahrhundertwende schon das Wanderkino versprachen Überraschung und überwältigendes Schauspiel. Für die Besucher traten neben dem religiösen

ne scheinbare, da der Freizeitkonsument letztlich Kulturprodukte konsumiert und damit das scheinbar freie Wählen einer Fremdregelung folgt.[73]

Damit kann auf den Rummel bezogen kritisch eingewandt werden, dass die Beschreibung des Rummels als Gegenwelt verdeckt, dass der Rummelplatz eine kommerzialisierte Form der Weltflucht ist, da hier Probleme nicht offen diskutiert, sondern durch Betäubung unterdrückt werden. Damit wird das Ausgeliefertsein des Einzelnen in einem umfassenden Produktionsapparat nicht nur verschleiert, sondern gleichermaßen erträglich gemacht.

Diese These kann sogar auf der Mikroebene aufgezeigt werden, wie etwa am Beispiel des rummelplatztypischen Spielautomaten des Münzschiebers, welcher der Struktur des Spätkapitalismus folgt. Die Münzschieber stellen eine Gruppe von Automaten dar, die hauptsächlich auf dem Rummelplatz anzutreffen sind. Bei diesen Geräten befindet sich innerhalb eines Glaskastens eine Art Schieber, der die hereinfallenden Münzen ein Stück nach vorne schiebt, so dass die Münzen an andere anschließen. Mit der Zeit drücken jetzt die hinteren Münzen die vorderen Münzen in Schächte, oder die Münzen fallen seitlich am Spielfeldrand hinab. Die Münzen, die in die Schächte fallen, bewirken eine Ausgabe von Gewinnmarken (mit denen der Spieler Gewinne wie Plastikspielzeug, Feuerzeuge oder Stofftiere einlösen kann). Bei anderen Automaten wird eine Art „einarmiger Bandit" in Bewegung gesetzt, der die Menge

Anlass und zusätzlich zum Handel auf dem Markt Neugier und Spaß in den Vordergrund", Maase: „Grenzenloses Vergnügen", S. 53-54.

73 Hinterfragt wurde diese Deutung von John Fiske, der das Konsumieren zum zentralen Akt aufwertete und dabei Konsumtion mit Handlungsfreiheit verband, dies hat letztlich maßgeblichen Einfluss auf die Produktionsverhältnisse. Fiske nennt dies „Tricksen". Individuen verhalten sich wie Konsumenten, nutzen aber die Verkaufsinstrumente selbst zur Freizeitgestaltung (Spielen in Kaufhäusern, Kaffeerunden in Kaufhauskaffees). Aus Fiske: „Die Populärkultur ist somit voll von Wortspielen, deren Bedeutungen die Normen der sozialen Ordnung durchbrechen; ihr Exzess bietet Möglichkeiten für Parodie, Subversion oder Inversion; sie ist offensichtlich und oberflächlich, weigert sich, tiefe, komplex gestaltete Texte zu erzeugen, die ihr Publikum wie ihre gesellschaftliche Bedeutungen verengen; sie ist geschmacklos und vulgär, da Geschmack soziale Kontrolle und ein Klasseninteresse darstellt, das sich als ein natürliches feineres Empfindungsvermögen ausgibt; sie ist durchzogen von Widersprüchen, da Widersprüche die Produktivität des Lesers benötigen, seinen oder ihren Sinn aus ihnen zu ziehen. Sie ist oftmals eher auf den Körper und seine sinnlichen Wahrnehmungen konzentriert als auf den Geist mit seiner Vernunft, da die körperlichen Lüste karnevaleske, flüchtige und befreiende Praktiken anbieten." John Fiske: „Lesarten des Populären. Cultural Studies Bd. 1", Turia & Kant, Wien, 2000, S. 19.

der Gewinnmarken bestimmt. Eingeworfen werden die Münzen durch eine seitlich hin- und herbewegbare Schiene, mit der man den Münzwurf begrenzt beeinflussen kann.[74]

Abbildung 4: Photographie: Münzschieber

Dieser Automat ist gleichermaßen Geschicklichkeitsautomat wie Glücksspielgerät[75], da die eingeworfene Münze nicht zwangsläufig zum intentionierten Ergebnis führt, selbst wenn sie auf der angezielten Stelle liegen bleiben sollte. Betrachtet man den Automaten selbst, so erbringt dieser scheinbar keine produktive Leistung, sondern offensichtlich hat nur den einen Zweck: zu unterhalten – wobei diese Unterhaltung, das darf nicht vergessen werden, vom Kunden bezahlt werden muss. Die Kombination von Geschicklichkeits- und Glücksspiel erweckt die Illusion, dass der

74 Deutet man diese Maschine als mechanische Metapher für den Geschlechtsakt, dann stellt die Laufschiene den Penis, die Münzen das Sperma und die Öffnungen die weibliche Vagina dar. Diese Maschine gebiert mechanisch (Plastikchips). Kulturgeschichtlich steht diese Maschine dann in Kontext der Junggesellenmaschinen, die den Geschlechtsakt unter Ausschluss des Körpers symbolisch nachzubilden versuchten. Ein prominentes Beispiel für diese absurden Maschinen wurde von Robert Walser im „Gehülfen“ mit dem Schützenautomat, einer Maschine, die Patronen ausspuckt, entworfen. Zum Begriff der Junggesellenmaschinen sei hier auf den Ausstellungskatalog von Harald Szeemann verwiesen, der den Begriff der Junggessellenmaschine in der Diskussion etablierte: Hans Ulrich Reck/Harald Szeemann (Hg.): „Junggesellenmaschinen. Erweiterte Neuausgabe“, Springer, Wien, 1999.

75 Im Unterschied zu Geldspielgeräten dürfen diese Automaten, da sie keine Geldgewinne ausschütten, auf dem Jahrmarkt aufgestellt werden.

Spieler Kontrolle über das Geschehen ausüben kann, es tatsächlich aber vom Glück beziehungsweise Zufall bestimmt wird. Dabei sind die Chancen des Glücksspiels klar zugunsten des Automatenaufstellers ausgerichtet, so dass eigentlich der Begriff des „Glücks“spielautomaten aus dieser Perspektive falsch ist. Unterstellt man dem Rummelplatzbesuch einen zeitweiligen Ausschluss der bedrückenden Alltagswirklichkeit, so ist das Spiel an den Automaten eine Form der Weltflucht. Perfide an diesem Vergnügen ist nun, dass es die Strukturen, vor denen der Einzelne zu fliehen trachtet, reproduziert. Dies tut es, indem dem Subjekt eine scheinbare Entscheidungsmöglichkeit auf der Ebene seriell hergestellter Produkte angeboten wird. Bezogen auf den Münzschieber bedeutet dies, dass der Einzelne scheinbar die Wahl zwischen unterschiedlichen, aber gleichermaßen wertlosen Gewinnen hat.

Dabei wird er zugleich im Spiel selbst in die Produktionsverhältnisse eingebunden, statt aus ihnen entlassen, indem er jetzt scheinbar freiwillig und selbstbestimmt seine Münze dorthin lenkt, wo er sich die größten Effekt verspricht, tatsächlich aber selbst dem Prinzip der Profitmaximierung folgt. Dabei kopiert das Subjekt den Code der Produktionsverhältnisse sondern ist zudem integraler Bestandteil dieses Systems, indem es das „Amusement“ konsumiert, das die „Kulturindustrie“ anbietet, nachdem sie ein entsprechendes Bedürfnis erzeugt hat. In diesem Akt geschieht nun zweierlei: die Person arbeitet sich spielerisch in die Produktionsvorgänge ein, um bestimmte Produkte herzustellen, und zugleich werden seine bereits erlernten Handlungsabläufe von eben diesem System beim Konsum der Produkte zweitverwertet. Horkheimer und Adorno bemerken hierzu:

> Amusement ist die Verlängerung der Arbeit unterm Spätkapitalismus. Es wird von dem gesucht, der dem mechanisierten Arbeitsprozess ausweichen will, um ihm von neuem gewachsen zu sein. Zugleich aber hat die Mechanisierung solche Macht über den Freizeitler und sein Glück, sie bestimmt so gründlich die Fabrikation der Amüsierwaren, dass er nichts anderes mehr erfahren kann als die Nachbilder des Arbeitsvorgangs selbst, Der vorgebliche Inhalt ist bloß verblasster Vordergrund; was sich einprägt, ist die automatisierte Abfolge genormter Verrichtungen.[76]

In Bezug auf den Begriff der „Freizeit“ erhebt sich nun die Frage, inwiefern Freizeit tatsächlich eine von Arbeit freie Zeit ist, wenn in denselben Vergnügungen nachgegangen wird, welche den Kapitalismus (als System von Arbeit und Bezahlung) unterstützen.

76 Max Horkheimer/Theodor W. Adorno: „Dialektik der Aufklärung. Philosophische Fragmente“, Fischer, Frankfurt a. M., 1988, S. 145.

Zusammenfassung: Entschärfung und Profanisierung

Ordnet man die verschiedenen historischen Stationen chronologisch so ergibt sich eine Abfolge von:

Kirmes ⇨ Jahrmarkt ⇨ Schützenfest
⇨ Volksfest ⇨ Vergnügungspark ⇨ Themenpark

Dieser Wandel vollzieht sich unter dem Einfluss des Erstarkens der Städte und des Bürgertums und unter dem Eindruck der Industrialisierung. Diese Chronologie beschreibt zugleich den Wandel eines im kirchlichen Kontext beheimateten Festes hin zu einem profanen Ereignis.

Gerade an dieser Stelle lässt sich fragen, ob sich nicht in der Kirmes, deren Ursprünge weit vor die Industrialisierung zurückreichen, ein protoreligiöses Moment erhalten hat[77] und ob dieses nicht in der Art des Amüsements auf der Kirmes[78] noch erkennbar ist. Ausgehend von dem Ursprung der Kirmes als Kirchweihfest lässt sich eine Kontinuität aufzeigen, in der sich ein kirchliches Fest als eigenständiges Erleben aus dem ursprünglichen Kontext exkludiert. Folgt man dieser Kontinuität, so stellt die Kirmes eine Möglichkeit der Erfahrung eines Ganzheitserlebnisses dar, das in dieser Qualität selten erlebbar ist. Die Kirmes ist folglich ein Ort, an dem die entzauberte Welt wiederverzaubert wird.[79]

Vergleicht man den Themenpark mit der Kirmes, kann man folgendes festhalten: Die Atmosphäre des Parks ist im Vergleich zur Kirmes, bei der immer eine erotisierende Komponente mitschwingt, entsexualisiert. Es sind Familienparks, Familienparks, in denen eine protes-

77 Schirrmeister: „Schein-Welten", daraus: „Obgleich sich das Erscheinungsbild des Jahrmarkts im 20. Jahrhundert sehr geändert hat, sind doch viele kalendarische Kirmestermine parallel zu kirchlichen Feiertagen – Ostern, Pfingsten, Fronleichnam oder Erntedankfest – erhalten geblieben. Ebenso konstant zeigt sich der soziale Charakter des Jahrmarkts durch die Jahrhunderte hindurch; stets steht die Befriedigung der Angstlust, das Hervorrufen von Rauschzuständen, das Versetzten in Staunen im Mittelpunkt dieser Vergnügungswelt, die diese Emotionen nur in einer von den Sinnzusammenhängen des Alltags sozial und räumlich abgeschiedene Welt zu wecken vermag, innerhalb eines geschützten Rahmens." S. 167.

78 Elaine Pagels: „Adam, Eva und die Schlange. Die Theologie der Sünde", Rowohlt, Hamburg, 1991, S. 261-304.

79 Die intensive Verbindung zwischen der Schaustellerei und dem religiösen Bereich spiegelt sich auch darin wieder, dass die Schausteller eigene Geistliche haben. Dazu in: Stimming/Vogt: „Hamburger Dom", S. 80-81 und: ZDF-Reportage: „Klappaltar am Autoskooter. Unterwegs mit einem Kirmespfarrer", 3 Sat, 21.05.02.

tantische Freizeitvorstellungen vorherrscht, in denen die Freizeit nicht verschwendet, sondern zur Erbauung und Belehrung genutzt wird.[80] Nimmt man ein weiteres Unterscheidungsmerkmal hinzu, so muss beim Vergnügungspark Eintritt bezahlt werden, wohingegen die Atmosphäre auf dem Jahrmarkt auch ohne Geld erfahren werden kann. Man kann zusätzlich auf die Nähe der modernen Themenparks (Disneyland) zur Filmindustrie und damit zur prototypischen Kulturindustrie hinweisen. Mit Adornos Ausführungen zur Kulturindustrie kann eine wichtige Unterscheidung zwischen der Kirmes und den Themenparks getroffen werden. In seinem Aufsatz „Kulturindustrie" beschreibt er die Versagung der Lust und die Unterdrückung von Trieben als ein wesentliches Merkmal dieser Industrie.[81] So stellt sich der Themenpark nicht allein nur als Weiterentwicklung, sondern zugleich als entzaubertes, entschärftes, kulturindustriell reproduziertes Plagiat der Kirmes dar.

Das Ganzheitserleben, das auf dem Rummelplatz in den Attraktionen manifest wird, erhält sich durch die Attraktionen gleichwohl auch noch in den Vergnügungsparks. Dies wird im Folgenden an den einzelnen Attraktionen demonstriert werden, nachdem zuvor eine theoretische Grundlage der Analyse entwickelt wurde.

80 Man denke hier an die unterschiedlichen Formen von Lehrpfaden in den Vergnügungsparks. Siehe dazu auch: Main-Spitze: http://www.main-spitze.de/reise/objekt.php3?artikel_id=1852173 [Stand 01.06.2006].

81 Lediglich der Kunst ist es möglich, diese Lust durch eine Reflexion des Gesamten gebrochen darzustellen. Was in der Kulturindustrie damit nicht stattfindet, ist der Rausch und die Ekstase. Vgl. Hans Ulrich Reck: „Terrain und Entwurf – Zur Bedeutung von Theorien über ‚Spiel' für Ästhetik und Kunst", in: Kunstforum, Bad 176, Juni-August 2005, Kunstforum International, Ruppichteroth, 2005, S. 70-79.

Rummelplatz – Spielplatz: Theoretische Grundlagen

Theorie außergewöhnlicher Bewusstseinszustände

> Es ist kein Blumenbeet zu schade dafür,
> dass man nicht darauf ein Karussell
> für Kinder bauen könnte.[1]

Dieser Ausspruch Papst Johannes XXIII. stellt den Jahrmarktsbesuch als zwangloses Treiben unter eine ideelle Schirmherrschaft und verleiht der Rummelplatzfaszination eine seriöse Reputation. Beschäftigt man sich mit dem Zitat eingehender, so verweist es keineswegs eindeutig auf den Rummelplatz, vielmehr kann der Satz auch so verstanden werden, dass man dem kindlichen Spiel einen Platz einräumen sollte, wobei das „Karussell" hier allegorisch für das kindliche Spiel steht. Bemerkenswert hierbei ist die Art des Spiels, die das Karussell ermöglicht. Die Lust am Schwindel, am Orientierungsverlust lässt sich als ein scheinbar sinn- und regelloses Tun nur widerstrebend als Spiel begreifen.

Dabei verliert sich die Attraktivität dieser Handlung nicht mit dem Älterwerden, sondern diese Handlung wird weiterhin in den vielen Fahrgeschäften[2] auf dem Rummelplatz leidenschaftlich ausgeübt. Bei den Fahrgeschäften handelt es sich somit um ein Spiel, wodurch der Rummelplatz sich unter diesem Blickwinkel als Spielplatz gerade auch für Erwachsene präsentiert.

1 Johannes XXIII, zitiert aus: Frank Lanfer: „100 Jahre Achterbahn", S. 3.

2 Mit „Fahrgeschäft" bezeichnet man einen ‚Schaustellerbetrieb, der Fahrten auf Karussellen, Kleinautofahrbahnen, Luftschaukeln oder ähnlichen Maschinen anbietet'.

Abbildung 5: Photographie: Spielplatz

Wirft man einen weiteren Blick auf das Rummelplatzgeschehen, so wiederholt sich die Erlebnisqualität des Orientierungsverlustes als Merkmal in ganz unterschiedlichen Qualitäten immer wieder neu. Der Orientierungsverlust ist nicht nur bei der Karussellfahrt der Fall, sondern betrifft auch die Achterbahn, die Geisterbahn und das Riesenrad. Diese so genannten „Fahrgeschäfte" haben allesamt zur Aufgabe, unterschiedlichste Arten von Irritation zu erzeugen. Das Angebot an Schwindel und Irritation umfasst neben den Fahrgeschäften auch „Schaubuden" – das ist eine Rummelplatzbude, in der etwas dargestellt oder ausgestellt wird –, in denen vermeintliche Sicherheiten in Taumel versetzt werden. Auch Trinkhallen und Bierzelte sind Mittel zum Zweck, dem Besucher einen Orientierungsverlust zu verschaffen. Die Möglichkeit der Erfahrung einer anderen Wirklichkeit (beziehungsweise einer Welt jenseits der alltäglichen)[3] ist es, die sich im Rummelplatzbesuch eröffnet.

Der Orientierungsverlust ist dabei ein Merkmal eines außergewöhnlichen Bewusstseinszustandes.[4] Er ist eine Erlebnisqualität, welche die grundlegende Erfahrung darstellt, die auf dem Rummel präsent ist. Außergewöhnliche Bewusstseinszustände können erzeugt werden durch:

3 „The amusement park was a ‚temporary world within the ordinary world', where ‚special rules' obtained, and visitors literally stepped out of their ‚real' lives into a world of play a make-believe." Nasaw: „Going Out", S. 86.

4 Zur Theorie außergewöhnlicher Bewusstseinszustände sei verwiesen auf folgenden Sammelband: Adolf Dittrich/Albert Hofmann/Hanscarl Leuner (Hg.): „Welten des Bewusstseins Band 3. Experimentelle Psychologie, Neurobiologie und Chemie", VWB, Berlin, 1994.

1. pharmakologische Auslöser (z. B. Schwindel durch Alkohol)
2. psychologische Auslöser (z. B. Konzentration in der Schießbude)
3. manipulative Auslöser (z. B. Orientierungsverlust im Karussell).

Der außergewöhnliche Bewusstseinszustand zeichnet sich durch eine ekstatische Transzendenzerfahrung aus. [5] In der Ekstase erlebt das Individuum eine temporäre Transzendenzerfahrung, die als ein Bewusstseinszustand verstanden werden kann, der zeitweilig über das gewöhnliche Alltagsbewusstsein hinausgeht und sich durch eine Identität von Ich und Umwelt auszeichnet. Ausgelöst werden diese Bewusstseinszustände durch eine vorsätzliche manipulative Verringerung der Umwelteinflüsse (imperturbatische Techniken) oder durch die entgegengesetzte Technik einer gezielten Reizüberflutung (extrastimulante Techniken). Die Qualität dieser Erfahrung lässt sich in drei Gruppen unterteilen:

1. die ozeanische Selbstentgrenzung. In dieser scheinen die Grenzen zwischen dem Ich der Umwelt zu verschwinden, wodurch es zu einer Einheitserfahrung kommt.
2. die angstvolle Ich-Auflösung. In dieser wird die Auflösung des Verhältnisses von Ich und Umwelt als bedrohlich für die eigene Identität erfahren und Panik erzeugt.
3. die visionäre Umstrukturierung. Hier werden Sinneseindrücke in einer konzentrierten Qualität erfahren, was bis zu einem „Input-Overflow" führen kann, bei dem die gesteigerten Wahrnehmungseindrücke nicht mehr verarbeitet werden können.[6]

Diese drei Qualitäten der Transzendenzerfahrung spielen auf dem Jahrmarkt eine große Rolle. Neben das rauschhafte Erleben des Rummelplatzbesuchs treten die Angst, welche einem in einer schwindelerregenden Attraktion hervorgerufen wird, und die Reizüberflutung, welche durch die Geräuschkulisse, die Menschenmassen und die geballten Sinnesreizungen provoziert wird.

5 Ines Bodmer/Adolf Dittrich/Daniel Lampertner: „Außergewöhnliche Bewusstseinszustände. Ihre gemeinsame Struktur und Messung", in: Adolf Dittrich/Albert Hofmann/Hanscarl Leuner (Hg.): „Welten des Bewusstseins Band 3. Experimentelle Psychologie, Neurobiologie und Chemie", VWB, Berlin, 1994, S. 45-46 und Hans Cousto: „Drogeninduzierte und andere außergewöhnliche Bewusstseinszustände. Ein Bericht über Sucht und Sehnsucht, Transzendenz, Ich-Erfahrungen und außergewöhnliche Bewusstseinszustände", Eve+Rave Schweiz, Solothurn, 1998 (Online Veröffentlichung).

6 Ebd.

Der Orientierungsverlust ist somit nur ein Merkmal eines ekstatischen Erlebens[7], welches nicht nur ein physiologischer Vorgang ist, sondern eine transzendente Erfahrung darstellt. Die Eigenschaft des transzendenten Rausches, der durch den Orientierungsverlust induziert wird, eine alternierende Wirklichkeitsschau zu ermöglichen, macht ihn für Sinnordnungssysteme attraktiv, die über die diesseitige Existenz hinauszuweisen suchen. Die Erlebnisqualitäten einer transzendenten Erfahrung erzeugen keine Deutung dieser, was jedoch für das jeweilige Verständnis zur Verarbeitung dieser Erfahrung notwendig ist. Genau dies leisten die jeweiligen Sinnordnungssysteme. Wobei hier angemerkt werden soll, daß diese Sinnordnungssysteme nicht allein nur religiöser Art sind, sondern letztlich jede Art von Ideologie sein können.[8]

So nimmt der Rausch in sakral ritualisierter Form mystischen Charakter an.[9] Während die körperliche Erfahrungsebene zurücktritt, gewinnt das Rauscherleben, welches in einen Sinnkontext eingebettet ist, an transzendenter Bedeutung. Wird die Verschränkung von Wahrnehmung und Körper durch bestimmte Praktiken aufgebrochen, so steigert sich die Rauschqualität. Damit geht jedoch der Verlust zumindest eines Teils des Sinnsystems einher, welches jedoch noch als symbolisches Residuum in den rauschinduzierenden Techniken auffindbar ist. Daher ist der Kirmesrausch nicht so sehr ein protoreligiöses Erleben, das der Religion vorangestellt ist. Vielmehr ist der Rausch ein parareligiöses Phänomen und so entsteht – neben einer sakral begründeten Jenseitswelt – ein volkstümliches Erleben des Jenseits.

Dieses Erleben des Jenseits ist im Unterschied etwa zu religiösen Sinnordnungssystemen nicht nachhaltig genug kontextuiert, um als um-

---

7 „Ekstase (griech., ekstasis, „aus sich gestellt sein"), Außersichsein, Verzückung;" aus: Georgi Schischkoff: „Philosophisches Wörterbuch", Kröner, Stuttgart, 1991, S. 160.

8 So erzeugt die Propaganda und letztlich auch die Werbung genau diese Art von Erregung um ihre Botschaft zu vermitteln. Bezogen auf das vorliegende Thema bedarf es aus dieser Überlegung heraus einer kritischen Bewertung, wenn Attraktionen im Rahmen von Sponsoring mit Werbebotschaften verbunden werden.

9 „Ekstase [die; griechisch, „das Heraustreten"]. Zustand höchster Steigerung des Lebensgefühls (Außersichsein, Verzückung, Entrückung), bei dem die Seele gleichsam aus dem Körper heraustritt, d. h. das Gefühl der eigenen Begrenztheit, Endlichkeit, Situationsbedingtheit verliert. […] Die Bedeutung der religiösen Ekstase liegt darin, dass sie als unmittelbare Vereinigung mit dem Göttlichen bzw. als Ergriffensein von Gott (Enthusiasmus) aufgefasst wird und daher nicht nur in den orgiastischen Kulturen, sondern auch in der Mystik eine Rolle spielt." Aus: Wissen.de: http://www.wissen.de/wde/generator/wissen/ressorts/bildung/index,page=1090690.html [Stand 01.06.2006].

fassende Antwort auf die zwingendste aller anthropologischen Fragen auszureichen – die Frage des Todes.[10] So ermöglicht die Karussellfahrt durch den rauschhaften Blick in eine andere Erlebniswelt vielleicht nicht eine Antwort auf die Frage „Was kommt nach dem Tod?“, aber sie erlaubt zumindest ein kurzzeitiges Vergessen dieser fatalen Kränkung, die der Einzelne durch das Wissen um die Endlichkeit des irdischen Seins erfährt.

Spiel und Spieltheorie

In diesem Abschnitt werden zunächst die grundlegenden Spieltheorien in einem chronologischen Abriss wiedergegeben, um dem Leser einen Überblick über die theoretische Diskussion um den Sinn und Zweck des „Spiels“ zu verschaffen. Im Folgenden werden dann die Merkmale des Spiels nach den Theorien von Huizinga und Caillois analysiert. Besonderes Augenmerk liegt hier auf Caillois’ Theorie, da seine Spielkategorien als Ausgangspunkt der Analyse der Rummelplatzattraktionen im folgenden Kapitel dienen.

Grundlegende Spieltheorien

Kehren wir zunächst einmal zum Bild des Spielplatzes zurück: Was tun Kinder auf dem Spielplatz? Mag der Spielplatz auf den ersten Blick ein wildes Getümmel sein, so lässt sich nach kurzer Zeit eine Vielzahl unterschiedlicher Spielintentionen erkennen. Einige Kinder rutschen, ein Kind schaukelt, ein weiteres Kind, das auf der Schaukel sitzt, fordert seine Mutter auf: „Höher, höher“. Zwei Kinder bauen eine Sandburg, ein weiteres „backt“ Sandkuchen und versucht diese zu verkaufen. Etwas abseits auf einer Wiese neben Kindern, die Ball spielen, steht ein Drehkarussell, auf dem zwei Kinder sitzen und sich von einem dritten anschieben lassen. Diese idealtypische Szenerie veranschaulicht, wie unterschiedlich das Geschehen auf dem Spielplatz angelegt ist. Neben Spielen, die den Körper und die Körpersinne ansprechen (wie rutschen, schaukeln und Karussell fahren), finden hier auch Spiele wie Burgenbauen oder Sandkuchenverkauf statt, in denen Kinder in einer Phantasiewelt leben und womit sie erste Probehandlungen für das spätere Erwerbsleben vollführen.[11] In der vergleichenden Betrachtung stehen auch

10 Zur Erkenntnis der eigenen Sterblichkeit und dem Umgang damit vgl. Luigi de Marchi: „Der Urschock. Unsere Psyche, die Kultur und der Tod“, Luchterhand, Darmstadt, 1988.

11 Vgl. Jean Chateau: „Spiele des Kindes“, S. 23-28, S. 49-51 und S. 71.

die schaukelnden Kinder in einer Art Wettbewerb, welcher sich von dem Wettbewerb der ballspielenden Kinder unterscheidet.

Der theoretische Zugang, um diese Geschehen zu beschreiben, scheint sich auf den ersten Blick in der Vielzahl der unterschiedlichen Spielhandlungen und Spielformen zu verlieren. Eine erste Unterscheidung lässt sich am Fokus der Beobachtung erkennen. Während manche Autoren (z. B. Huizinga, Caillois) das Wesen des Spiels und dessen gesamtkulturelle Leistung zu erfassen versuchen, rückt bei anderen Autoren (z. B. Spencer[12], Groos[13]) der Akt des Spielens und dessen Funktion für das Individuum in den Mittelpunkt der Betrachtung.

Unmittelbar verknüpft mit der Frage der Funktion des Spiels für die Entwicklung des Individuums ist die Frage, was und wie gespielt wird. Die Art des Spiels erlaubt Schlüsse auf die Entwicklung des Charakters, weswegen das Spiel, wobei hier gesagt sein muss, dass hier in erster Linie das Kinderspiel gemeint ist, in den Blickpunkt einer pädagogischen Erziehung rückt. Ausgehend von Platons Annahme, dass das Spiel den Charakter formt,[14] lässt sich hier ein kontinuierlicher Gedanke erkennen, in dem Hans Scheuerl zufolge „Erzieherischer und Diagnostischer Wert des Kinderspiel reziprok aufeinander bezogen werden“[15]. Erlaubt das Spiel Schlüsse auf den zukünftigen Charakter des Spielers, liegt der Gedanke nahe, den Charakter des Kindes durch bestimmte Spiele zu formen. Diese beiden Grundannahmen bestimmen letztlich bis zu Kant die verschiedenen Spieltheorien, auch wenn sich diese Theorien in ihrer Intention grundlegend voneinander unterscheiden.

Mit Kant, der das „freie Spiel der Vorstellungskräfte“ zum „grundlegenden Prinzip des Ästhetischen erhob“, entsteht nach Hans Scheuerl „beiläufig und ohne Absicht“[16] eine erste Theorie, die das Spiel in einem übergeordneten Zusammenhang sieht. Mit der von Kant ausgehenden Verknüpfung von Ästhetik und Spiel findet eine Neubewertung des Spiels statt, das nun nicht mehr nur ein sinnloses Tun darstellt, das Zugang zum Charakter des Einzelnen – vor allem des einzelnen Kindes –

12 Herbert Spencer: „Die Principien der Psychologie“, Schweizerbart, Stuttgart, 1886.

13 Karl Groos: „Das Spiel. Zwei Vorträge“, Gustav Fischer, Jena, 1922.

14 Dieser Gedanke findet sich in unterschiedlichen Darlegungen in Platons „Der Staat“ wieder. Vgl. Platon: „Werke Band III. Der Staat, G. Reiner, Berlin, 1828, S. 256-260.

15 Hans Scheuerl: „Beiträge zu einer Theorie des Spiels“, Julius Beltz, Weinheim, 1964. S. 7, siehe auch Immanuel Kant: „Kritik der Urteilkraft“, Meiner, Hamburg, 2001, S. 66-70 und 72-74.

16 Scheuerl: „Beiträge zu einer Theorie des Spiels“, S. 9-10.

ermöglicht, sondern das der spielerischen Phantasie einen eigenen Wert zugesteht.[17]

Im Anschluss an Kant finden wir in Friedrich Schillers Briefen über die ästhetische Erziehung des Menschen die erste umfassende Gesamtdeutung des Spiels, die das Spiel zur Grundlage menschlicher Kultur erhebt.[18] Hier dominiert der Spieltrieb, die im Stofftrieb gedanklich gefasste Triebhaftigkeit und der sich im Formtrieb äußernden moralischen Pflicht; gerade diese Wechselhaftigkeit zeichnet den Menschen als Menschen aus.

Mit dieser Neubewertung des Spiels wird jetzt dem Spielakt, den Spielen selbst, eine neue Qualität zugestanden, in der sich zugleich die Kritik der Romantik gegenüber der Aufklärung formuliert. Der aufklärerischen Wertung des Spiels als sinnloses Tun wird das Spielen in der Romantik als phantasiereiches Handeln aufwertend entgegengesetzt, so dass für Jean Paul das Spiel der „vollausgekostete Augenblick“[19] ist. Angelegt ist hier bereits ein Aspekt, der bei Schleiermachers Theorie am deutlichsten herausgearbeitet wird, die das Spiel als „Vermittler zwischen Gegenwart und Zukunft“ [20] betrachtet: die Eigenzeitlichkeit des Spiels.

In der Folge rückt das Handeln in das Zentrum der Diskussion; es ist nicht mehr nur sinnloses Tun, das den Charakter eines Einzelnen prägt, sondern ein Handeln, das einen Zugang zur allgemeinen Natur des Menschen erschließt – wenngleich die Erkenntnisse Scheuerl zufolge dürftiger werden, da allein nur Erholungs- und Lustaspekte herausgestellt werden. Die Stärke dieser Theorien liegt weniger im Erkenntnisgewinn als vielmehr in einer ersten systematischen Beobachtung des Spielgeschehens. Die Theorien sind somit Grundlage der entstehenden psychologischen Deutungen, welche sich zu dieser Zeit dezidiert von der psy-

17 Hans-Georg Gadamer versteht unter „Im-sich-selbst-Regeln-Geben“ des Spiels die Vernunft in ihrer reinsten Form. Vgl. Hans-Georg Gadamer: „Die Aktualität des Schönen“, Reclam, Stuttgart, 1977, S. 30-31.

18 Friedrich von Schiller: „Über die ästhetische Erziehung des Menschen“, Reclam, Ditzingen, 2000, S. 13-15.

19 Aufgegriffen wird die Idee des Schiller'schen Freiheitsgedankens dezidiert von Bally, der Schillers Theorie kulturpsychologisch erweitert und als schwebenden Zustand versteht, in dem das Subjekt nicht mehr an Handlungsdeterminanten gebunden ist, sondern vielmehr in einer kontingenten Handlungssituation steht. Vgl. Gustav Bally: „Vom Ursprung und von den Grenzen der Freiheit“, Schwabe, Basel, 1945, S. 5-7, S. 20-29 sowie S. 76.

20 Friedrich Schleiermacher: „Erziehungslehre. Aus Schleiermachers handschriftlichem Nachlasse und nachgeschriebenen Vorlesungen“, Beyer, Langensalza, 1871, S. 71-73.

choanalytischen Deutung des Spiels als Sublimation von Ängsten und Trieben absetzt.[21]

Die lineare Skizzierung soll nicht dazu verleiten, die Entwicklung der Spieltheorien als einen gradlinigen Prozess zu verstehen, vielmehr rückt das Spiel ab Anfang des zwanzigsten Jahrhunderts in das Interesse unterschiedlicher wissenschaftlicher Disziplinen.[22] In der Pädagogik werden unterschiedliche Ansätze einer Spieldidaktik entworfen, die implizit Deutungsansätze beinhalten. In der Volkskunde entstehen Arbeiten (die insbesondere für die vorliegende Arbeit gewinnbringend einsetzbar sind), die in den unterschiedlichen Spielweisen Überreste vergangener Epochen erfassen, die ins Volkstümliche herabgesunken sind. Die sozialpsychologische Herangehensweise geht von der Frage nach der Wechselwirkung von Lebensweise und Spielverhalten aus, wobei Scheuerl hier auf die Problematik hinweist, dass hier die Spieltheorie Züge einer Sozialisationstheorie annimmt.

Mit der Konzentration auf den Spielakt wird die bei Kant und Schiller noch umfassende Anlage eines Spielbegriffs, der das Handeln erklärt, sozusagen vom zugrunde liegenden Phänomen aus neu gedacht. Dies führt dazu, dass man letztlich aus dem Spielakt, das Wesen des Spiels zu erklären sucht und darüber eine Allgemeingesetzlichkeit der Theorie impliziert, die das Handeln intendierte, so dass dem Spiel – ausgehend von Herbert Spencers[23] Theorie des biologischen Kraftüberschusses, der gleichsam entladen wird – eine kathartische Ventilfunktion zukommt, wie dies Scheuerl herausgestellt hat.

Aufgegriffen und wesentlich umgeformt werden die Theorien, die das Spiel aus psychophysischen Prozessen heraus erklären, von Karl Groos.[24] Groos weist in einer umfassenden Studie dem Spiel einen Raum zu, in welchem spielerisch der Ernst des Lebens eingeübt werden kann. Dies geschieht durch spielerische Einübung mentaler und motorischer Fähigkeiten, um so dem späteren Überlebenskampf gewappnet zu

---

21 Karl Bühler versteht das Spiel nicht als Abbau von Spannung, sondern vielmehr erhält das Spiel einen bestimmten Spannungszustand, aus dem eine besondere Form der Lebensfreude entsteht. Vgl. Karl Bühler: „Die Krise der Psychologie“, Gustav Fischer, Jena, 1927, S. 192-194.

22 Erwähnt seien hier auch die mathematischen Überlegungen zur Spieltheorie, das Sprachspiel in der Sprachphilosophie und Manfred Eigens Entscheidungstheorie, die das Spiel als Wechsel zwischen Gesetz und Zufall deutet. Vgl. Manfred Eigen, Ruthild Winkler: „Das Spiel. Naturgesetze steuern den Zufall“, 4. Auflage, Piper, München, 1996.

23 Herbert Spencer: „Die Principien der Psychologie“, Schweizerbart, Stuttgart, 1886, S. 706-711.

24 Karl Groos: „Das Spiel. Zwei Vorträge“, Gustav Fischer, Jena, 1922, S. 1-17.

sein.[25] Im Spiel erlebt und durchlebt das Kind wechselnde Als-ob-Situationen, die es ihm ermöglichen, sich aktiv zu entwickeln. Brian Sutton-Smith[26] greift in seiner breit angelegten vergleichenden Studie diesen Gedanken auf. Aus seiner Sicht stellt sich das Spiel als ein „Mittler des Neuen“ [27] dar und ist auf diese Weise Ausgangspunkt der Sozialisation des Individuums, wobei an der Art der Spiele zugleich Normen der jeweiligen Gesellschaftsform abgelesen werden können.

Merkmale des Spiels

Johan Huizingas Verdienst ist es, einen neuen Versuch einer Gesamtdeutung des Spiels zu unternehmen, in welcher das Wesen des Spiels selbst wieder in das Zentrum rückt.[28] Huizinga versteht das Spiel als Grundelement jeder Kultur, die vom Spiel in jedem ihrer Bereiche durchzogen wird. Für Huizinga ist das Spiel eine „sinnvolle Funktion“[29]. Diese Funktion jedoch im Sinne Schillers als „Geist“ zu bestimmen, greift für Huizinga in dem Maße zu weit, wie für ihn eine Reduktion der Funktion auf Instinkt zu kurz greift. Vielmehr versteht Huizinga das Spiel als Element, welches nicht über eine Zweckmäßigkeit beschrieben werden kann, sondern vielmehr ein Grundprinzip darstellt, welches sich im menschlichen Handeln niederschlägt.[30] Die Eingangsfrage, die Huizinga stellt, ist die Frage nach dem „Witz“ des Spiels, also warum spielen Spaß macht. Das Handeln und die Freude allein aus einem abzuarbeitenden Kraftüberschuss abzuleiten, wird für Huizinga der Sache nicht gerecht, vielmehr scheint im Wesen des Spiels das Eigentliche innezuwohnen.

Im Spiel haben wir es mit einer für jedermann ohne weiteres erkennbaren, unbedingten primären Lebensqualität zu tun, mit einer Ganzheit, wenn es je etwas gibt, was diesen Namen verdient. […] Die Realität Spiel erstreckt sich, für jedermann wahrnehmbar, über Tierwelt und Menschenwelt zugleich. Sie kann

25 Vgl. Scheuerl: „Beiträge“, S. 13-14.

26 Brian Sutton-Smith: „Die Dialektik des Spiels“, Verlag Karl Hofmann, Schorndorf, 1978.

27 Ebd., S. 87.

28 Kritisch kann man hier anmerken, dass auch Buytendijks Arbeit den Charakter einer Gesamtdarstellung hat, wobei angemerkt werden muss, dass Buytendijks Interesse sich auf eine bestimmte Art von Partnerspielen konzentriert, mit Hilfe der er seine triebtheoretische Deutung zu belegen sucht.

29 Johan Huizinga: „Homo ludens. Vom Ursprung der Kultur im Spiel“, Rowohlt, Hamburg, 1997, S. 9.

30 Ebd., S. 10-15.

auf keinem rationalen Zusammenhang beruhen, da ein Gegründetsein in der Vernunft sie doch auf die Menschenwelt beschränken würde.[31]

Zugleich ist für Huizinga die Erkenntnis des Wesens des Spiels auf das Menschsein gegründet, da nur der vernunftbegabte Mensch in der Lage ist, das Wesen oder den Geist des Spiels zu erkennen, der durch seine „Überflüssigkeit" die Grenzen der menschlichen Erkenntnis deutlich macht.

Das Dasein des Spiels bestätigt immer wieder, und zwar im höchsten Sinne, den überlogischen Charakter unserer Situation im Kosmos. Die Tiere können spielen, also sind sie bereits mehr als mechanische Dinge. Wir spielen und wissen, dass wir spielen, also sind wir mehr als bloß vernünftige Wesen, denn das Spiel ist unvernünftig.[32]

Dieses supernaturale Verständnis des Spiels erhebt für Huizinga das Spiel zum Ursprung der Kultur. Auch die Sprache ist von der Struktur des Spiels bestimmt, indem sie ständig vom Stofflichen zum Geistigen springt. In gleicher Form ist der Mythos als Sinnordnungssystem, welches das Unerklärliche als göttliche Launenhaftigkeit darstellt, ein spielerischer Mittler zwischen Geistigem und Stofflichem. Letztlich sind für Huizinga auch Kulte – als Konzentrationspunkt der Entstehung menschlicher Gemeinschaften – nicht nur von spielerischer Struktur, sondern dort kommt dem Spielen eine zentrale Rolle zu. Auf diesen drei Elementen – Sprache, Mythos und Kult – gründet für Huizinga alles Kulturleben. In seiner weiteren Untersuchung bezieht sich Huizinga auf soziale Spiele, die er als höhere Spiele von den niederen Spielen der Säuglinge und Tiere abgrenzt, da bei den höheren Spielen eine exakte Analyse der „formalen Kennzeichen" des Spiels möglich ist.

Grundlage für jedes Spiel ist die Freiwilligkeit[33]; ein Spiel das befohlen wird, ist zumindest für den zum Spiel Gezwungenen kein Spiel mehr, da das Vergnügen, das dem Spiel wesenhaft innewohnt, auf diese Weise inexistent ist. Auch wenn Spiele ihren festen Rahmen haben, so sind sie dennoch an die Freizeit des Einzelnen gebunden und nicht an eine etwaige „sittliche Pflicht"[34]. Erst durch die Umdeutung des Spiels – zum Beispiel im rituellen Kontext – wird die Teilnahme verbindlich. Freiheit wird damit für Huizinga zum ersten Kennzeichen des Spiels.

31 Ebd., S. 11.

32 Ebd., S. 11.

33 „Alles Spiel ist zunächst und vor allem *ein freies Handeln.*" Ebd., S. 15.

34 Ebd.

Indem Spiele in der Freizeit gespielt werden, unterbrechen sie gewissermaßen den üblichen Tagesablauf, geben ihm eine neue Qualität. Es ist ein Lebensbereich, in dem sich Kultur bilden kann.[35] Dieser Bereich des Außergewöhnlichen ist strikt vom normalen Leben räumlich und zeitlich abgegrenzt. Das Besondere der zeitlichen Begrenzung ist, dass ein Spiel wiederholt werden kann und auf diese Weise immer wieder außergewöhnliche Zeiträume erzeugt werden.

Neben der zeitlichen Abgrenzung bildet die räumliche Abgrenzung ein wesentliches Merkmal. Das Spiel findet Huizinga zufolge immer in einem besonderen Raum statt; sei es im Kleinen das Spielfeld eines Brettspiels oder im Großen der Sportplatz, auf welchem Sportspiele ausgetragen werden. In diesem außergewöhnlichen Raum herrscht eine spieltypische Eigengesetzlichkeit, die den Regeln des „normalen Lebens" entgegenlaufen kann. Dabei regelt eine dynamische Ordnung den Spielfluss, der von einem Wechsel zwischen Spannung und Entspannung bestimmt wird. Verletzt nun einer der Spieler diese Ordnung, so „verdirbt" er das Spiel. Zugleich kann aber auch aus der Regelverletzung etwas Neues entstehen, ein neues Spiel, indem sich der „Spielverderber" mit anderen Spielern zusammenschließt.[36]

Die Spielergruppen haben Huizinga zufolge die Tendenz, auch nach Ende des Spiels weiterhin als Gemeinschaft zum Zwecke des Weiterspiels fortzubestehen, sich teilweise sogar als Vereine zu institutionalisieren.[37] Das Wissen um die Regeln erscheint als ein Mysterium, da sie darüber entscheiden, wer mitspielen darf und wer außen vor bleiben muss. Für Huizinga ist der sichtbare Ausdruck dieser Qualität die Maskierung und Vermummung. Die Vermummung ist damit ein Zeichen einer Andersartigkeit, die in Konfrontation mit dem gewöhnlichen Leben einhergeht, indem sie auf eine alternierende Wirklichkeit verweist.

Roger Caillois greift in seinem Werk „Die Spiele und die Menschen" kritisch Huizingas Ansatz auf, kritisiert allerdings das zentrale Anliegen Huizingas. So stellt Huizingas Werk für Caillois grundsätzlich keine Untersuchung der Spiele dar, sondern eher eine Untersuchung des „Spielgeistes" auf dem Feld der Kultur. Ein Kritikpunkt Caillois' an Huizinga ist dessen Beschränkung auf Wettkampf- und Glücksspiele. Aufgegriffen werden jedoch von Caillois Huizingas Systematisierungen. So teilt Caillois Huizingas Ansicht, dass das Spiel nicht produktiv sei und sich dadurch von der Arbeit unterscheide. Für Caillois ist das Spiel

35 Ebd., S. 17.

36 Ebd., S. 19.

37 Man denke bezogen auf die vorliegend Arbeit an die organisierten Kirmesfans.

sogar Mittel zur Vergeudung von Zeit und Kapital. Gleichermaßen übernimmt Caillois Huizingas Analyse der Freiwilligkeit und der räumlichen und zeitlichen Beschränktheit des Spiels, da diese Elemente den spieleigenen Spielraum überhaupt erst eröffnen. Für Caillois sind die formalen Kennzeichen eines Spiels, dass es:

1. eine freie Betätigung ist, zu der der Spieler nicht gezwungen werden kann, ohne dass das Spiel seines Charakters der anziehenden und fröhlichen Unterhaltung verlustig ginge;
2. eine abgetrennte Betätigung ist, die sich innerhalb genauer im Voraus festgelegter Grenzen von Raum und Zeit vollzieht;
3. eine ungewisse Betätigung ist, deren Ablauf und deren Ergebnis nicht von vornherein feststeht, da bei allen möglichen Ausgängen einer Handlung, der Initiative notwendigerweise eine gewisse Bewegungsfreiheit zugebilligt werden muss.
4. eine unproduktive Betätigung ist, die weder Güter noch Reichtum noch sonst ein neues Element erschafft und die, abgesehen von einer Verschiebung des Spielereigentums innerhalb des Spielerkreises, bei einer Situation endet, die identisch ist mit der zu Beginn des Spiels;
5. eine geregelte Betätigung ist, die Konventionen unterworfen ist, welche die üblichen Gesetze aufheben und für den Augenblick eine neue, alleingültige Gesetzgebung einführen;
6. eine fiktive Betätigung ist, die von einem spezifischen Bewusstsein einer zweiten Wirklichkeit oder einer im Bezug auf das gewöhnliche Leben freien Unwirklichkeit begleitet wird.[38]

Diese Kriterien – Freiwilligkeit, eigener Raum, unvorhersehbarer Ablauf, Unproduktivität, Eigengesetzlichkeit und Fiktivität – lassen sich auf das Geschehen auf unserem idealtypischen Kinderspielplatz übertragen. So sieht man sehr schnell einem Kind an, wenn es zu einer Handlung, genötigt wird: es sträubt sich, weint gar. Oftmals ist ein Weinen auch Ausdruck, dass die Zeit, die die Eltern mit dem Kind auf dem Spielplatz verbringen wollten, vorbei ist und man sich nun auf den Nachhauseweg macht und den Raum des Spielplatzes verlässt. Der Ablauf des Spielplatzbesuchs ist nicht festgelegt und nicht vorhersehbar; und selbst wenn ein eng eingegrenzter Spielwunsch (zum Beispiel eine Sandburg zu bauen) zugrunde liegt, so ist auch der Verlauf dieses Spiels von vielen Faktoren beeinflussbar. Auch werden beim Sandkastenspiel trotz intensiven Kuchenbackens und Burgenbauens keine wirklichen Güter oder Reichtümer produziert oder erworben. Innerhalb einer Spieleinheit (bleiben wir beim Beispiel des Sandburgbauens) gelten bestimm-

38 Vgl. Caillois: „Spiele", S. 16.

te Regeln; Regeländerungen können vollzogen werden, indem etwa Spielautos zu Glasmurmeln und Plastikrittern hinzugenommen werden und so eine neue Art Wirklichkeit entstehen lassen.[39]

Nun erhebt sich die Frage, wie sich diese Erkenntnisse über Spiel, Spielplatz und Spieler auf den Rummel als Spielplatz für Erwachsene übertragen lassen. Caillois selbst gibt zwar Hinweise, die Rummelplatzattraktionen als Spiele zu betrachten, doch eine dezidierte Anwendung seiner Kriterien bleibt er schuldig.

Abbildung 6: Postkarte: Eingang zum Festplatz, ca. 1906

Betrachten wir einen Rummelplatzbesuch und bringen dieses Erlebnis mit den Caillois'schen fünf Merkmalen des Spiels in Einklang: Meist findet der Rummel an bestimmten Tagen im Jahr an einem bestimmten Ort statt. Die Besucher gehen an einem ausgemachten Tag auf den Rummelplatz (der in größeren Städten häufig sogar durch ein Tor von der übrigen Stadt abgegrenzt ist). Die ersten zwei Punkte der Caillois'schen Forderung, die der Freiwilligkeit und der eigenen Räumlichkeit treffen hier also zu.

Auch der Ablauf, das Erleben des Rummels ist nicht vorhersehbar. Diese Unvorhersehbarkeit speist sich sowohl aus der Ungewissheit, welche Attraktionen sich auf dem Rummelplatz befinden, als auch aus der Frage, welchen Verlauf der Jahrmarktsbesuch nehmen wird.

39 Vgl. Michel de Certeau: „Kunst des Handelns", Merve, Berlin, 1988, S.66-69.

Der Besuch auf dem Rummelplatz ist unproduktiv. Zwar können auf dem Rummel an Schieß- und Losbuden Waren „erworben" werden; diese zeichnen sich jedoch durch eine mindere Qualität aus und besitzen allenfalls ideellen Wert.[40]

Aber der Rummel ist nicht nur ein Spiel (auch wenn dies von den Besuchern so gesehen wird); er ist zugleich ein Geschäft, denn der Besucher lässt sich den Rummelplatzbesuch etwas kosten. Zumindest hier ergibt sich scheinbar ein Problem mit der Übertragung der Caillois'schen Theorie auf den Rummel. Die grundlegende Frage stellt sich nach dem Verhältnis von Spiel und ökonomischem Handeln. Der ökonomische Akt steht nicht notwendigerweise mit dem Spiel selbst in Beziehung, wenn man sich zum Beispiel den Erwerb eines Gesellschaftsspiels in einem Geschäft vor Augen führt, bei dem die Kaufhandlung vom eigentlichen Spielen einen völlig gelösten Akt darstellt. Darüber hinaus gleicht das Geldausgeben in diesem Falle aus Sicht des Rummelplatzbesuchers ebenfalls einem Spiel; der Genuss einer Attraktion kommt nur über Bezahlung zustande; jedoch ist der „Genuss" ein immaterieller Wert und gleicht einem „Nichts", wenn der Besucher den Rummel verlässt. Die „Ware", mit der auf dem Rummelplatz Geld verdient wird, ist das Vergnügen, die Lust, manchmal vielleicht Angst, also imaginäre Werte und keine dauerhaften neuen Elemente. Somit ist das Geld, welches der Besucher auf dem Rummelplatz ausgibt, als eine Art Spielgeld zu betrachten,[41] dessen Verschwendung Teil des Rummelerlebens, des Spiels, ist.[42]

---

40 Hier seien die Händlerbereiche ausgeklammert, die in dieser Arbeit nicht behandelt werden. Hier geht es vorwiegend um die Fahrgeschäfte und Attraktionen, die berauschende Qualität haben.

41 Diese Veränderung wird in dem Umtausch des Geldes in Fahrchips manifest. Ein Randphänomen, das dennoch erwähnt werden sollte, ist die Szene der Kirmeschipsammler. Hier werden die bunten Eintrittkarten der verschiedenen Fahrgeschäfte gesammelt. Besonders gesucht sind hier Ehrenkarten, also Karten in besonderer Ausführung die Schausteller als Präsent vergeben und Karten von Fahrgeschäften, die entweder vom Markt verschwunden sind oder den Namen oder Besitzer gewechselt haben. Beheimatet ist diese Szene gleichfalls im Kontext der Jahrmarktfanszene, wobei sich hier neben der Mehrzahl von Fans, die nur wenige Chips sozusagen als Andenken besitzen, eine Interessengemeinschaft der Fahrchipsammler gebildet hat.
Vgl. Chipsammler: http://www.chipsammler.de/ [Stand 01.12.2005] und in der WAZ wurde ein kurzer Artikel zu diesem Hobby abgedruckt: Freizeitparkweb.de: http://freizeitparkweb.de/cgi-bin/dcf/dcboard.cgi?az=printer_format&om=5428&forum=DCForumID4 [Stand 01.12. 2005]. Die beiden Marktführer bei der Fahrchipherstellung sind die Firmen Kollmer und Mahawo. Zum Gebiet des Fantums sei verweisen auf: John Fiske: „Die kulturelle Ökonomie des Fantums", in: SpoKK (Hg.): „Kursbuch Ju-

Darüber hinaus zeichnet sich das gesellschaftliche Leben auf dem Rummel durch seine Eigengesetzlichkeit aus.[43] Standesunterschiede nivellieren sich, und Normen und Verhaltensregeln, die den Umgang mit der Sexualität regeln (beispielsweise was die Intimsphäre und Körpernähe betrifft), werden teilweise aufgehoben.

Nun bleibt als letztes die Frage zu klären, ob sich die Betätigung auf dem Rummelplatz, die von einem spezifischen, außergewöhnlichen Bewusstsein einer alternativen Wirklichkeit geprägt ist, als fiktiv beschreiben lässt. Dass der Rummel außergewöhnlichen Charakter hat, ist offensichtlich, denn es liegt schon in der Natur des Rummels, als außergewöhnliches Ereignis sich vom Alltäglichen zu unterscheiden: Lichter, Farben und Geräusche bilden eine Einheit, in welcher der Besucher für kurze Zeit dem gewöhnlichen Leben entfliehen kann. Aber diese zweite Wirklichkeit ist mehr als nur Eskapismus (wie im späteren Verlauf dieser Arbeit gezeigt wird): Die Attraktionen auf dem Rummelplatz sind Zugänge, die dem Einzelnen auf unterschiedlichste Arten transzendente Einblicke in alternierende Wirklichkeiten ermöglichen.

Zusammenfassend lässt sich feststellen, dass der Rummelplatz eine Art Spielplatz ist. Dabei weist der Rummel die sechs angesprochenen Merkmale auf, die Caillois zufolge auf ein Spiel zutreffen. Nun stellt sich die Frage, was für Spiele dort gespielt werden. Auf den ersten Blick finden wir die Rutschen, Schaukeln und Karusselle von dem Spielplatz wieder – größer, bunter und schneller. Daneben befinden sich aber auch waghalsige technische Anlangen, deren einzige Aufgabe darin zu bestehen scheint, den Besucher zu malträtieren. Im folgenden Abschnitt werden die auf dem Rummelplatz befindlichen Spiele in Kategorien eingeteilt.

Spielkategorien und Rummelplatzattraktionen

Es ist Roger Caillois' Verdienst, Huizingas Definition der Wettkampfspiele erweitert zu haben, so dass Caillois' Spielgattungen bis in die aktuellen Spieldiskussionen hinein immer noch als Grundlagensystematik herangezogen werden. Caillois unterscheidet vier Spielkategorien: *Agon* (Kampf- oder Wettbewerbsspiele), *Alea* (darunter versteht Caillois Glücksspiele), *Mimicry* (womit alle Arten von Rollen- und Verkleidungsspielen

gendkultur. Stile, Szenen und Identitäten vor der Jahrtausendwende", Bollmann, Mannheim, 1997, S. 54-69.

42 Caillois: „Spiele", S.12.

43 Man denke hier etwa auch an gewisse Privilegien, die den Märkten zugestanden wurden, wie etwa der Bierausschank.

und bestimmte Arten der Phantasie bezeichnet werden) und als letztes *Illinx* (die Rauschspiele, bei denen der Spieler sozusagen auf seinen Körper einwirkt „um einen organischen Zustand der Verwirrung und des Außersichseins“[44] zu erzeugen). Diese vier Spielkategorien sind als Idealtypen gedacht, da es in vielen Fällen auch Überschneidungen, mithin sogar gezielte Vermischungen unterschiedlicher Spieltypen gibt.[45]

Mit „Agon“ bezeichnet Caillois Wettkampfspiele aller Art. Bei Spielen dieser Art treten mehrere Individuen miteinander in Konkurrenz. Klassische Beispiele für Agonspiele sind Boxkämpfe oder auch Wettrennen. Unter „Alea“ fasst Caillois Glücksspiele zusammen; hierzu gehören beispielsweise Losbuden. „Mimicry“ meint Rollen- oder Verkleidungsspiele wie das Theater, die die Flucht aus der Wirklichkeit in eine alternative Welt ermöglichen. Auf dem Rummelplatz findet sich diese Kategorie vor allem in Schaubuden mit Wachsfiguren etc. wieder. Die bei weitem umfangreichste auf dem Rummelplatz vertretene Kategorie ist „Illinx“, die Rauschspiele. Illinx-Spiele versetzen den Fahrgast oder Konsumenten in einen Rauschzustand.

44 Caillois: „Spiele“, S. 19.

45 Innerhalb der einzelnen Gruppen gibt es eine qualitative Abstufung, die es ermöglichen soll, Spiele gleicher Art anhand des Grades der Komplexität ihrer Regelstruktur zu ordnen. So stehen sich begrifflich das improvisierte, teils unkontrollierte Spiel, welches Caillois als *Paidia* (von altgriech. „paidion“, ‚kleines Kind‘) bezeichnet, und das durch komplexe Regelwerke bestimmte Spiel, welches Caillois als *Ludus* (von lat. „ludus“, ‚(regelhaftes) Spiel‘) bezeichnet, gegenüber. Vgl. Caillois: „Spiele“, S. 20.

Die folgende Tabelle ordnet die einzelnen Attraktionen des Rummels den Kategorien zu:

Agon	**Alea**	**Mimicry**	**Illinx**
• Schießbude • Autoskooter • Kraftmesser • Boxbude	• Losbude • Laufgeschäfte	• Geisterbahn • Schaubuden • Jahrmarktszirkus • Menagerie • Völkerschauen • Freakshow • Panoptikum • Illusionstheater • Kasperltheater • Photographie • Panorama/Kino	• Schaukeln • Bodenkaraussell • Kettenkarussell • Rundfahrgeschäfte • Hochfahrgeschäfte • Hoch- und Rundfahrgeschäfte • Jahrmarktsorgeln • Rutschen • Scenic Railways • Holzachterbahn • Stahlachterbahn • Riesenräder • Freefalltower • Slingshot • Fressbude • Bierzelt • Feuerwerk

Tabelle 1: Zuordnung der Rummelplatzattraktionen

Auch wenn es zunächst so erscheint, als ob die Illinxspiele den Rummelplatz dominieren, so ist einschränkend anzumerken, dass zum Beispiel einer großen Achterbahn eine Vielzahl kleiner Schießbuden und Losbuden entgegensteht. Im folgenden Kapitel werden nun die einzelnen Kategorien – Agon, Alea, Mimicry und Illinx – in einem Unterkapitel jeweils vorgestellt und analysiert.

Ein Gang über den Festplatz: Analyse der Attraktionen

Betritt man einen Rummelplatz, so führt der Weg oft über einen Eingang beziehungsweise ein Eingangstor zu einem abgegrenzten Raum mit mehreren Gassen, in denen sich ganz unterschiedliche Attraktionen befinden. Karusselle stehen neben Schießbuden, die sich mit Losgeschäften, Verpflegungsständen und Fressbuden abwechseln. An markanten Stellen steht ein Riesenrad, oder eine Achterbahn, daneben sind unterschiedliche Fahrgeschäfte und an anderen Plätzen Bierzelte und Geisterbahnen. Dann der Flair dieses Raumes, Geräusche, Lichter, Musik, Geschrei, unterschiedliche Gerüche, alles ungewöhnliche Ereignisse, die auf die Sinne einströmen. Ergänzt wird dies durch ansprechende Fahrgeschäftsnamen, wie „Taiga-Jet", „Jupiter", „Afterburner", die durch sensationelle Informationen, „das größte Riesenrad", „jetzt endlich in Deutschland" ergänzt werden und laut von den Rekommandeuren aus den Lautsprechern beworben werden.

Die Irritation durch diese Sinneseindrücke gehört fest zum Rummel, es ist ein Merkmal, das sich auf jeder Kirmes findet. Die Verwirrung und dieser Ansturm an Sinneseindrücken bilden eine Atmosphäre des Außergewöhnlichen. Im Folgenden wird dieses Gemisch unterschiedlicher Reize und Angebote Stück für Stück beschrieben und in seiner Besonderheit, die ihren Teil zum Gesamteindruck Rummelplatz beiträgt, beschrieben.

Die Analyse erfolgt in zwei Schritten. Im ersten Schritt wird jeweils die Attraktion, die bereits einer Spielkategorie zugeordnet ist, in ihrem Aussehen und ihrer Wirkungsweise beschrieben. Im zweiten Schritt wird die Art beschrieben, wie diese Attraktion außergewöhnliche Bewusstseinszustände herstellt. Damit soll die Frage beantwortet werden, warum Menschen auf den Jahrmarkt gehen. Zugleich ordnet dieses Vorgehen die Attraktionen als Artefakt in einen historischen und anthropologischen Kontext ein. Die Beschreibung erfolgt dabei prototypisch, so dass sie für vergleichbare Attraktionen Gültigkeit besitzt.

Dem Spiel kommt in dieser Überlegung eine besondere Rolle zu, da sich im Spielbegriff das eigentliche Tun (also der Besuch einer Fahrattraktion) und das rauschhafte Erleben eines Jenseits der Alltagswelt verbinden. Auch wenn das Spiel mit seinem einsichtigen und nachvollziehbaren Regelsystem für Caillois eine Art Gegenentwurf zu einer komplexen Umwelt darstellt, so beschränkt sich das Erleben etwa körperlicher Sensationen nicht allein nur in einer nachvollziehbaren Kausalität, sondern die Suche nach diesen scheint vielmehr den eigentlichen Reiz der Attraktionen auszumachen. Hier stellt sich dann die Frage nach dem Wie der Herstellung der körperlichen Sensation, die zugleich auf das Erleben dieser maßgeblichen Einfluss hat.

Die Attraktionen werden idealtypisch beschrieben und die Erlebnisqualitäten lassen sich bei der einen oder anderen Attraktion in vergleichbarer Form auffinden. Die Fokussierung auf einen Aspekt der Erlebnisqualität hat daher nur die Funktion, den jeweiligen idealtypischen Reiz herauszustellen und zu verdeutlichen, um diesen präziser analysieren zu können. Unterstützt wird dies durch ein Theorieensemble, mittels dessen mögliche vergleichbare Phänomene nochmals in Differenz gesetzt werden können, um so möglichst viele Facetten dieser kontingenten und zugleich alternierenden Wirklichkeit beschreiben zu können.

In den darauf folgenden Abschnitten werden die zur jeweiligen Kategorie gehörigen Attraktionen in ihrer technischen Funktionsweise beschrieben. Anschließend wird basierend auf weiterführendem theoretischem Material die Bedeutung der Attraktion für den Jahrmarktsbesucher herausgearbeitet. Besonderes Augenmerk wird hierbei auf die unterschiedlichen Erscheinungsformen außergewöhnlicher Bewusstseinszustände gelegt, wie sie sich beispielsweise als ozeanische Selbstentgrenzung, Ich-Auflösung, Ekstase oder Transzendenzerfahrung des Einzelnen manifestiert.

Wettkampfspiele (Agon)

Der Ausdruck „Agon" entstammt dem Altgriechischen und meint ‚Wettkampf'. Caillois bezeichnet damit die so genannten Wettkampfspiele, welche sich durch eine rivalisierende Grundstruktur auszeichnen: Zwei oder mehrere Gegner ringen um den Triumph Bester zu sein.[1] Hier

1 Als Beispiel sei hier etwa der Boxkampf oder ein Wettrennen genannt.

spielen Geschick, Stärke, Technik und auch Training eine entscheidende Rolle; gleichwohl wird in vielen Spielen dieser Gattung eine künstliche Gleichheit durch Handicaps erzeugt, so dass das Spannungsmoment nicht verloren geht. Diese Spiele sind auch jeweils durch eine unterschiedlich komplexe Regelstruktur definiert – diese Regelstruktur ist es auch, die für Caillois, diese Spiele von den Rangkämpfen der Tiere unterscheidet.[2]

Zu den Wettkampfspielen auf dem Rummel gehören neben den verschiedenen Schieß- und Wurfbuden[3] alle weiteren Attraktionen, in denen die Kirmesbesucher miteinander in Konkurrenz treten. Sinnfällig sind hier die verschiedenen Arten von Kraftmessern aber auch der Autoskooter gehört mit in diese Gruppe, wie dies im Folgenden gezeigt wird.

Die Schießbude: Konzentration

Die ersten Schießbuden, wie wir sie heute kennen, entstehen um 1840. Diese Schießbuden sind der Beschreibung nach offene Stände mit gewöhnlichen Zielscheiben oder (jedoch seltener) mit Kerzen, die der Schütze ausschießen muss. Erst gegen Ende des neunzehnten Jahrhunderts kommen die ersten Schießbuden auf, die aus zwei Teilen bestehen, einem überdachten Schießstand und einem überdachten Zielplatz. Geschossen wird vor allem auf Tonpfeifen[4] und auf gemalte Szenerien sowie auf bewegliche Effektscheiben, bei denen Figuren bei einem Treffer eine bestimmte Tätigkeit verrichten.[5]

Eine Besonderheit der Schießbuden ist das Photoschießen, das sich seit Ende der zwanziger Jahre des vergangenen Jahrhunderts auf den Festplätzen etabliert. Bei diesen Schießbuden wird durch einen Treffer auf einen Kontakt ein Photo ausgelöst, das den Schützen beim Schuss zeigt.

2 Caillois: „Spiele“, S. 21-24.

3 Neben Ständen, bei denen mit Pfeilen auf Ballons oder mit Bällen auf Dosen geworfen wird, sei hier besonders auf das Hutwerfen hingewiesen. Bei dieser Attraktion konnte der Kunde mit Bällen Hüte von auf- und absteigenden überdimensionierten Köpfen werfen. Neben dem Schusserlebnis tritt hier ein karnevaleskes Moment der Erniedrigung auf: das Gelächter wenn man den Hut verfehlte und mit dem Wurf, den sich bewegenden stereotypisierten Kopf traf.

4 Vgl. Florian Dering: „Volksbelustigungen“, S. 145-156.

5 Im Münchner Stadtmuseum und in Florian Derings Buch „Volksbelustigungen“ findet sich z. B. die bemerkenswerte Darstellung „Geldscheißer“, der bei einem Treffer sein Geschäft verrichtet.

Abbildung 7: Postkarte: Schießbude, ca. 1910

Besucht man heutige Festplätze, so findet sich dort in der Hauptsache das so genannte „Röhrchenschießen". Hier müssen Röhrchen (früher aus Ton, heute aus Plastik) vollständig abgeschossen werden. Bei einem Treffer erhält der Schütze den in dem Röhrchen steckenden Gewinn,[6] häufig sind dies Kunstblumen, Pfauenfedern, Plastikartikel, Aufkleber und Fahnen. Daneben werden zugleich oft noch andere Schießformen angeboten, wie das Ballon-, Herz- oder Sternschießen, das Schießen auf bewegte Metallfiguren, die Jagdwild darstellen, und Walzenschießen. Hinzu kommt in den letzen Jahren das Korkenschießen, bei dem das Gewehr mit einem Korken geladen wird. Eine neue Form der Schießbuden sind die elektronischen Schießbuden, bei denen der Schütze mit einem Infrarotstrahl einen Sensor treffen muss, der dann bei Figuren oder Gegenständen, die dem Ziel zugeordnet sind, Aktionen auslöst.

Betrachtet man die Postkarte mit der Schießbude und den Uniformierten (Abbildung 8), so fällt einem der dargestellte soziale Kontext auf. Zwei Uniformierte verfolgen das Geschehen an der Schießbude, was den Betrachter zunächst zur Deutung hinreißen ließe, dass der erfolgreiche Schütze Anerkennung und Wertschätzung durch die Uniformierten erfährt. Betrachtet man jedoch die Abbildungen der Uniformierten als Vertreter von Recht und Ordnung im Kontext anderer Themati-

6 Florian Dering begann eine erste historische Kontextuierung der Schießbudenartikel im geschichtlichen Kontext. So gab es Anfang des Jahrhunderts „Russen und Hereroköpfe" als Ziele. Im Ersten Weltkrieg wurden die Kriegsgegner als Ziele attraktiv. Dering wies zudem sowohl auf den Einsatz von Gewinnartikeln im Sinne der nationalsozialistischen Propaganda als auch auf die Aufnahme populärkultureller Phänomene als Gewinnartikel hin.

Abbildung 8: Postkarte: Schießbude mit Uniformierten, ca. 1900

sierungen, so werden die Ordnungsorgane zur Aufrechterhaltung der gesellschaftlichen Ordnung eingesetzt. Damit ergibt sich eine andere Interpretation: Staatliche Kontrollorgane beobachten, wie nicht autorisierte Personen sich Insignien der Autorität – Waffen – aneignen. Im Rahmen des Festes wird hier das Privileg des Waffentragens aufgehoben.[7]

Betrachtet man den Schießakt, so unterscheidet sich diese Handlung wesentlich von den meisten anderen, die auf einer Kirmes ausgeübt werden. Der Schütze konzentriert sich, blendet im Konzentrationsakt Geräusche aus, versucht seinen Körper ruhig zu stellen, damit ein Zielen möglich ist. Hier ergibt sich eine Analogie zum meditativen Bogenschießen des Zen, wie es Herrigel beschreibt:

So ist es in der Tat: wenn die Spannung erfüllt ist, muß der Schuß fallen, er muß vom Schützen abfallen wie die Schneelast vom Bambusblatt, noch ehe er es gedacht hat.[8]

Diese Analogie ist formal nicht beliebig. Im Bogenschießen des Zen wird eine innere Ruhe hergestellt, eine Konzentrationsphase, ein Versenken und eine Identität mit dem Ziel.[9]

7 Historisch liegt hier zwar nicht direkt ein Verstoß gegen das Waffengesetz vor, das erst 1918 mit dem Ende des Ersten Weltkrieges und der Entwaffnung der heimkehrenden Soldaten entstand, es gab jedoch Verordnungen, die den Verkauf regelten sowie versammlungsrechtliche Verordnungen, die das Tragen von Waffen bei öffentlichen Veranstaltungen regelten.

8 Eugen Herrigel: „Zen in der Kunst des Bogenschießens“, 23. Auflage, Otto Wilhelm Barth, Bern, 1984.

9 Toshihiko Izutsu: „Philosophie des Zen-Buddhismus“, Rowohlt, Hamburg, 1986, S. 12-21.

Abbildung 9: Photographie: Schießbudenartikel

Der symbolische Aspekt ist beim Schießen ebenfalls nicht außer Acht zu lassen. Denn abgesehen davon, dass der Schütze nicht allein, sondern in Gemeinschaft mit den anderen schießt, ist zu beachten, dass auch auf symbolische Artefakte geschossen wird. So ist die Rose oder ein Herz für unsere westliche Kultur ein Symbol für Liebe und damit auch eine Möglichkeit für den Schützen, eine symbolische Chiffre als Liebeserklärung einzusetzen.[10]

Neben der gemeinen Konnotation haben diese Symbole auch eine religiöse Kontextuierung. Das Liebeswerben, welches sich in dem Akt des Rosenschießens versinnbildlicht, verbindet sich mit einer religiösen Ebene, da die Symbole zugleich auch religiös besetzt sind. So steht die Rose für Maria und das Herz für die Opferbereitschaft Christi.[11] Betrachtet man in diesem Blickwinkel noch weitere Schießbudenartikel, dann fallen hier Pfauenfedern[12] und Skelette[13] auf. Bei beiden handelt es

10 Bei der Betrachtung historischer Abbildungen von Schießbuden fällt eine sehr starke erotische Thematisierung auf. Man beachte den Reim einer Postkarte: „Die beste Büchs' im Vaterland/ist die von unserm Scheibenstand./Darum ihr scharfen Schützen/wollt fleißig sie benützen./Es kostet ja so wenig,/dreimal nur 10 Pfennig". „Büchse" ist hier doppeldeutig eingesetzt, es bezeichnet sowohl das ‚Gewehr', zugleich ist es aber auch ein vulgärer Ausdruck für die ‚Vagina'. Unterstützt wird diese Doppeldeutigkeit durch das Herz, das auf dem Hinterteil der Frau angebracht ist. Fürstenberger und Ritter betonen in ihrer Darstellung der Basler Messe die erotische Anziehungskraft der Schießbudenfräuleins. (Fürstenberger / Ritter: „500 Jahre Basler Messe", S. 161).

11 Vgl. Udo Becker: „Lexikon der Symbole", Herder, Freiburg, 1998, S. 243-244.

12 Ebd., S. 216-225.

13 Ebd., S. 274.

sich um Vanitassymbole, die für die Endlichkeit des irdischen Daseins stehen. Der Schuss auf eine Plastikrose wird damit zu einer symbolischen Opferhandlung. Und hier liegt auch eine tiefere Dimension der Tierbilder, auf die in Schießbuden geschossen werden kann: es sind symbolische Opfer, die dargebracht werden, um die Gunst himmlischer Kräfte zu erringen.

Autoskooter: Unfall

Am Autoscooter
Fahr ich nen dicken Wagen
Ich fahr das ganze Jahr nur Mofa
Jetzt kann ich auch mal jagen[14]

Autoskooter (auch „Boxauto“ genannt) sind kleine, gummiumrandete Wagen, die innerhalb eines umgrenzten Raumes, einer Halle, gesteuert werden und deren Reiz im bewusst herbeigeführten Zusammenstoß mit anderen Wagen liegt.

Die Einordnung des Autoskooters in die Kategorie der Wettkampfspiele Agon ergibt sich daraus, dass hier mehrere Fahrende miteinander in Konkurrenz treten und versuchen, sich gegenseitig im Fahrkönnen zu übertreffen. Durch die Umgebung der Skooterhalle, die blinkenden Lichter und eine laute Geräuschkulisse beinhaltet, ergeben sich jedoch Überschneidungen mit der Kategorie des Illinx. Da nach Ansicht des Verfassers die Merkmale des Wettbewerbs überwiegen, wird diese Attraktion unter Agon behandelt.

Vorläufer dieses „Selbstfahrgeschäfts“ – um den von Dering verwendeten Terminus zu gebrauchen – ist der „Eiserne See“, auf dem die Fahrgäste durch eine Schaukelbewegung des Bodens in ihren Wagen vorwärtsbewegt wurden und selbständig lenken konnten. Eine Variation davon ist das Fahrgeschäft „Die lustigen elektrischen Selbstfahrer“, mit dem in den dreißiger Jahren deutsche Festplätze beschickt wurden.

14 Ton Steine Scherben: „Paul Panzers Blues“, auf: Ton Steine Scherben: „Keine Macht für Niemand“, BuschFunk, 1972

Abbildung 10: Postkarte: Die lustigen elektrischen Selbstfahrer, 1933

In Deutschland taucht der Autoskooter erstmals 1926 auf der Ausstellung „Gasolei“[15] in Düsseldorf auf. Der Schausteller Hugo Haase hatte diese Skooter aus den Vereinigten Staaten importiert. Das Funktionsprinzip dieses Autoskooters wird bei den heutigen Skootern immer noch in gleicher Weise eingesetzt. Unter der Hallendecke wird ein Gitternetz angebracht und als Pluspol genutzt. Der Hallenboden aus Metallplatten fungiert als Minuspol und am Heck der Chaisen ist eine Stange mit einem Stromabnehmer angebracht, so dass sich der Stromkreis schließt und der Elektromotor der Wagen in Betrieb treten kann. Die Wagenform orientierte sich an gängigen Automobilkarosserien. In neuerer Zeit treten neben die klassischen Chaisen auch speziell entworfene Skooterchaisen. Im Jahre 1958 wird der Automatic-Skooter eingeführt. Jetzt müssen die Fahrten nicht mehr einzeln abkassiert werden, sondern die Fahrgäste erwerben an der Kasse Chips, die sie selbständig in den Skooter einwerfen, welcher dann eine bestimmte Fahrzeit ermöglicht.

Dem Skooter als Selbstfahrgeschäft verwandt sind die so genannten Benzinautobahnen und die Go-Karts. Die Benzinautobahnen ermöglichen eine Fahrt in einem normalen Fabrikwagen, z. B. die Opelbahn, auf der die Kunden ein „Original-4-PS-Opel-Kleinauto“ über die Fahrstrecke steuern. Abgelöst wird diese Autobahn in den sechziger Jahren durch Go-Karts, das sind ‚offene Wagen mit Kleinmotoren‘. Diese Autobahnen bieten dem Festbesucher, die Möglichkeit sein „eigenes“ Auto zu steuern beziehungsweise auf den Go-Kartbahnen, die eigene Fahrtauglichkeit in einem Rennen zu messen. Schichten oder besser Perso-

15 Auf der „Gasolei“ werden Innovationen in den Bereichen Gesundheitspflege, soziale Fürsorge und Leibesübung präsentiert.

nen, die etwa aufgrund fehlender finanzieller Mittel nicht die Möglichkeit besitzen, sich ein eigenes Auto zu leisten, können im Autoskooter oder auf anderen Bahnen diesen Traum manifest werden lassen.

Dieser Wunscherfüllung, zur privilegierten autobesitzenden Schicht zu gehören, wird bei den Autoskootern durch die Anlehnung der Chaisen an Autokarosserien gleichfalls entsprochen,[16] wobei gleichzeitig eine weitere Qualität zum Tragen kommt. Der Zusammenstoß gewinnt noch dadurch an Reiz, indem man jetzt einen Unfall mit einem *Mercedes* verursachen kann – und somit ein Distinktionssymbol imaginär zerstört. Darüber hinaus stellt der Zusammenstoß selbst eine Umkehrung der Verkehrsordnung dar. Außerdem ist der Unfall eine Möglichkeit, mit anderen Besucher(inne)n Kontakt aufzunehmen, ohne dass eine Bekanntschaft vorhergeht.

Abbildung 11: Photographie: Autoskooter

Die Skooterwagen bilden jedoch nur den einen Teil dieses Fahrgeschäftes, der andere wesentliche stellt die Skooterhalle dar, in welcher die Chaisen gefahren werden. Die Atmosphäre einer Skooterhalle ähnelt stark der einer Diskothek. Im Unterschied zu vielen anderen Kirmesattraktionen stehen hier die Besucher auch nicht in einer Reihe, sondern können sich von mehreren Seiten dem Geschäft nähern, wodurch der Blickkontakt wesentlich erleichtert wird. Die Hallen selbst wurden durch ein Gerüst von bis zu 24 Säulen getragen, so dass ein problemloser Einblick auf die Fahrbahn möglich ist. Dieses Konstruktionsprinzip wird zuerst durch den 6- beziehungsweise 8-Säulenskooter ersetzt, bei dem die Dachkonstruktion mit Fassadenteilen verbunden ist. Die letzte

16 Vgl. Reinhard Bogena: „Faszination Auto-Skooter", Kirmes und Park Revue 7/2001, 2001, S. 46-49.

Neuerung wird 1971 von der Firma Mack eingeführt: Zweisäulenskooter. Das Gewicht der Decke ruht nun auf zwei Säulen, welche auf einem Mittelbauwagen fest angebracht sind. Von diesem Mittelbauwagen kann die Decke mit wesentlich weniger Personalaufwand ausgeklappt werden als bei den Vorgängerkonstruktionen. Der Betrieb des Autoskooters wird durch laute Musik und Lichteffekte untermalt.[17] Dering bemerkt hierzu:

> Und als weitere Zonen, die man separat betrachten kann, da gehört auf jeden Fall das Karussell und dann der Autoskooter dazu: als Treffpunkt und zum Stehen bleiben. Der Autoskooter war von jeher das klassische Geschäft für die Jugendlichen. Und sie haben da auch ein ideales Areal um die Fahrbahn herum, wo sie sich hinstellen können und ein Kontakt da ist zwischen dem Agierenden, dem der fährt und dem Publikum.[18]

Spannend am Skooter ist die Verbindung von Technik und Tanz. Die Beherrschung eines technischen Artefakts wird einem Tanzrhythmus angepasst. Es scheint so, als ob Maschinen sich tanzend im Raum bewegen. Der Tanz, den man mit Caillois zum Illinx (als Rauschmittel) zählen kann,[19] wird jetzt durch Maschinen erlebbar. Indem der Tanz in der Renaissance durch eine Geometrisierung des höfischen Tanzes reglementiert worden war, wurde damit von Rudolf zur Lippe zufolge ein wesentlicher Beitrag zur Mechanisierung des Körpers im neuzeitlichen Menschenbild geleistet. Dieser Mechanisierung des Körpers folgt mit dem Autoskooter jetzt eine Maschinisierung des Tanzes, wobei – und hier ist einer der Reize des Skooterfahrens – die Ohnmacht des Einzelnen der Maschine gegenüber im Autoskooter durch die symbolische Zerstörung eben dieser konterkariert wird.

Jahrmarktsautomaten: Messen

Neben den Fahr- und Reihengeschäften finden sich auf dem Rummelplatz Belustigungsautomaten. So gibt es Wahrsage- oder Horoskopau-

17 Vgl. zur Geschichte des Autoskooters auch: Florian Dering: „Volksbelustigungen“, S. 127-131.

18 Florian Dering im Interview.

19 Zum Tanz vgl. Dorothee Günthers anthropologische Studien zum Tanz: Dorothee Günther: „Der Tanz als Bewegungsphänomen“, Rowohlt, Hamburg, 1962, S. 25, daraus: „Tanz bedeutet für den Tänzer immer ‚enthebung‘ – ja oft ‚entrückung‘. Er enthebt ihn aller Forderungen der Lebensnotdurft und der sich aus ihr entwickelnden Zweckgebundenheit seiner Bewegungen – er enthebt ihn aber auch der Gerichtetheit seiner Denkvorgänge. Im Tanz entsteht eine ‚andere‘ Welt“.

tomaten, Liebesbarometer, Kraftmesser, Schießautomaten, Geschicklichkeits- und Glücksspielautomaten,[20] bei denen man mit ein wenig Glück eine Freifahrt gewinnen kann sowie den „Hau den Lukas" (um den klassischen Jahrmarktsapparat zu nennen). Im Folgenden wird auf Kraftmesser sowie auf den Elektrisierautomaten eingegangen. Andere Automaten – wie Geldspielgeräte, Flipper und Videospiele – werden im Folgenden nicht behandelt, da diese auf Rummelplätzen zum Teil nicht aufgestellt werden dürfen und zudem auch keine Rummelplatzattraktionen im engeren Sinne darstellen, da sie außerhalb des Rummels – etwa in den städtischen Spielsalons – wesentlich häufiger anzutreffen sind. Dabei sind diese Geräte grundsätzlich auch problemlos durch die Spielkategorien Caillois' (Alea, Agon, Illinx) erfassbar und hinsichtlich ihres Rauschmoments beschreibbar, wie dies Polin und Rain am Beispiel des Flippers[21] ausführen und das Flippern als Möglichkeit der Versenkung in die Nähe des Zen-Buddhismus[22] rücken:

> Der Spieler fragt nicht […], ob dies seine letzte Kugel sei; er weiß, daß es seine letzte ist, weil er weiß, daß sie ewig währt. […] Flipper-Zauberer, die diesen atemberaubenden Gipfel des Könnens erreichen, erfahren dieselben Emotionen, die über Jahrhunderte hinweg von Zen-Meistern beschrieben wurden. Sie empfinden einen allumfassenden Zustand der Ruhe und des Glücks. Die Angst vor möglichen Risiken, die Sorge um das eigene Können und das Ergebnis des Spiels sind völlig verschwunden. Ihre Handlungen scheinen instinktiv zu entstehen, ohne bewußten Gedanken, und jedes Manöver vollführt sich gewissermaßen selbst mit unglaublicher Genauigkeit. […] Der Spieler begreift sich nicht mehr als „Spielender", sondern empfindet die Maschine als natürlichen Teil seines Körpers und seiner Seele – und umgekehrt sich als Teil der Maschine […] In der Hitze der Schlacht schließen Flipper-Spieler häufig alle Sinneseindrücke aus, die irgend etwas anderes betreffen als die Spieler-Maschine-Ganzheit, deren sie ein Teil sind. […] Dieser Zustand der Aufhebung von Zeit und Gewicht ist ein immer wiederkehrendes Merkmal des psychischen Universums, das von wahrhaften Flipper-„Süchtigen" erfahren wird. Es ist ein Resultat der intensiven Konzentration, die das Spiel erfordert, und

20 Einige Abbildungen von existierenden Automaten wurden von Kaiser und Meinold ihrem Katalog beigefügt. Bruno Kaiser/Michael Meinold: „Faller H0 N Kirmes. Jahrmarkt. Rummelplatz", o. V., o. O., o. J. S. 46. Historische Abbildungen finden sich in: Wilhelm Hornbostel/Nils Jockel (Hg.): „Automatenwelten. Freizeitzeugen des Jahrhunderts", Prestel, München, 1998, S. 39.

21 Ein Flipper ist ein Münzspielgerät, bei dem der Spieler eine Kugel, die auf einer abschüssigen Fläche hinabrollt, mittels zweier Hebel geschickt auf bestimmte Ziele lenken muss.

22 Vgl. die Ausführungen zum Zen-Bogenschießen im Abschnitt zu Schießbuden.

mit Sicherheit einer der wesentlichen Gründe für die Anziehungskraft dieses Spiels.[23]

Hau den Lukas: Potenz

Bei dem Kraftmesser „Hau den Lukas“ (so der umgangssprachliche Ausdruck für den „Schlaghammer“) schlägt der Spieler mit einem großen Holzhammer auf einen „Stöpsel“, der eine Art Wippe niederdrückt, wodurch die Schlagenergie auf einen weiteren Bolzen, den so genannten „Frosch“, übertragen wird, welcher dann senkrecht einen Pfosten, der bei manchen Exemplaren auch als Figur ausgearbeitet ist, hinaufschnellt. An diesem Pfosten sind Markierungen eingetragen, die Auskunft über die Kraft geben, mit der der Schlag ausgeführt wurde. Am Ende des Pfostens ist bei manchen Geräten eine Glocke angebracht, die vom „Frosch“ angeschlagen und zum Klingen gebracht wird.

Die ersten Kraftmesser sind um 1820 dokumentiert. Bei diesen Kraftmessern, die ähnlich einer Waage aufgebaut sind, wird mit der Faust auf eine gepolsterte Fläche geschlagen; auf der wagenartigen Skala wird die Wucht dokumentiert, mit welcher der Schlag ausgeführt worden ist. Ab 1880 werden die ersten Automaten angeboten, die durch Münzeinwurf in Betrieb genommen werden. Hier findet sich zum Beispiel der so genannte „Watschenmann“ (eine fast lebensgroßen Figur, der man in das Gummigesicht schlagen kann) oder der „Kraftochse“. Auf den heutigen Jahrmärkten finden sich ähnliche Kraftmesser, die in der Regel mittels eines Federmechanismus einen Widerstand erzeugen, mit dem die Kraft gemessen wird. So gibt es Automaten, die Ähnlichkeit mit einem Punchingball haben oder eine lederüberzogene Schlagfläche haben und auf einer Skala humorvoll die Kraft kommentieren, mit der der Schlag ausgeübt worden ist. Auch die Nachfolger des „Kraftochsen“ haben ihren Platz auf den Festplätzen als metallene Stierköpfe, deren Hörner der Spieler zusammendrücken muss.[24]

Auf den ersten Blick ist das Schlagen des „Hau den Lukas“ eine Kraftdemonstration, zugleich impliziert diese Demonstration eine Art Wettbewerb „wer der stärkste Mann am Platz“ ist, und kann so den agonalen Vergnügungsgeschäften zugeordnet werden. Dabei wird die Muskelkraft zugleich in Beziehung zur Lendenkraft gesetzt. Verstärkt wird dieser „Potenzbeweis“ durch die Aufmachung der Apparate, deren Gestalt eine symbolische Ausdeutung als Phallus nahe legen und oftmals

23 Robert Polin/Michael Rain: „Wie man besser flippert! Tricks. Technik. Theorie“, DuMont, Köln, 1982, S. 124-125.

24 Ausführlicher dazu in: Dering: „Volksbelustigungen“, S. 160-163.

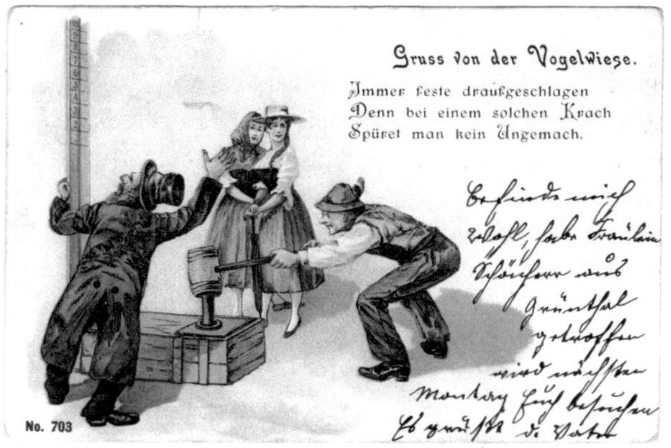

Abbildung 12: Postkarte: Hau den Lukas, 1903

durch die konkrete Aufmachung offensichtlich gemacht ist. Die Attraktivität dieser Automaten besteht demnach zum großen Teil darin, dass sie als Symbol benutzt werden, um die eigene Potenz zu demonstrieren, wie dies Veiz in der Beschreibung einer eindrücklichen Szene deutlich macht:

Eine nette Szene zum Thema: „Hau den Lukas" – männlicher Kraft- und Potenzbeweis und weibliche Begeisterung habe ich auf der Wiesn 2000 beobachtet. […] Von roher Gewalt und sinnloser Kraftvergeudung bis hin zu eleganter Technik ist alles zu beobachten. Am besagten Abend erschien unter all den anderen Lukas-Jüngern, die viele Schläge daneben setzen, ein recht großer, gut gebauter Mann, Mitte 30, in Lederhosen – ein Einheimischer. Während die anderen maximal 3-6 Schläge wagten (3 Schläge kosten 3 DM), bestellt er völlig gelassen 21 Schläge. Ein Raunen ging durch die Zuschauermenge. Der Bayer setzte an, völlig entspannt und locker schlug er ohne große Pause 21-mal, einen nach dem anderen. 17-mal erreichte der „Frosch" laut krachend sein Ziel am oberen Ende der Stange. Die Menge verfolgte das Geschehen voller Spannung und brach schließlich in Applaus und Jubel aus. An diesem Abend war klar, wer der stärkste Mann am Platz war. Eine junge Münchnerin hinter mir, die schon etwas angeheitert war, rief spontan aus: „Den nehm' ich!" – der männliche Potenzbeweis am Lukas erzeugte spontane, weibliche Begeisterung und ein eindeutiges Angebot dazu. Mit einer Hand voll Plastikrosen winkend verließ der Lukas-Held stolz den Schauplatz. Die junge Dame mit ihrem stürmischen Angebot hat er allerdings nicht gehört im allgemeinen Trubel. Kommentar aus dem Publikum: Hier kann halt jeder beweisen, ob er sein Ding hochkriegt! Der Lukas – eine Messlatte![25]

25 Veiz: „Das Oktoberfest", Band 1, S. 104-105.

Elektrisierautomat: Schmerz

Aber nicht nur bei den Kraftmessern steht die körperliche Leistungsfähigkeit im Mittelpunkt der Attraktion. Daneben gibt es auch Lungenkraftmesser, bei denen das Lungenvolumen und der Luftdruck gemessen wird (wobei diese Automaten, sich nicht lange auf den Festplätzen hielten, da sie als unhygienisch empfunden wurden) und eine weitere Kuriosität: Elektrisierautomaten. Bei diesen Automaten umfasst der Spieler zwei Kontakte und bekommt elektrische Stromschläge.

Abbildung 13: Postkarte: Elektrisierautomat (ganz rechts im Bild), 1898

Der Elektrisierautomat ist auf den heutigen Rummelplätzen nicht mehr anzutreffen. Bei diesen Automaten werden nach Münzeinwurf dem Spieler elektrische Schläge versetzt. Ähnlich den Kraftmessern, bei denen die Leistungsfähigkeit „gemessen" wird, kann an diesen Automaten die Leidensfähigkeit demonstriert werden.

Am Beispiel dieser Automaten zeigt sich die Popularisierung wissenschaftlicher Erkenntnisse. So ist man um die Jahrhundertwende nicht allein nur von der therapeutischen Wirkung der Elektrizität überzeugt, sondern die Elektrizität wird als Universalenergie, als moderne Form der cartesianischen *Spiritus Animales* verstanden. Dabei ist dieses Gerät kein medizinischer Apparat, sondern letztlich ein Vergnügungsgerät, dessen Besonderheit in der gezielten Erzeugung eines Schmerzreizes besteht, was in dieser dezidierten Form bei keiner anderen Attraktion anzutreffen ist. Zum einen wird der Körper dadurch massiv aufgewertet, indem *Schmerz* erfahren wird. Zum anderen aber reduziert sich diese Körperwahrnehmung im Moment des Schmerzempfindens auf die Totalität des Schmerzes,[26] so dass letztlich der Körper als schmerzender in der Erlebniswirklichkeit des Nutzers unreflektiert als Körpersensation vergegenwärtigt wird.[27]

Boxbude: Körperaufwertung

Auch auf den heutigen Rummelplätzen trifft man noch eine Attraktion an, die im Kontrast zu den hochtechnisierten Fahrgeschäften gerade zu archaisch wirkt: die Boxbude.[28] Bei diesen Schaustellergeschäften kann sich der mutige Besucher mit einem Boxer in einem kurzen Kampf messen. Als Prämie winkt bei einem Sieg durch K. O. eine verhältnismäßig hohe Prämie. Gelegentlich mischen sich auch Schausteller selbst als angebliche Besucher unter die Besucher, um als Animateur oder Boxender die Stimmung anzuheizen. Dieses Kampfgeschehen zwischen Kirmesbesucher und Kirmesboxer ist die eigentliche Anziehung dieses Geschäftes; dem Kampf können Besucher gegen ein Eintrittsgeld beiwohnen.[29]

Die Kämpfe gehen meist unspektakulär aus, da in der gegebenen Zeit selbst austrainierte Boxer schwer einen Gegner kampfunfähig schlagen können. Darüber hinaus ist zu bedenken, dass die Rummelplatzbesucher häufig über keine Boxerfahrung verfügen. So gehen die Kämpfe

26 Vgl. Peter Wiechens: „Bataille zur Einführung", Junius, Hamburg, 1995, S. 71, daraus: „Gerade in den schockartigen Momenten einer Folterung wird oftmals der Schmerz als solcher gar nicht mehr empfunden; erst nach dem Vollzug dieser Torturen macht er sich bemerkbar. Für Nietzsche und Bataille ist dies ein Zeichen dafür dass der Gequälte und Leidende in der Schmerzerfahrung, in der gewaltsamen, physischen Öffnung seines Körpers eine sonst nicht mögliche, intensive, ekstatische Erfahrung seiner selbst macht. Insofern die Schmerzerfahrung die Differenz des Leidenden zu sich selbst, insbesondere aber seine Distanz zu seinem eigenen Körper aufhebt, verschmilzt er auf eine ‚animalische' Weise mit seinem Körper, er wird selbst ganz Körper. Es kommt also zu einer quasi-mystischen Vereinigung des Menschen mit seinem Körper, wodurch sich zwangsläufig auch die Differenz zu seiner ansonsten klar geordneten, diskontinuierlichen Welt auflöst."

27 Vgl. Mario Markus: „Halluzinationen: Ihre Entstehung kann im Computer simuliert werden", in: Adolf Dittrich/Albert Hofmann/Hanscarl Leuner: „Welten des Bewusstseins, Band 3. Experimentelle Psychologie, Neurobiologie und Chemie", VWB, Berlin, 1994, S. 140-142.

28 In der Kirmes und Park Revue erschien ein Portrait der legendären Boxbude der „Schlüter-Truppe", vgl. Michael Petersen: „The Ring", Kirmes und Park Revue 5/2000, 2000, S. 20-22.

29 Eine Variation dieser Attraktion waren die Ringkampfbuden, die sich besonders um die Jahrhundertwende großer Beliebtheit erfreuten. Eine erotische Variante davon war der sog. „Damen-Ringkampf".

meist mit kleinen Blessuren über die Bühne, wobei in der Regel die trainierten Boxer des Schaustellers die Kämpfe gewinnen.[30]

Schon auf den ersten Blick hebt sich dieses Rummelplatzgeschäft von den übrigen Geschäften ab. Bei keiner anderen Attraktion wird von der Schaustellerseite her so offen und riskant die eigene Haut vermarktet. Diese direkte, „primitive" Attraktion mit der massiven Präsenz des menschlichen Körpers bildet anschaulich ein Äquivalent zu den riesigen Maschinen. Während bei diesen der menschliche Körper als Bezugsgröße sozusagen maschinell bearbeitet wird, findet in der Boxbude noch direkte und unvermittelte und manifeste Körperbearbeitung statt. Der Mut scheint hier ein etwas anderer zu sein, als der den Karussellbesucher haben. Der Unterschied zur Maschine ist hier die Unberechenbarkeit des Gegners und das Wissen darum, einige Blessuren aus diesem Kampf davonzutragen. Dennoch lässt sich diese Attraktion nicht so eindeutig dem Sport in Abgrenzung zum Spiel zuordnen.

Das Boxen als Sportart gehört mit zu den ältesten überlieferten Sportarten und war bereits bei den ersten Olympischen Spielen Bestandteil. Dabei sind die Olympischen Spiele nicht allein nur ein Wettkampf um das Prestige des jeweiligen Heimatlandes der Sportler, sondern gleichermaßen eine kultische Handlung. Der kultische Anteil ist nicht allein nur Rahmenprogramm, sondern der Wettkampf selbst ist integraler Bestandteil des Zeremoniells,[31] so dass die Verausgabung der Wettkämpfer die Opferhandlung darstellt. Ob man bei der Boxbude noch von Wettkampf und damit letztlich von Sport sprechen darf, lässt sich angesichts der Chancenungleichheit bezweifeln. Bei der Boxbude auf dem heutigen Rummelplatz macht weniger der sportliche Aspekt, als vielmehr die Präsenz menschlicher Körper die eigentliche Anziehungskraft aus. Der Körper ist dabei ein Referenzpunkt, an dem sich das Individuum mit seiner Umwelt abstimmt. Gleichzeitig greift die Umwelt auf den Körper zu.

Stellt man das Körpergefühl in einen historischen Kontext, so stellt man fest, dass es zu unterschiedlichen Zeiten unterschiedliche Anforderungen an den Körper gibt. Verändert sich die Umwelt des Körpers, so wirkt dies auf den Körper zurück. So lässt sich heute im Rückblick seit der Industrialisierung eine scheinbar paradoxe Gleichzeitigkeit von Kör-

30 „Kirmesboxen", RTL, 05.03.02 und „Planet Wissen: Nostalgie und Hightech", WDR, 15.09.03.

31 Vgl. Hermann Bengtson: „Die olympischen Spiele in der Antike", Artemis, Zürich, 1983, S. 29-30, sowie I. Finley/H. Pleket: „Die Olympischen Spiele der Antike", Wunderlich, Tübingen, 1976, S. 35-56 und Ulrich Wegner: „Olympische Götterspiele. Wettkampf und Kult", Thorbecke, Ostfildern, 2004, S. 72-95.

perverdrängung und Körperaufwertung beobachten. Der Körper wird durch Mechanisierung und Maschinisierung sukzessiv von schwerer körperlicher Arbeit befreit, gleichzeitig bleibt der Körper als Referenzpunkt für das Individuum immer noch ein elementares Medium. Indem jetzt der Einzelne auf seinen Körper einwirkt, schafft er über Schmerz eine nachvollziehbare Kausalität und bindet sich selbst in eine Erlebnisgegenwart ein.

Schmerz wird damit zum Garanten für eine vermeintlich nachvollziehbare und kausalen Gesetzen unterworfene Wirklichkeit. Gleichzeitig fallen im Schmerz Zukunft und Vergangenheit in eben dieser Erlebnisgegenwart zusammen.[32] Durch das Amalgamieren dieser Zeitlinien, werden die existentiellen projektiven und antizipierten Ängste ausgeblendet. Es ist eine paradoxe Situation. Schmerz bindet den Einzelnen in eine erfahrbare Gegenwart ein. Durch das Ausblenden von Zukunft und Vergangenheit fallen zugleich sicher geglaubte Fixpunkte weg, von denen der Einzelne seine gegenwärtige Situation reflektieren kann. Es handelt sich also um ein Rauscherlebnis, das auf der physiologischen Ebene seine Entsprechung in der situationsbedingten Ausschüttung von Hormonen findet.

Glücksspiele (Alea)

Mit „Alea“ (von lateinisch „alea“ für ‚Würfel‘, aber auch ‚Zufall‘) werden von Caillois – in Anlehnung an das Lateinische – die Glücksspiele genannt.[33] Bei diesen Spielen ist weder Training, noch Geschick, noch körperliche Leistung notwendig. Vielmehr entscheidet bei diesen Spielen der Zufall über Sieg oder Niederlage. Das Glücksspiel verlangt vom Spieler eine passive Hingabe, wohingegen der Wettkampf eine disziplinierte Aktivität fordert. Diese Glücksspiele sind im Unterschied zu den anderen Spielkategorien allein im menschlichen Bereich anzufinden. Es gibt für Caillois im Tierreich keinen bekannten Fall des Glücksspiels. Caillois sieht in dieser Spielgattung einen idealtypischen Weltentwurf einer transparenten Welt, in welcher alle Teilnehmer gleichberechtigt

32 David Morris: „Die Geschichte des Schmerzes“, Suhrkamp, Frankfurt a. M., 1996, S. 71 und S. 116-118 und Elaine Pagels: „Adam, Eva und die Schlange. Die Theologie der Sünde“, Rowohlt, Hamburg, 1991, S. 261-304.

33 Hier kann man als Beispiel an die verschiedenen Gesellschaftsspiele wie etwa „Mensch, ärgere dich nicht“ denken.

sind und welche damit einen Gegenentwurf zu einer undurchschaubaren und oftmals ungerechten Welt.[34]

Zu den Glücksspielen gehören auf dem Rummelplatz in erster Linie die großen Losbuden aber auch eine Vielzahl kleiner Ausspielgeschäfte, wie zum Beispiel das „Indische Fadenziehen“[35] oder das Glücksrad, bei dem auf eine Zahl gesetzt werden kann. Der Gewinn bei diesen Attraktionen ist immer vom Glück oder – neutral gesagt – vom Zufall abhängig.

Losbuden: Schicksal

Auffällig an Losbuden ist zum einen ihre Größe, aber auch die Rekommandation, das Anpreisen der Gewinne durch die Schausteller und deren Gehilfen.[36] Die Gewinne umfassen Spielzeug und Haushaltswaren, wie Vasen, Töpfe. Vor allem sind aber riesige Stofftiere Blickfang.[37]

---

34 Caillois: „Spiele“, S. 24-27.

35 Ein besonders reizvoller Vertreter aus dem Genre der Glücksspiele stellt das Entenangeln dar. Hier schwimmen kleine Plastikentchen an den Kunden vorbei, die diese Angeln müssen. Auf der Unterseite der Ente ist der entsprechende Wert angebracht. Vgl. Rolf Orschel: „Hannes Graubergers Entenangeln“, Kirmes und Park Revue 93, 2005, S. 20.

36 In dem Insel-Wörterbuch wurde ein Gedicht abgedruckt, das sehr stimmungsvoll das Flair einer Rekommandation wiedergibt:

Die Glücksbude.

Auf! Herbei, herbei zum Spiel!
Wer nicht wagt, gewinnt nicht viel,
hier sind schöne Sachen!
Könnt hier für geringen Satz
Von dem angehäuften Schatz
Schöne Treffer machen

Rasch! Denn ich beginne jetzt –
Flink! Noch in das Spiel gesetzt
Nunmehr, Zeiger, dreh' dich!
Hier sind Gläser von Kristall
Glocken von dem hellsten Schall,
Löffel dreizehnlöthig!

Augengläser, Schnupftabak,
Und im neuesten Geschmack
Feine Kaffeemühlen!
Alles dies kann Euer sein –
Setzed nur bei Zeiten ein,
Denk nicht an's Verspielen!

Nutzt den günst'gen Augenblick!
Heute blühed Euer Glück,
Morgen ist's zerronnen.

Diese sind besonders für Kinder reizvoll, obwohl sie eigentlich aufgrund ihrer minderen Qualität und Größe nicht als Spielzeug geeignet sind. Vielmehr erfüllen diese Artikel eine doppelte Funktion. Zum ersten dienen sie als Geschenk, mit welchem der Wertschätzung des Beschenkten Ausdruck gegeben wird. Zum zweiten aber sind diese Artikel Erlebniskatalysatoren. Der Gang über den Jahrmarkt wird durch den Transport einer riesigen Stofffigur zu einem anderen Erleben. Man kann sich den Weg durch die Massen nur noch mit Mühe bahnen, Attraktionen können nur noch mit mehr Aufwand genutzt werden, vor allem aber demonstriert der Preis sichtbar, dass einem das Glück hold war.

Abbildung 14: Photographie: Losbude

Das Spiel mit und um das Glück ist letztlich auch das grundlegende Faszinosum dieser Attraktionen.[38] Im Unterschied zur Schießbude ist hier auch nicht Geschicklichkeit, sondern Zufall für den Gewinn ausschlaggebend. Dieses Spiel mit dem Zufall macht den wesentlichen Reiz dieser Geschäfte aus. Glücksspiele auf dem Rummelplatz unterscheiden sich

---

Der der ist noch besser d'ran,
Der das wohl benutzen kann,
Was er hat gewonnen.
aus: „Der Jahrmarkt. Sehenswürdigkeiten und Scenen". o. S.

37 Vgl. Münchner Stadtmuseum (Hg.): „Oktoberfest", S. 204-207; diese Waren unterliegen selbstverständlich auch Trends und Modeströmungen. Vergleicht man die Gewinnartikel mit denen der Schießbuden und Wurfstände, so fällt bei vielen Losbudenartikeln (Vasen, Töpfe, Küchenmesser) ein stärkerer Nutzwert auf.

38 Vgl. Thomas Macho: „Überlegungen zur Glücksspielsucht", in: Ursula Baatz/Wolfgang Müller-Funk (Hg.): „Vom Ernst des Spiels. Über Spiel und Spieltheorie", Dietrich Reimer, Berlin, 1993, S. 146-159.

von Glücksspielen außerhalb des Rummels (Roulette, Lotto) dadurch, dass Geldgewinne gesetzlich untersagt sind.[39] Dennoch verstärkt der Geldeinsatz den Spielreiz.

Für den weiteren Aufbau der Argumentation ist es hilfreich, einen kurzen Blick auf die Diskussion zur „Spielsucht“ zu werfen. Die empirische Forschung in der Bundesrepublik widmet sich hauptsächlich dem Automatenspiel an Unterhaltungsautomaten mit Gewinnmöglichkeit. Dieser Diskussion liegt eine Dissertation von Meyer zugrunde.[40] Meyer definiert den süchtigen Spieler wie folgt:

> Pathologisches Glücksspiel sei definiert als Zustand, in dem ein Individuum nach dem Beginn des Spielens die Kontrolle über die Dauer und die Höhe des Geldeinsatzes verloren hat, so dass es so lange spielt, bis kein Geld mehr zur Verfügung steht, und es durchgehend unfähig geworden ist, sich des Spielens zu enthalten[41]

Meyers Arbeit ist mehrfach kritisiert worden, wobei anzumerken ist, dass die Zeitschrift „Spiegel“ sich sehr intensiv des Themas annahm und Einwände an Meyers Arbeit als von der Automatenindustrie gekauft diskreditierte. Die grundlegende Kritik wird von Sabine Waadt geübt. Waadt weist auf methodische Fehler hin, wodurch Meyers Aussagen zu Zirkelschlüssen werden. Sie analysiert jedoch – und dies ist für die vorliegende Arbeit interessant –, dass die von Meyer als „Kontrollverlust“ pathologisierte Qualität eine Form der Spielintensität darstellt und keinesfalls mit einem krankhaften Verhalten gleichgesetzt werden kann. Die Hauptargumentation Meyers, dass der Geldgewinn suchtauslösend sei, wird von Waad anhand einer Erhebung mit Meyers Methode bei Videospielern, deren Automat keine Geldgewinne ausschütten kann, durchgeführt und erhält ähnliche Ergebnisse. Damit konnte sie Meyers

39 Dieses ist klar in der Gewerbeordnung geregelt (Titel III, Reisegewerbe) festgelegt. Außerdem gibt es dort eine „Verordnung über Spielgeräte und andere Spiele mit Gewinnmöglichkeit“ im Kap. II betreffs der Zulassung und Veranstaltungen von Spielen, Verordnung über Zulassung der Bauart von Spielgeräten – hier mit extra Anlage 2 zu „Geschicklichkeitsspiele auf Jahrmärkten, Schützenfesten oder ähnlichen Veranstaltungen“ und Anlage 3 „Ausspielungen auf Jahrmärkten …“ Dort wird genau vorgeschrieben, was es an Geschicklichkeitsspielen (u.a. Schießen, Ballwerfen, Ringwerfen usw.) oder Ausspielungen Lostopfspiel, Fadenziehen, Angeln usw.) auf der Kirmes geben kann und darf.

40 Gerhard Meyer: „Geldspielautomaten mit Gewinnmöglichkeit – Objekte pathologischen Glücksspiels“, 2. Auflage, Studienverlag Dr. N. Brockmeyer, Bochum, 1983.

41 Vgl. Carola Schmid: „Glücksspiel. Über Vergnügen und ‚Sucht‘ von Spielern“, Westdeutscher Verlag, Opladen, 1994, S. 21 und S. 25.

zentrale These falsifizieren.[42] Für die vorliegende Arbeit kann damit auch ein wesentliches Kriterium der Losbuden erklärt werden. Im Kontrollverlust, im Zufall liegt der spezielle Reiz der Glücksspiele verborgen.

Christoph von Quast setzt sich mit der Spielmotivation auseinander und arbeitet mehrere Spielertypen heraus. Spannend ist seine Charakterisierung der „problematischen Spieler“ (wobei hier festzuhalten ist, dass so Quast nicht einmal die Zugehörigkeit zu dieser Gruppe ausreicht, um ein pathologisches Spielen zu unterstellen). Der angesprochene Spielertyp zeichnet sich durch hohe Spielintensität, Risikobereitschaft und Reizsuche aus. Laut Quast sucht der Spieler im Glücksspiel einen „optimalen erhöhten Erregungspegel“ auf.[43] Diese Erhöhung des Erregungspegels macht einen wesentlichen Reiz des Glücksspiels Losbude aus. Ergänzt wird dieser Reiz durch den Umgang mit dem Risiko. Eine Untersuchung des Glücksspielverhaltens von Kindern kam zu dem Ergebnis, dass der subjektive Glaube an eine ausgleichende Gerechtigkeit höher als die mathematische Wahrscheinlichkeit eingeschätzt wird.[44]

Dieser Schicksalsglaube ist religiös vermittelt (Aberglauben)[45] und setzt sich im Glücksspiel fort.[46] Diese Probe, ob dem Spieler das Schicksal hold ist, verbunden mit dem kurzen Moment des Losöffnens oder des Fadenzugs, in dem das Ergebnis noch nicht vorliegt und in dem alle Entscheidungsausgänge noch offen sind, machen die Attraktivität dieser Rummelplatzgeschäfte aus.

Laufgeschäfte: Kontrollverlust

Wie der Ausdruck nahe legt, bezeichnen Laufgeschäfte Rummelplatzattraktionen, durch die die Besucher laufen. Die bekanntesten Vertreter dieser Gattung sind die Irrgärten, die verschiedenen Spiegelkabinette[47]

42 Ebd., S. 21 und S. 26.

43 Ebd., S. 28.

44 Carola Schmid: „Glücksspiel. Über Vergnügen und ‚Sucht‘ von Spielern“, Westdeutscher Verlag, Opladen, 1994.

45 Vgl. Rene Girard: „Das Heilige und die Gewalt“, Benziger, Zürich, 1987, S. 461-466.

46 Thomas Macho: „Überlegungen zur Glücksspielsucht“, in: Ursula Baatz/ Wolfgang Müller-Funk (Hg.): „Vom Ernst des Spiels. Über Spiel und Spieltheorie“, Dietrich Reimer, Berlin, 1993. S. 158, daraus: „Das Glücksspiel ist im Grunde eine säkulare Opferhandlung: ein perfekt inszeniertes Arrangement zur Transformation existentieller Schulderfahrungen […] Als Medium des sacrificiums wirkt das Münzgeld.“

47 „Mit dem Spiegelkabinett hat sich eine bewusst manipulative andere Wirklichkeit entwickelt, die alltägliche, eingeübte Wahrnehmungsweisen völlig ausser Kraft setzt.“ Vgl. Schirrmeister: „Schein-Welten“, S. 63-64.

oder die so genannten „Haunted Houses“ oder „Fun Houses“.[48] Oftmals werden auch alle drei angesprochnen Typen vermischt.

Bei einem Irrgarten versperren Trennwände, teils durchsichtig, teils undurchsichtig den direkten Weg, führen in Sackgassen, in Irrwege. Manchmal sind die Irrgärten von außen einsehbar, so dass auch Zuschauer den Irrgang der Besucher mitverfolgen können. Bei einem Spiegelkabinett sind verschieden gewölbte Spiegel in Räumen arrangiert, die den Betrachter grotesk verzerrt wiedergeben, klein und gestaucht, groß und dürr oder gar auf dem Kopf stehend. Bei den Haunted Houses werden verschiedene mechanische Apparaturen, wie Druckluftdüsen, die die Besucher erschrecken, Laufbänder, die sich teilweise in unterschiedliche Richtungen bewegen, Drehscheiben oder riesige drehende Trommeln, wie die Pariser Röhren (Abbildung 15) oder gar kleine Rutschen kombiniert, um die Besucher auch zur Belustigung der Zuschauer aus dem Gleichgewicht zu bringen.

Abbildung 15: Postkarte: Die lustigen Pariser Röhren, ca. 1926

Gemeinsam ist all diesen Attraktionen, die auch gerne miteinander vermischt werden, dass der Besucher seinen Weg, einen Ausweg, finden muss und dass hier ein Moment der Irritation und des Verlustes des Gleichgewichts, (wenn die Missgeschicke der Öffentlichkeit sichtbar sind) sogar ein kurzfristiger Verlust der Haltung. Verbunden ist mit diesem kurzfristigen Verlust der „Contenance“ oftmals für den Zuschauer neben einem möglichen Motiv der Schadenfreude auch ein voyeuristi-

48 Ralf Schmitt: „Fun House. Viel Spass in grossen Häusern“, Kirmes und Park Revue 5/98, 1998, S. 12-15 und Ralf Schmitt: „Psycho & CO. Laufgeschäfte von Dietz“, Kirmes und Park Revue, 4/97, 1997, S. 12-18.

sches Moment, etwa ein kurzer Blick auf ein unbedecktes Körperteil, wie dies etwa auf obiger Postkarte deutlich wird.

Es werden in diesen Geschäften zwei gewohnte Sicherheiten irritiert; neben dem Gleichgewichts-, ist dies der Orientierungssinn. Diese Irritation der Orientierung zeichnet alle Irrgärten aus: die Kretischen Labyrinthe der mythologischen Legende (aus dem nur mit Hilfe des Kniffs mit dem Ariadnefaden ein Ausweg gefunden wird), die großen Irrgärten der französischen Gartenarchitektur und auch die Jahrmarktsirrgärten.

Die Gleichsetzung von „Labyrinth“ mit „Irrgarten“ ist falsch. Auch wenn in der Alltagssprache beide Begriffe synonym verwendet werden, besteht doch ein grundsätzlicher Unterschied. Im Gegensatz zu einem Irrgarten, der sogar mehr als einen Ausweg kennt und aus einer Vielzahl von Sackgassen und Kreuzungen besteht, kennt ein Labyrinth nur einen einzigen Weg von dem es kein Abkommen gibt. Dieser Weg des Labyrinths windet sich um das Ziel, um die Mitte des Labyrinthes herum.[49]

Folgt man Uwe Wollfs Deutung der Gemeinsamkeit der verschiedenen Labyrinthe auf Kreta, der skandinavischen Felslabyrinthe und der englischen Rasenlabyrinthe, so ist diesen Labyrinthen gemeinsam, dass sie ein Symbol der Selbstfindung des Individuums darstellen.

> Was zuerst als reines Chaos erscheint, wird allmählich als Kosmos erfahrbar. Damit ist das Labyrinth auch ein Gleichnis für unsere Beheimatung in der Welt. […] Die Lehre des Labyrinthes ist eindeutig: Wer Erfahrungen machen will, muss bereit sein, Umwege zu gehen.[50]

Das Interessante an den Laufgeschäften des Jahrmarkts ist, dass sie Labyrinth und Irrgarten kombinieren, so sind auch die Jahrmarktsirrgärten meist so angelegt, dass sich der Besucher nicht wirklich verirren kann, das Moment der Orientierungslosigkeit, der Angst nicht mehr herauszufinden, wird nur angeregt. Es wird neben der von Wulf ausgedeuteten Funktion des Labyrinths als sinnbildliche Suche nach der eigenen Identität der Zufall in Form des Irrgartens konterkarierend hinzugefügt.

Erweitert man Wolffs symbolische Interpretation, so ist der Besuch im Laufgeschäft nicht nur eine volkstümliche Kopie, sondern das Laufgeschäft erweitert den scheinbar geraden Weg um Kreuzungen, die dem Besucher etwas abverlangen: eine Entscheidung, welcher Weg der richtige ist. Da aber der Besucher in den seltensten Fällen, den Grundriss des Irrgartens kennt, ist jede Entscheidung eine intuitive, es ist ein Glücks-

49 Vgl. die auf mittelalterlichen Kirchenböden abgebildeten Labyrinthe, welche den Weg des Menschen zu Gott versinnbildlichen.

50 Uwe Wolff: „Reise ins Labyrinth. Unterwegs zur eigenen Mitte“, Herder, Freiburg, 2001, S. 40.

spiel. Und bemerkenswerterweise macht nun gerade das Scheitern, also das Verirren, den Reiz des Irrgartens aus. Man hat im Irrgarten entgegen der üblichen Erwartung, also gerade Freude daran, den falschen Weg, den Irrweg zu gehen.

Abbildung 16: Photographie: Magic Circus

Aus diesem Blickwinkel erschließt sich auch die Kombination der mechanischen Apparaturen in Laufgeschäften, neben der Lust am Verlust der Orientierung, die Besucher auch noch aus dem Gleichgewicht zu bringen versuchen.

Der Gang durch das Laufgeschäft (z. B. des „Magic Zirkus“) endet, nachdem man durch eine drehende Röhre gegangen ist, mit einem kleinen „Toboggan“ (dies ist eine kleine, spiralförmige Rutsche), das die Besucher wieder aus dem Laufgeschäft entlässt. Interpretiert man die symbolische Handlung erschließt sich der Ausgang aus dem Labyrinth als Symbolik des Geburtsvorgangs. Die Pariser Röhre und der Toboggan stehen für den Uterus. Der Läufer durch das Labyrinth vollzieht im Durchlaufen einen Akt des Zur-Welt-Kommens.

Mit dieser Symbolik bleiben zwei Merkmale als Reizmomente festzuhalten: dies sind der Orientierungs- und Gleichgewichtsverlust. Kontextuiert auf die modernen Laufgeschäfte ist dies umso bemerkenswerter, als dass hier Versatzstücke industrieller Lagertechnik umfunktioniert werden, um durch Irritation außergewöhnliche Erlebnisdimensionen herzustellen.

Schauspiele (Mimicry)

„Mimicry" leitet sich von dem englischen Ausdruck „mimicry" für ‚Nachahmung' ab.[51] Darunter versteht Caillois Verkleidungs- oder Rollenspiele, bei denen der Spielende zeitweilig ein von anderen Regeln und Gesetzen bestimmtes Universum betritt.[52] Aus Sicht Caillois' stellt dies eine Flucht in eine andere Wirklichkeit dar.[53] Der Einzelne gibt vor, ein anderer oder etwas anderes zu sein – vergleichbar der Mimicry im Tierreich, in der Tiere sich entweder durch eine geschickte Nachahmung ihrer Feinde oder mittels Tarnung zu entziehen versuchen. Caillois zufolge sind die Nachahmungsspiele der Kinder in dieser Kategorie zuzuordnen. Diese Spiele werden von einer gewissen Ernsthaftigkeit bestimmt, die es dem Einzelnen erlauben, ein anderer zu sein und gewisse Freiheiten zu haben, die in seiner gewöhnlichen Rolle nicht zulässig wären. Man denke hier etwa an die Maskierungen im Fasching und Karneval. Auch im Schauspiel findet diese Verwandlung statt, deren Dramaturgie gewährleisten soll, dass auch die Zuschauer mit in diese alternative Spielwirklichkeit mit einbezogen werden können.[54]

Die Kategorie der Mimicry wird auf dem Rummelplatz durch die vielen verschiedenen Schaubuden verkörpert, so dass man hier im wahrsten Sinn von *Schau*spielen sprechen kann. Hier tritt der Besucher in eine Erzählung ein, welche die normale Wirklichkeitswahrnehmung leicht verändert, leicht übersteigert, um so für eine begrenzte Zeitspanne neue Eindrücke, in denen sich der Besucher verliert, zu schaffen.

Geisterbahn: Jenseits

Beim Besuch einer Geisterbahn (bisweilen auch „Darkride"[55] genannt) fährt der Besucher in einem Wagen durch verschiedene dunkle Räume,

51 Das lateinische „mimicus" meint ‚komödiantisch, schauspielerisch'. In Anlehnung an Caillois wird hier die Schreibung mit „c" verwendet.

52 Referenzbeispiel bildet hier das Theater, bei dem nicht nur die Schauspieler, sondern auch die Zuschauer zeitweilig in eine „andere" Welt enthoben werden.

53 „Das Spiel hat seinen Sinn nur in sich selbst. Deshalb sind seine Regeln mächtig und unbedingt, über jede Diskussion erhaben." Caillois: „Spiele", S. 13.

54 Ebd., S. 27-32.

55 Als Synonym für Geisterbahn hat sich auch die englische Bezeichnung „Darkride" etabliert. Im Dezember 2005 wurde vom Freundeskreis Kirmes und Freizeitpark e. V. ein Magazin herausgegeben, das sich ausschließlich mit Geisterbahnen beschäftigt. In dieser Veröffentlichung ist eine Vielzahl von Abbildungen abgedruckt, die eine exzellente Übersicht über die derzeit noch betriebenen Geisterbahnen geben. Vgl. Freundes-

in denen unterschiedliche Vorrichtungen angebracht sind, die dem Zweck dienen, den Fahrgast durch Licht oder Geräuscheffekte zu erschrecken oder durch grauenvolle Darstellungen zu ängstigen.[56]

Historisch stellt die Geisterbahn eine Kombination unterschiedlicher Kirmesgeschäftc dar.[57] Die Geisterbahn beinhaltet Elemente, der in Amerika sehr verbreiteten „Haunted Houses". Diese Laufgeschäfte kombinieren schaurige Szenerien mit überraschenden Ton-Geräusch-Kombinationen. Gelegentlich werden auch Mitarbeiter dieser Geschäfte als „Erschrecker" eingesetzt. Doug Higley weist auch auf die Verwandtschaft dieser Geschäfte mit den Panoptiken und Wachsfigurenkabinetten hin.[58]

Ein zweiter Einfluss geht von den Themenfahrgeschäften aus. Bei diesen Geschäften fährt der Besucher in einem Wagen durch unterschiedlich gestaltete Szenerien. Eines der frühesten Geschäfte dieser Art ist die „Elektrische Grotten-Bahn" im Wiener Prater. In diesem Geschäft sind verschiedene Räume thematisch ausgearbeitet und mit sich bewegenden mechanischen Figuren versehen.[59] Die „Elektro-Höllenbahn" ist der erste echte Vorläufer der Geisterbahnen. Hier fährt der Zug in einem Raum und kreist immer schneller um in der Mitte nach und nach erscheinende Drachen- und Teufelsfiguren. Die erste Geisterbahn in Deutschland wird 1931 von Carl Böhm betrieben. Da jedoch die Geisterbahnen oftmals von den Schaustellern selbst entwickelte Fahrgeschäfte sind und ständig verändert und umgebaut werden, ist keine originale Geisterbahn erhalten geblieben.

Anfangs sind die Geisterbahnen noch mit schlichten Holzfassaden versehen. Erst in den fünfziger Jahren erhalten die Bahnen die uns heute bekannte äußere Form. Es werden aufwendige Fassaden gebaut, die – mit beweglichen Figuren versehen – um die Aufmerksamkeit der Besu-

kreis Kirmes und Freizeitpark (Hg.): „Dark Ride", Odd GmbH Graphische Betriebe, Bad Kreuznach, 2005.

56 Einen guten Eindruck in das Flair der Geisterbahnen gibt La Speranza: „Prater Kaleidoskop", S. 29-34.

57 Eine kurze Geschichte der Geisterbahnen wurde in der Kirmes und Park Revue abgedruckt: Michael Jantowski: „Geisterbahnen", Teil 1, Kirmes und Park Revue 9/99, 1999, S. 34-38, Michael Jantowski: „Geisterbahnen", Teil 2, Kirmes und Park Revue 10/99, 1999, S. 38-42.

58 Doug Higley: „Scary Dark Rides", 2. Auflage, Selbstverlag, o. O., 2000.

59 Aufgegriffen werden diese Themenfahrten wieder in den siebziger Jahren in verschiedenen Themenparks, wie dem Europa-Park mit der „Dschungel-Floßfahrt" oder dem Holiday Park mit der Kanalfahrt „Anno-Tobak". In diesen fährt man auf einem Floß durch unterschiedliche Landschaften. Eine der aktuellsten Themenfahrten wurde auf der Expo 02 in der Schweiz präsentiert. In der Bahn „Konsumwelten" fahren die Besucher in riesigen Einkaufswagen durch bewusst stereotypisierte Landschaften der Schweiz.

cher werben. Als Thematisierungen werden oftmals populäre Monstergestalten (z. B. King Kong oder Frankensteins Monster) eingesetzt. Bei den mechanischen Figuren im Inneren der Geisterbahnen finden sich sowohl populäre Monsterfiguren, als auch „alte bekannte Schreckensboten", wie riesige Spinnen, Fledermäuse oder Riesenschlangen. Die aufwendigere Fassadengestaltung führt auch zu Veränderungen im Fahrverlauf. So werden bei modernen Fahrgeschäften die Wagen auf eine zweite und dritte Ebene gezogen und sind Teil der Fassadengestaltung.[60] Als Effekte treten in den neunziger Jahren noch Laser hinzu, die die Sinne zusätzlich stimulieren.

Ein wesentlich stärkeres Gewicht auf eine konzeptionelle Thematisierung wird in den Geisterbahnen in Vergnügungspark gelegt, zum Beispiel bei Walt Disneys „Snow White's Scary Adventure". Ein zweites findet sich im Europa-Park Rust „Baron Williams Mystery Hall". In diesem Geschäft fahren die Besucher in beweglichen Wagen an Spiegeleffekten vorbei, die die Illusion erzeugen, dass ein Skelett neben ihnen säße, vorbei an Hinrichtungsszenen, etwa einer Hinrichtung auf dem elektrischen Stuhl, vorbei an verrückten Wissenschaftlern bis zu einem großem barocken Saal, in dem eine aus Skeletten und Vampiren bestehende Festgesellschaft grauenvolle Feste feiert.

Florian Dering zitiert treffend Franz Mack, der als den wesentlichen Reiz einer Geisterbahnfahrt folgendes Interesse angab: „Wenn die Geister kommen, kann der junge Mann zu seiner Gefährtin, die bei ihm Schutz sucht, rüberlangen".[61]

Abbildung 17: Postkarte: Elektrische Grotten-Bahn, 1909

60 Vgl. dazu auch: Dering: „Volksbelustigungen", S. 132-135.
61 Ebd., S.135.

Dieses Moment der zwischenmenschlichen Kontaktherstellung ist ein wesentlicher Bestandteil der Erlebnisqualität der Geisterbahn, zeichnet sie jedoch nicht exklusiv aus. Vielmehr ist diese Möglichkeit der Kontaktaufnahme nur ein Phänomen einer erotischen Grundstimmung, die auf dem Rummelplatz präsent ist.[62] Nun erhebt sich die Frage, was den Reiz einer Geisterbahnfahrt darüber hinaus ausmacht.

Auf einer rein physiologischen Beschreibung spielen hier die Sinnesreize eine wichtige Rolle. Die Geräusche, die Lichteffekte und die Bewegungen setzen die Sinne der Fahrgäste einer Stresssituation aus. Dies führt zu einer gesteigerten Aufmerksamkeit, wodurch sich die Wahrnehmung der Effekte noch zusätzlich intensivieren. Dieses erhöhte Stressniveau wird als angenehm empfunden. Die Konzentration der Fahrgäste ist während der Fahrt größtenteils auf die Fahrt selbst gerichtet, andere Gedanken, Alltagssorgen werden unter dem Eindruck der Sinnesreizung in den Hintergrund gedrängt. Schreckreaktionen – Ausrufen, aber auch Herzklopfen – führen dazu, dass der eigene Körper verstärkt wahrgenommen wird. Diese Körperaufwertung bewirkt eine intensivere, direktere Anbindung des Fahrgastes an seine (Geisterbahn-) Umwelt. Damit wird die künstlich hergestellte Szenerie eine wirklich erfahrbare.

Der im englischen Sprachraum gebräuchliche Begriff „Darkride" verweist auf weitere Erlebensdimensionen. So steht das Dunkle selbst für die Bedrohung: als das Unbekannte, als ein Erleben, in dem das Sehen als einer der dominanten Sinne ausgeschaltet ist. Damit wird eine Situation geschaffen, die sich durch Unkontrollierbarkeit, Ausgeliefertsein und Hilflosigkeit auszeichnet.

Betrachtet man die Ausstattung einer Geisterbahn, fallen hier horrortypische Topoi auf: verrückter Wissenschaftler, Hinrichtung, Menschenversuch, Menschenopfer, riesige Tiere und andere Horrorgestalten (wie Skelette, Vampire etc.).[63] Durch diese Figuren wird auf ganz unterschiedliche Arten eine Grundbefindlichkeit des Menschen angespro-

62 So ist der Jahrmarkt nicht nur eine Art Heiratsmarkt, auf der sich Partner einfinden und treffen können, sondern zugleich ist die Sexualität selbst ein notwendiges Element des Jahrmarkts, insofern diese selbst zu einem Rauschmittel wird. „Der Orgasmus als Urtyp des Rausches kann wahrscheinlich über Rückkoppelungsmechanismen die endogene Morphineuphorie steigern, d. h. Rauschsensationen noch erhöhen." Manfred Müller-Küppers: „Psychiatrie und Psychopathologie des Rausches", in: Helmut Kiesel: „Rausch", Heidelberger Jahrbücher 1999, Springer, Berlin, 1999, S. 117.

63 Vgl. Stephen King: „Dance Macabre. Die Welt des Horrors in Literatur und Film", Heyne, München, 1988, S. 211-213.

chen: die Verletzlichkeit, die Unsicherheit des Lebens und das Mysterium des Todes.[64]

Der Schlüsselreiz, über welchen diese Befindlichkeit angesprochen wird, ist Neugierde. Gerade Hinrichtungsszenen, aber auch medizinische Schilderungen üben eine große Anziehungskraft aus. Darüber hinaus – und dies ist das hervorstechende Merkmal der Geisterbahn – beziehen sich Figuren wie verrückte Wissenschaftler zweifellos auf eine Skepsis der Naturwissenschaft gegenüber, die sich für den normalen Betrachter durch eine Intransparenz und Unverständlichkeit und damit letztlich einer Unsicherheit auszeichnet.[65] Figuren wie Ärzte oder Topoi wie Menschenversuche thematisieren des Ausgeliefertsein des Individuums in einem vereinnahmenden Diskurs. Riesige Tiere und Monster sprechen die Sorge um eine unbeherrschbare oder gar eine sich rächende Natur an. Hinrichtungsszenen sprechen sowohl Schaulust als auch Angst vor einer gesellschaftlichen Strafe an. Jede der dargestellten Szenen, die im Grunde auf Verängstigung und Verunsicherung abzielen, hat als umfassenden Hintergrund das Motiv der *Vanitas*, der Endlichkeit – und damit die Angst vor dem eigenen Tod.[66]

Diese Angst vor dem Tod ist King zufolge ein „phobischer Druckpunkt"[67], die Basis für jede Art von Horror und Angst. Die Auseinandersetzung mit dieser Basis ist für King eine Form der Katharsis, die aufgesucht wird, um mit dem tatsächlichen Schrecken der Wirklichkeit besser fertigzuwerden,[68] wobei zu dieser Wirklichkeit auch die Erkenntnis der eigenen Sterblichkeit gehört.

Damit bildet das Schreckenspanorama eine Grundlage, bei der sich profane und sakrale Elemente zu einer Höllenfahrt, zu einer Jenseitsschau verbinden. Die Darstellungen in der Geisterbahn haben interessanterweise thematisch große Ähnlichkeit mit Vergils Höllenbeschreibungen.[69] Bei Vergils Beschreibung der Unterwelt gelangt der Verstorbene durch einen dampfenden Höhleneingang in einen Vorraum. In diesem

64 Ebd., S. 256-257.

65 Zur Entstehungsgeschichte des von der aufkommenden Naturwissenschaft initiierten Horrors sei verwiesen auf Christopher Frayling, „Alpträume. Die Ursprünge des Horrors", VGS, Köln, 1996.

66 Vgl. die Studie von Cion Condrau: „Angst und Schuld als Grundprobleme der Psychotherapie", Suhrkamp, Frankfurt a. M., 1976, S. 15-25 und siehe auch: Raymond Bettegay: „Angst und Sein", Hippokrates Verlag, Stuttgart, 1970, S. 47-60.

67 King: „Dance Macabre", S. 22-24.

68 Ebd., S. 33.

69 Die Beschreibung der Hölle bei Dante ist bekannt. Sie greift aber auf eine andere Tradition zurück und ist für diese Arbeit nicht fruchtbar auszuwerten.

befinden sich Personifikationen von Schrecknissen (wie Hunger, Tod, Krieg, Krankheit, Angst, Gefangenschaft oder Zwietracht). Diese werden von mythischen Figuren (Harpyien, Gorgonen etc.) bewacht.[70] Nach dem Vorraum gelangt der Verstorbene an den Fluss Acheron, über welchen der Fährmann Charon ihn übersetzt, und gelangt an den eigentlichen Eingang der Hölle. Dieser wird von dem dreiköpfigen Hundewesen Zerberus bewacht. Nach einer Art Gerichtsverhandlung werden diejenigen, die sich bestimmter Handlungen schuldig gemacht haben, zu ewiger Folter im Tartarus verdammt.

Die Geisterbahn ist durch diese Ähnlichkeit eine Art volkstümliche Jenseitsfahrt. Die Geisterbahnfahrt befriedigt – neben einer weltlichen Verlockungsprämie, mit einem Partner für einen Moment im Dunklen den Blicken der anderen entzogen zu sein, indem durch erschreckende akustische und optische Momente[71] körperliche Nähe provoziert wird – die existenzielle Neugier, was nach dem Tode kommen mag.

Schaubuden

Betrachtet man Abbildungen von Rummelplätzen von um 1900, so fällt auf, dass dort Schaubuden und Menagerien das Aussehen und den Charakter prägen. Im Gegensatz dazu werden die heutigen Rummelplatz von Fahrgeschäften bestimmt. Im Schaustellerhandbuch 2000[72] sind gerade noch sechs Schaubuden für das ganze Bundesgebiet angeführt.

Ein Beispiel für eine noch heute reisende Schaubude ist die „Show der Illusionen" bei welcher der typische Schaubudencharakter erhalten geblieben ist: Vor einem Vorführraum befindet sich ein Podium, die Parade, auf dem Kostproben der Darbietung vorgeführt und von lautstarken und reißerischen Ankündigungen der Ausrufer, der Rekommandeure angepriesen werden.

Das Spektrum der Schaubudenattraktionen der Jahrhundertwende ist jedoch wesentlich größer und umfasst „Menagerien" (Tierdressuren), Magische Vorführungen[73] („indischer Zaubersalon"), Abnormitäten („Riesen-Dame"), Zirkusdarbietungen, Kurioses („Seeungeheuer"), Ausstellungen („Mechanische Wunder"), aber auch Illusionstheater („Die Dame ohne Unterleib", „Das Meerweib"). Weiter umfasst es Panoramen, Pa-

70 Aus dieser Vorstellung der Unterweltwächter entstehen Minios zufolge die christlichen Dämonen. Vgl. Georges Minois: „Hölle. Kleine Kulturgeschichte der Unterwelt", Herder, Freiburg, 2000, S. 42-44.

71 Vgl. ebd., S. 113.

72 Schausteller Handbuch 2000, Braun und Partner, Pfaffenhofen, o. J.

73 Eine gelungene Einführung in das Thema der Taschenspielerei ist Alexander Adrion: „Die Kunst zu Zaubern", DuMont, Köln, 1978.

noptica und nicht zuletzt „Völkerschauen" („Wilde Völker", „Menschenfresser", „Neger-Truppe", „Unsere Colonien").[74] Manche Schaubuden fassen in ihren Präsentationen mehrere unterschiedliche Bereiche zusammen und bewerben dies dann als „Varieté".

Jahrmarktszirkus: Schaulust

Im Folgenden werden Schaubudenattraktionen unter dem Fokus des Zirkus zusammengefasst, da hier viele Jahrmarktsattraktionen Einfluss auf die Entstehung der Zirkusse nehmen oder darin ihre neue Verortung finden.

Obwohl es nahe zu liegen scheint, dass der Geburtsort des Zirkus der Jahrmarkt ist, da bereits schon im Mittelalter Artisten und Tierdresseure auf den Jahrmärkten ihr Auskommen suchen, entsteht der Zirkus in der uns heute bekannten Form erst im neunzehnten Jahrhundert und wird nicht von einem Schausteller oder Artisten, sondern von einem Astley, einem Offizier, 1768 in London gegründet, der im Rahmen seiner Reitschule auch Kunststücke vorführen lässt.[75] Nach kurzer Zeit werden Artisten, Seiltänzer, Jongleure und Clowns hinzugenommen und der Zirkus erhält die Gestalt, die ihn auch noch heute auszeichnet. Als 1794 die noch offene Bühne abbrennt, übernimmt Astley die Architektur des zwischenzeitlich entstandenen „Royal Circus" mit Manegen, Logen und einer Bühne. Als diese Zirkusse kommerziell erfolgreich arbeiten, entwickelt sich – ausgehend von der stationären Form – auf den Rummelplätzen der Wanderzirkus, der seine Vorführungen in Zeltbauten präsentiert.[76]

74 Ricky Jay: „Sauschlau & Feuerfest. Menschen, Tiere, Sensationen des Showbusiness", Edition Volker Huber, Offenbach a. M. 1988. Eine materialreiche Sammlung zu Schaubuden wird von Stefan Nagel auf der von ihm betreuten Webseite präsentiert. Eine CD mit der jeweils aktuellen Version kann beim Betreiber angefordert werden. Vgl. http://www.schaubuden.de/ [Stand. 01.12.2005]. Die Unterteilung der einzelnen Schaubudengenres orientiert sich teilweise an der von Nagel entwickelten Systeaik.

75 Die dem Zirkus zugrunde liegende Reitschule wird in anderer Form auf der Kirmes weitergeführt: als Kinder-Ponyreiten und als Hippodrom, in welchem Laien als Nervenkitzel ihre Reitkünste erproben können. Oftmals wird um das Hippodrom eine Lokalität errichtet, in der die Besucher während des Essens die Reitkünste Ungeübter beobachten können.

76 Zur Geschichte des Zirkus sei hier verwiesen auf Roland Auguet: „Spiele, Sport und Sensationen", Österreichischer Bundesverlag, Wien, 1975, S. 73-93.

Die Artistik ist eine der ältesten Belustigungsformen, die sich auf Jahrmärkten und Kirmessen finden.[77] Zu unterscheiden sind hier Darbietungen, die Eingang in den Zirkus gefunden haben, und andere, die auf Rummelplätzen verbleiben. Artistische Kunstformen, die aus verschiedenen Gründen ihren Weg nicht in den Zirkus finden, sind das Publikumsringen und das Kraftboxen. Beide sind Schaubudenattraktionen, die durch ihre höhere Interaktivität mit dem Publikum nicht für eine Zirkusvorstellung geeignet sind. Das „Motodrom“ hingegen verbleibt – durch die architektonische Notwendigkeit der Steilwand, auf der Motorradfahrer ihre Fertigkeiten vorführen – als Rummelplatzattraktion.[78]

Andere Attraktionen verschwinden ganz von der Bildfläche, wie das Laufen, das im siebzehnten Jahrhundert kurzzeitig eine Rummelplatzattraktion war, nachdem laufende Nachrichtenkuriere durch die Entstehung des Postwesens ihre Existenzgrundlage verloren und sich keine andere Möglichkeit der Professionalisierung der Läufer, ergab.[79]

Neben der Bodenakrobatik, in der mehrere Artisten zum Beispiel eine menschliche Pyramide bauen, von den Schultern eines anderen Saltos vollführen, sind die Seiltänzer die Artistengruppe, die gleichfalls prägend für den Zirkus ist.[80] Seiltänzer sind seit dem 14. Jahrhundert in Europa bekannt. Das Seil wird dabei oft zwischen dem Kirchturm und dem Rathaus gespannt. Die Trapezkunst hingegen, die gelegentlich mit dem Hochseil kombiniert wird, entsteht erst im neunzehnten Jahrhundert.[81] Mit der Einführung der Trapezkunst verändert sich das Gesicht des Zirkuszeltes architektonisch in die heutige Form, indem das Zirkusdach zu einer Kuppel umgeformt wird, um den Luftraum mit in die Vorführungen einschließen zu können. Man sieht allerdings auch noch vereinzelte Seiltänzer, die ohne zirzensische Umrahmung ihre Kunststücke auf Jahrmärkten oder bei anderen Gelegenheiten darbieten.

77 Vgl. Max Stoop: „Sensationen – Attraktionen an Jahrmarkt und Chilbi“, Th. Gut Verlag, Stäfa, 1999, S. 44-54.

78 Opschonek/Dering, u.a. „Im Banne der Motoren“.

79 Oettermann: „Läufer“.

80 Eine bemerkenswerte Arbeit stellt das Artisten-Lexikon von Signor Saltarino dar. Signor Saltarino: „Artisten Lexikon. Biographische Notizen über Kunstreiter, Dompteure, Gymnastiker, Clowns, Akrobaten, Spezialitäten etc. aller Länder und Zeiten“, Reprint des Originals von 1895, Hubers Magischen Repositorium, Offenbach, 1984.

81 Die Geburtsstunde der Trapezkunst lässt sich sogar auf den Tag genau datieren: Am 12.12. 1859 tritt Leotard im Pariser Cirque Napoléon auf. Leotard erlernt seine Kunst von seinem Vater, der Gymnastikprofessor ist und eine Turnanstalt in Toulouse betreibt.

Abbildung 18: Postkarte: Akrobaten, 1903

Die Artisten, deren Auftreten am frühesten belegt ist, sind die Jongleure, die bereits von Xenophon beschrieben werden. Auch aus dem Mittelalter sind von Jongleuren Beschreibungen erhalten. Neben Bällen sind auch Waffen und andere Gegenstände als Jonglageobjekte bekannt. Mit der Entstehung des Zirkus werden Jonglagen auch mit Tierdressuren verbunden. Eine Besonderheit stellt die Kraftjonglage dar,[82] die interessanterweise gerade in Kriegszeiten eine beliebte Belustigung darstellt. So ist etwa Paul Conchas bekannt, der in einer Kürassieruniform nicht nur mit Kanonenkugeln jongliert, sondern auch eine Kanone auf seiner Stirn balanciert. Auch Kugelfänger entstehen in dieser Zeit: Artisten, die aus Kanonen abgeschossene Kugeln mit ihrem Bauch oder gar – wie der Däne John Holtum – mit dem Genick auffangen.

Betrachtet man die Elemente des Zirkus, so fällt auf, dass ein alle Elemente verbindendes Strukturmerkmal das Spiel mit der Gefahr ist. Nicht nur Raubtierdressuren, sondern auch artistische Vorführungen wie das Hochseil oder das Trapez beziehen ihren Reiz aus der Spannung, die durch die Gefahr der Vorführung entsteht. Selbst harmlosere Variationen wie die Jonglage werten den Reiz ihrer Vorführungen durch die Verwendung gefährlicher Objekte, wie Messern oder Schwerter auf. Und auch noch reisende Schaubuden wie das Motodrom beziehen sich in ihrer Präsentation auf das Risiko, das ihren Vorführungen zugrunde liegt. Was ist dies aber für ein Reiz?

82 Vgl. „Lothar Groth: „Die starken Männer. Eine Geschichte der Kraftakrobatik", Henschel Verlag, Berlin, 1987.

Der Reiz dieser Darbietungen liegt neben einer erotischen Facette[83] durch die starke Betonung des Körpers – sowohl durch die Kostüme als auch durch die Darbietung selbst – in einer antizipierten Angst. Einer Angstvorstellung, die phantasmatisch den Unfall vorwegnimmt, wodurch die gelungene Vorführung kathartisch, befreiend und erlösend wirkt.[84] Diese Konstruktion der Angstvorstellung bewirkt, dass der Zuschauer sich nicht mehr vom Geschehen distanzieren kann und „mitfiebert". Diese Gefühlssituation ist dadurch gekennzeichnet, dass der Zuschauer auf der einen Seite intensiv das Geschehen aufnimmt, zugleich aber auf der körperlichen Ebene bewegungslos verharrt; ein Phänomen, das in anderen Kontexten – zum Beispiel Unfällen – auch als „Schaulust" oder „Gaffen" bekannt ist. Entgegen der vorherrschenden Meinung trägt diese Schaulust jedoch nicht die Züge von Schadenfreude. Schadenfreude wäre gerade ein Merkmal dafür, dass das Mitfiebern, das einen wesentlichen Reiz der Schaulust ausmacht und eine temporäre empathische Einheit mit dem Objekt herstellt, sich nicht eingestellt hat.

Nicht außer Acht zu lassen ist die Körperbeherrschung, deren Reiz die „Verlockungsprämie" dieser Attraktion darstellt. Das gezielte Trainieren, die ständige Verbesserung der Darbietung beruht auf einem bewussten und gezielten Einsatz des Körpers, der dem ausführenden Geist des Artisten als Werkzeug dient. Und viele Figuren der Bodenakrobaten, die statische Elemente (Dreieck, Pyramide) durch organische Teile zusammensetzen, und Trapezakrobaten,[85] die Körper als physikalische Größe mit einem bestimmten Kraftaufwand über eine bestimmte Distanz werfen,[86] kann man als veranschaulichtes physikalisches Experiment beschreiben. Rudolf zur Lippe weist in diesem Kontext darauf hin, dass diese Körperbeherrschung erst nach der Renaissance in dieser Form möglich ist, als das Bewusstsein einer Trennung zwischen Geist und Körper Grundlage eines neu entstehenden Weltbildes wird[87] – wobei akrobatische Leistungen zugleich auch diese Trennung aufheben. So

83 Richard Wunderer: „Hexenkessel der Erotik. Lust und Laster internationaler Vergnügungszentren", Freyja Verlag, o. O., 1963, S. 59-82.

84 Zur Funktion der Katharsis siehe: T. Scheff: „Catharsis in Healing, Ritual and Drama", University of California Press, Berkeley, 1979.

85 Das Hochseil wird von Caillois mit dem Illinx in Verbindung gebracht. Vgl. Caillois: „Spiele", S. 155-157.

86 Einen sehr anschaulichen historisierenden Einblick in die Geschichte der Akrobatik im Kontext der Schaustellerei bietet der folgende Katalog: Puppentheatersammlung der Stadt München: „Hereinspaziert Hereinspaziert. Jahrmarkts-Graphik aus drei Jahrhunderten", o. V., o. O., o. J.

87 Rudolf zur Lippe: „Vom Leib zum Körper. Naturbeherrschung am Menschen in der Renaissance, Rowohlt, Hamburg, 1988, S. 17-23 und Anne-Marie Berr: „Technik und Körper", Reimer, Berlin, 1990, S.17-23.

zeichnet sich die Artistik Caillois zufolge durch eine an die Meditation grenzende Konzentration aus, die eine Einheit zwischen denken und handeln, letztlich zwischen Geist und Körper herstellt,[88] und die genau in den Momenten, in denen sie gestört wird, zum Scheitern des Kunststücks führt.

Dieser konzentrierte Gang auf dem Hochseil, auf dem jeder falsche Schritt zum scheitern führt, wird zum Bild des rechten Weges, wodurch die Eckmasten nicht allein nur technische Grundvoraussetzung zur Aufhängung des Seiles sind, sondern gleichermaßen auch eine symbolische Dimension bekommen und die Pole weltlicher und geistlicher Macht symbolisieren, zwischen denen sich der Artist beispielhaft für die Zuschauer bewegt.

Menagerie: Verkehrung

Die Tierdressuren sind ein zweites Charakteristikum des Zirkus.[89] Ausgehend von den Pferdedressuren werden im französischen Zirkus Wildtierdressuren, etwa von Rotwild, vorgeführt. Die Raubtierdressur wird erst 1863 in den Zirkus eingeführt. Allerdings werden Raubtiere und andere exotische Tiere schon früher auf Jahrmärkten in Menagerien gezeigt. Neben Tanzbären als Volksbelustigung sind auch Bären- und Hundekämpfe schon im Mittelalter bekannte Volksfestbelustigungen, die allerdings sowohl aus dem Jahrmarkts-, wie auch aus dem Zirkusumfeld verschwinden. Stärkeren Einfluss auf die Zirkus- und Rummelplatzgeschichte nehmen die Menagerien. Die erste Menagerie entwickelt sich aus dem Wiener Tierpark auf Schönbrunner Gelände, dessen Vorläufer sich bis ins Jahr 1452 zurückdatieren lassen.[90]

88 Hier zeigt sich eine ferne Verwandtschaft zur schamanischen Trance, vgl. Elmar Gruber: „Traum, Trance und Tod. Aus der geheimnisvollen Welt der Schamanen. Einführung und Erfahrungsbericht“, Herder, Freiburg, 1985, S. 44.

89 Vgl. Gisela Winkler/Dietmar Winkler: „Die große Raubtierschau. Aus dem Leben berühmter Dompteure. Gekürzte Fassung des gleichnamigen Buches“, Henschel Verlag, Berlin, 1981 und Gerhard Zapff: „Vom Flohzirkus zum Delphinarium. Seltene Dressuren der Zirkusgeschichte“, Henschel Verlag, Berlin, 1977 sowie speziell zur Pferdedressur: Gerhard Zapff: „Pferde im roten Ring“, Henschel Verlag, Berlin, 1980.

90 1751 wird der Tierpark von Kaiser Franz I. eröffnet. Notwendig wird eine Neuanlage, da Platz für die exotischen Tiere geschaffen werden soll, die dem Thron als Staatsgeschenk überreicht werden. Dem Tierpark liegt eine durch kabbalistische und astronomische Zahlenverhältnisse inspirierte Planung von Jean Nicolas Jadot zugrunde. Mittelpunkt der Anlange stellt ein Frühstückspavillon dar, in dessen Untergeschoss Laboratorien eingerichtet werden um alchemistische Experimente zur Herstellung von Gold durchzuführen. Dieser Pavillon symbolisiert die Sonne, um den Pavillon

Die Rummelplatzmenagerien stellen zu Anfang Tiere bloß zur Schau aus. Diese Tierschauen werden von Erklärungen zur Herkunft und Gewohnheiten der Tiere begleitet. Gezeigt werden sowohl Präparate als auch lebende Tiere. Als spektakuläres Moment sind die Tierfütterungen vorgesehen.[91] An Tieren werden neben Löwen, die hauptsächlich aus Nordafrika importiert werden, Affen, Vögel, Nashörner und mit großer Begeisterung Elefanten vorgeführt, aber auch Krokodile und Riesenschlangen. Neben Tierschauen, die außerhalb von Rummelplätzen gezeigt werden, haben sich auch noch kleinere Menagerien und Tiernummern erhalten. So bereist noch heute die „Reptilienschau" deutsche Festplätze.[92]

Abbildung 19: Postkarte: Menagerie, Elefant, 1907

Die Menagerie erfüllt die Funktion eines Bildungsmediums für die leseunkundige Bevölkerung. Dabei wird der Exotik der ausgestellten Tiere ein großes Gewicht beigemessen, da nur selten und wenn dann meist Missbildungen von bekannten Haustieren ausgestellt werden. Seit dem Mittelalter sind geradezu Moden exotischer Tiere beobachtbar ausgehend von Affen über das Nashorn und die Giraffe bis hin zum Elefanten.

Dieses Interesse an exotischen Tieren sei nun beispielhaft am Elefanten auf der Grundlage von Oettermanns Arbeit „elephantographia

herum gruppieren sich zwölf Tierhäuser. 1779 wird der Tierpark der Öffentlichkeit zugänglich gemacht.

91 Zur Geschichte der Menagerie: Michael Faber: „Menagerien", Kirmes und Park Revue 89, 2004, S. 24-31, Michael Faber: „Menagerien", Kirmes und Park Revue 90, 2005, S. 20-25, Michael Faber: „Menagerien", Kirmes und Park Revue 91, 2005, S. 14-21.

92 Vgl. Norman Vogt: „Reptilienschau", Kirmes und Park Revue 87, 2004, S. 36.

curiosa"[93] gezeigt, in welcher er detailliert die Geschichte des Interesses am Elefanten schildert und den Wandel der Charakterisierungen dieses Tieres herausarbeitet. Oettermann zufolge gilt der Elefant ursprünglich als Kriegstier. Allmählich wandelt sich seine Funktion zum repräsentativen Staatsgeschenk und wird dann zur Rummelplatzattraktion. Das Besondere am Elefanten liegt darin, dass eine Überfülle an Interesse bezüglich dieses Tieres vorhanden ist, so dass durch Phantasie Ergänzungen in Ermangelung echter Untersuchungsobjekte entstehen. Diese sich in Fabel und Allegorien äußernde Charakterisierung des Elefanten wird allmählich durch eine beschreibende Naturwissenschaft abgelöst, wobei jedoch die mythischen Zuschreibungen erhalten bleiben. Der Elefant gewinnt seine Faszination durch seine Größe und sein Gewicht, wobei genau diese physikalischen Größen wieder die Phantasie beflügeln und der Elefant in Opposition zu technischen Artefakten (wie Eisenbahnen) gesetzt wird – mit der unausgesprochenen Frage: Was passiert wenn ein Elefant mit einer Eisenbahn zusammenstößt? Neben der Information, die so den Besuchern nahe gebracht wird, entsteht ein sublimes Vergnügen an einer phantasierten Situation, deren Grundkonstellation auf der Kombination zweier Elemente beruht, die normalerweise nicht zusammentreffen.[94] Es gibt demnach neben der Informationsvermittlung bei Tierdarstellungen zusätzlich eine Lust an der Neukombination und der Verkehrung des erworbenen Wissens.

Die ersten Tierdressuren legen ihren Schwerpunkt auf die „Zähmung" des Wildtieres und stellen die Intelligenz und die Fertigkeiten der Tiere, die oftmals „menschliche" Tätigkeiten imitieren, in den Vordergrund. Ab Mitte des neunzehnten Jahrhunderts wandeln sich die Vorführungen der Jahrmarktsvorführungen, und die „Wildheit" des Tieres wird nun stärker in den Vordergrund gerückt, in dem zum Beispiel Tierfütterungen mit in das Programm aufgenommen werden.[95] (Der Besuch einer Menagerie ist jedoch weiterhin für die Zuschauer mit der imaginierten Gefahr verbunden, eines der Tiere könne aus der Manege ausbrechen.)

Die Tierdressuren bestehen aus den noch heute verwendeten Elementen von Springkunststücken und Elementen, die den vertrauten Umgang des Dompteurs mit dem Tier demonstrieren, indem der Dompteur etwa seinen Kopf in das Maul eines Löwen legt. Unfälle kommen häufi-

93 Stephan Oettermann: „Die Schaulust am Elefanten. Eine Elephantographia Curiosa", Syndikat, Frankfurt a. M., 1982

94 Walt Disneys Elefant „Dumbo", der mit seinen großen Ohren zu fliegen vermag, bezieht nicht zuletzt gerade aus dieser Widersprüchlichkeit seinen Charme.

95 Vgl. Alfred Lehmann: „Tiere als Artisten. Eine kleine Kulturgeschichte der Tierdressur", Ziemsen Verlag, Wittenberg, 1955 und siehe auch: http://www.schaubuden.de/ [Stand 01.12.2005].

ger vor und stellen mit den Reiz einer Raubtiervorführung dar. Carl Haagenbeck, der zuvor mit großen Erfolg Völkerschauen präsentiert hat,[96] reformiert die Raubtierdressur, indem er Tiere jetzt nach ihrem Charakter auswählt und so eine „humane" Dressur einführt. Aus diesen Menagerien, die stark mit Tierdressuren arbeiten, entwickeln sich die großen reisenden Zirkusse. Auf die bereits im achtzehnten Jahrhundert einsetzende Kritik an der Tierdressur, die sowohl die Dressur als auch die mangelhaften Umstände der Tierhaltung kritisieren, begegnen die Menageriebesitzer mit einer verbesserten Tierhaltung, die – zum Beispiel im Falle Haagenbecks – sogar Einfluss auf die Gründung eines Tierparks nimmt. In dem Tierpark werden die Tiere zur Volksbelustigung, aber auch zur Volksbelehrung in einer tiergerechten Umgebung präsentiert.

Auffällig ist, dass die moderne Tierdressur mit einer modernen Erziehung zeitlich und qualitativ Ähnlichkeiten aufweist. Ausgehend von Dressurvorstellungen, die das Tier dem Willen des Menschen ausliefern und die mittels Gewalt durchgesetzt werden, entwickeln sich Dressurformen, die in der Erziehung früher ansetzen und davon ausgehen, dass der Charakter des Tierkindes, gleichsam dem eines Menschenkinds als Schüler, besser formbar ist. Diese Entwicklung einer tiergerechten Tierdressur durch Haagenbeck ist die Entdeckung der Individualität der Tiere. Hier bildet sich gleichsam ein Tiererziehungssystem, das auffällig dem des Menschen gleicht. Neben der Attraktivität des Exotischen, wie es in der Menagerie präsentiert wird und neben dem Reiz der Gefahr, die auch in akrobatischen Nummern angesprochen wird, zeichnet die Dressur eines aus: Disziplin.

Betrachtet man die Entstehung des Zirkus, so fällt das von Naumann beschriebene Herabsinken kultureller Distinktionen auf, dass zum Beispiel das Pferdereiten nicht mehr nur exklusiv bestimmten Ständen zusteht, sondern jetzt auch dem Bürgertum. Zugleich werden bestimmte Kontexte umkodiert. Die Pferdedressur, deren Grundlage die Ausbildung von Pferden für den Kampf ist, wird jetzt aus ihrer Verbindung gelöst und dient jetzt der Belustigung, in deren Folge, die Pferde jetzt zwar Kunststücke ausführen können, aber für den Kriegseinsatz unbrauchbar geworden sind. Sie führen stattdessen zweckfreie, allein dem Vergnügen dienende Figuren und Ornamente aus. Durch diesen Vorgang wird zugleich das ursprüngliche Erziehungsziel, das stark auf den Nutzen Bezug nahm, in sein Gegenteil verkehrt und damit konterkariert.

96 Carl Hagenbeck: „Von Tieren und Menschen. Erlebnisse und Erfahrungen", Paul List, Leipzig, 1928, S. 47-80.

Noch stärker findet diese Umfunktionierung ihre Ausprägung in der Dressur von Wildtieren. Damit ist auch die direkte Anbindung der Dressur an den militärischen Bereich völlig aufgehoben: Das Wildtier Hirsch beispielsweise wird zur Dressurkarikatur domestizierter Schlachtrösser. Dabei bilden mythologische Verweise – etwa im Falle des Hirsches die Erzählungen um die griechische Jagdgöttin Diana – den Kontext, in welchem eine Institution den Nutzen und den Einsatz ihres Bezugsobjektes umwertet und zur Unterhaltung einsetzt.

Verstärkt wird diese Umdeutung der Pferdeerziehung in den Tierdressuren des neunzehnten Jahrhunderts – ausgehend von dem Anspruch, die „Zahmheit" der Tiere vorzuführen –, indem diese „menschliche" Handlungen ausführen, wie das Händeschütteln. In der Handlung des Händeschüttelns wird eine der grundlegenden Höflichkeitsformen, die das zwischenmenschliche Vertrauen begleiten, von Tieren ausgeführt. Und damit werden zum einen anthropologische Projektionen hervorgerufen, und zum anderen wird der Mensch als die Krone der Schöpfung zum Tier *zurückgestuft*. Die Kritik an einer naturwissenschaftlichen anthropologischen Naturphilosophie durch den Zirkus ist allenfalls ein Nebeneffekt. Das wesentliche Moment, mit welchem der Zirkus hier arbeitet, ist die Verkehrung.

Völkerschauen: Neugierde

Die ersten Menschen, die auf neuzeitlichen Rummelplätzen ausgestellt werden, sind zwei indianische Prinzen, die 1722 auf europäischen Jahrmärkten gezeigt werden und später von August dem Starken von Sachsen gekauft und in sein Gefolge aufgenommen werden. Ab diesem Zeitpunkt lässt sich ein wachsendes Interesse an der Ausstellung von „Wilden" ausmachen. Neben nordamerikanischen Indianern werden Afrikaner, Asiaten und Eskimos ausgestellt, es wird letztlich jede exotisch anmutende Volksgruppe auf ihre Attraktivität hin überprüft und ausgestellt, aber auch zu Studienzwecken untersucht. Betrachtet man die ausgestellten Rassen, so bildet die Auswahl der Völker eine „Heerschau des Kolonialismus" (Oettermann), die bewusst eine Primitivität der ausgestellten Völker inszeniert und damit den Herrschaftsanspruch der Kolonialherren zu legitimieren sucht.[97]

97 Vgl. Stefan Oettermann: „Fremde. Der. Die. Das. Völkerschauen und ihre Vorläufer", in: Kosok/Jamin (Hg.): „Viel Vergnügen", S. 81-100.

Abbildung 20: Postkarte: Haagenbeck Völkerschau, 1902

Ende des neunzehnten Jahrhunderts entstehen unter der Leitung von Carl Haagenbeck riesige Völkerschauen, in denen jetzt die „Einzelexponate“ mit einer Bildungsvermittlungsintention in ihrer „natürlichen“ Umgebung gezeigt werden oder zu realistischen Szenerien gruppiert werden. Bei den Rummelplatzschaubuden hingegen wird weniger Wert auf den Realismus der Darstellung gelegt. Vielmehr stehen hier die Exotik und die Wildheit der „Menschenfresser“ im Vordergrund. Stephan Oettermann weist auf die grundlegende Differenz zwischen der Konstruktion des Wilden und dem Wunschdenken der bürgerlichen Intellektuellen hin, die ihre Entsprechung im Bild des „edlen“ Wilden findet. Zugleich wird dem Wilden aber auch eine Expressivität unterstellt, die sich in einem animalischen Verhalten, das Kleidung und Riten, vor allem aber dessen Sexualität umfasst.

Gerade die Verbindung dieser Topoi – des Wilden als Menschenfresser und zugleich dessen Attributierung als sexuell besonders leistungsstark – verweisen auf einen Mythos, der von Sigmund Freud in „Totem und Tabu“ als konstitutiv für die abendländische Kultur angenommen wird. Das Begehren der Söhne auf ihre Mutter führt zum Vatermord; um diesen zu Verdecken, wird der Vater von dieser „Urhorde“ aufgefressen. Neben Freuds Deutung treten Mythen wie der des Tantalos, der seinen Sohn Pelops den Göttern als Speise anbot. In symbolischer Form findet sich diese Deutung ebenfalls in der neutestamentarischen Transsubstantion wieder.[98]

Abbildung 21: Postkarte: Menschenfresser, ca. 1905

Freakshow: Normalität

Eine den Völkerschauen verwandte Schaubudenattraktion sind die so genannten „Freakshows"[99], „Abnormitätenschauen" oder „Side-Shows".[100] In diesen Ausstellungen werden Menschen und Tiere mit meist angeborenen körperlichen Behinderungen gezeigt.[101] Gezeigt werden in der Regel Menschen, die durch bestimmte Wachstumsstörungen geprägt sind, so genannte „Riesen", „Zwerge" oder „Liliputaner". Seltener werden Haarmenschen[102] ausgestellt; diese weisen eine extrem starke Körper- und Gesichtsbehaarung durch eine pränatale Störung auf und werden als „Löwenmenschen" oder „Hundemenschen" angepriesen.[103] Ausgestellt

98 Lewis: „Schamanen". Zum Kannibalismus vgl. Christian Spiel: „Menschen essen Menschen. Die Welt der Kannibalen", Fischer, Frankfurt a. M., 1974.

99 Der englische Ausdruck „Freak" meint im Allgemeinen ‚Missbildung' oder auch ‚Monstrum'.

100 Hans Scheugl/Felix Adanos: „Show Freaks und Monster. Sammlung Felix Adanos", DuMont, Ostfildern, 1983.

101 Gert-Horst Schumacher: „Monster und Dämonen. Unfälle der Natur. Eine Kulturgeschichte", Edition Q, Berlin, 1996. Siehe auch: Hans Jenny: „Das haarsträubenste Panopticum. Die exquisitesten Supertiere", Basler Zeitung, Basel, 1996 und Hans Jenny: „Die verrückteste Nostalgia. Die haarsträubensten Wundermenschen", Basler Zeitung, Basel, 1995.

102 Eine weitere Besonderheit sind die so genannten „Bartfrauen" (siehe Abbildung 22). Hier findet ein interessantes Vexierspiel mit den Rollenattributierungen statt.

103 Vgl. http://www.schaubuden.de/ [Stand 01.12.2005].

werden unter der Bezeichnung „Doppelmenschen“ siamesische Zwillinge, an Kopf, Brust oder Becken zusammengewachsene Zwillinge, Zwillingsmissbildungen – wie „Francesco Lentini“, ein Mann mit drei Beinen –, oder Rumpfmenschen oder Halbmenschen – Menschen, bei denen Extremitäten fehlen oder nur verkrüppelt vorhanden sind und die oft ihre Fertigkeiten als Mund- oder Fußmaler vorführen. Als „Hautmenschen“ werden Menschen gezeigt, die durch Zellgewebserkrankungen eine besonders elastische Haut besitzen und dadurch zum Beispiel ihr Gesicht bis zum Haaransatz ziehen können. Es werden aber auch „Elefantenmenschen“ ausgestellt, deren Besonderheit gleichfalls eine Krankheit zugrunde liegt. Seltener werden Mikrophale als „Vogelmenschen“ oder so genannte „Azteken“ ausgestellt.[104] Daneben werden auch großflächig tätowierte Menschen präsentiert.[105]

Abbildung 22: Postkarte: Schaustellung, ca. 1910

Auffällig ist bereits an dieser Aufzählung die Präsentation dieser Menschen, die zum einen durch eine starke mythologische Referenz und zum anderen durch Tieranalogien bestimmt wird, mit der die Schaulust der Besucher und Betrachter angeregt wird. So umfasst das Mythenspektrum die griechische Mythologie, die germanischen Göttersagen, bis hin zu Volksmärchen. Ähnlich verhält es sich bei Zwergen, die ausgehend von den Nibelungen, über Gullivers Reisen, bis hin zu Grimms „Schneewitchen“ oder Walt Disneys „Cinderella“ auftauchen. Dabei stellen der Zwerg und dessen Gegenpart Riese zwei Extreme dar, welche die „nor-

104 Bei Lepold sind einige Ankündigungen faksimiliert abgedruckt, die einen Eindruck von der Präsentation vermitteln: Lepold: „Freiburger Messe“, S. 28-29, S. 37, S. 42, S. 72-73.

105 Stephan Oettermann: „Tätowierung“, S. 75-94.

malen" Größenverhältnisse konterkarieren und damit zugleich auch einen Perspektivwechsel des normalgroßen Betrachters bewirken. Im Betrachten des Riesen wird dieser zum Zwerg und empfindet sich als solcher in der Betrachtung eines Riesen. Das Spiel mit den Proportionen umgreift nicht zuletzt auch den Bereich der Sexualität; so werden Zwerge im Volksglauben mit besonders großer Libido in Verbindung gebracht – ähnlich der sexuellen Attributierung fremder Rassen –, und hier entsteht eine moralisch begründete Neuinszenierung der kleinwüchsigen Menschen, die jetzt „zensiert" in Miniaturwelten fast puppenartig eingefügt werden.

Eine zweite sich aus der Wissenschaftsgeschichte entwickelte Betrachtungsform körperlich behinderter Menschen betrifft die „missing link" Theorie. In den neu entstehenden Klassifikationssystemen der modernen Naturwissenschaften, entsteht eine „Kette des Seins", die eine ständig sich fortentwickelnde Linie beschreibt. Die Verbindungsglieder zwischen dem Tierreich und dem Menschenreich stellen die „missing links" dar, die fehlenden Glieder, nach denen in der Naturwissenschaft gesucht wird.[106] In dem Maße, wie sich die Naturwissenschaft als empirisch deskriptive Wissenschaft versteht, werden zur Klassifikation Sammlungen aller Art und eben auch medizinische und anatomische angelegt, die Demonstrations- und Studienzwecken dienen sollen. Hier findet sich die Verbindung der modernen Wissenschaft zu den Freakshows aber auch zu den Völkerschauen.

Überliefert ist zum Beispiel der Besuch des Anthropologen Virchows auf einer Völkerschau, um dort anthropologische Daten zu erheben. Bemerkenswert ist, dass wissenschaftliche Besucher kostenlos diese Veranstaltungen besuchen dürfen. Das Schaustellergewerbe bedient sich dieser vermeintlichen Nähe zur Naturwissenschaft und präsentiert Mikrophale als „Vogelmenschen", Armlose als „Seehundmenschen" oder „Löwenmenschen", also Lebensformen, die angeblich eine Zwischenstellung zwischen Mensch und Tier einnehmen sollen.

Was macht den besonderen Reiz einer Freakshow aus? Das wesentliche Element der Freakshows ist die Präsentation von Behinderungen. Die Bestimmung, was eine Behinderung sei, ist ein Prozess gesellschaftlicher Zuschreibungen. Und am Beispiel der Freakshow lassen sich die Linien erkennen, die den Scheitel zwischen Ein- und Ausgrenzung markieren. Es ist der Ein- beziehungsweise der Ausschluss aus einer Gruppe, deren Referenzgröße der Körper ist. Dieser Prozess bewirkt für den sich gegenüber dem Anderen, dem „Freak" abgrenzenden Betrachter eine Versicherung der eigenen „Normalität" und damit der eigenen Identi-

106 Siehe: http://www.schaubuden.de/ [Stand 01.12.2005].

tät. Diese Abgrenzung impliziert jedoch eine Angst vor dem „Unnormalen". Dadurch, dass Freaks als eine Laune der Natur beschrieben werden, wird die „Normalität" des Beobachters gleichfalls zu einem Zufallsprodukt; und dies bewirkt im Fall der Schaubude einen Reiz der kontrollierten Verunsicherung. Das Verschwinden der Freakshows kann durch die Kulturgeschichte des Umgangs mit Behinderungen erklärt werden, welche die Mechanismen der Ein- und Ausgrenzung und des Ein- und Ausschlusses Behinderter erklärt.[107]

Panoptikum und Wachsfigurenkabinett: Empathie

Für nur 25 Pfennige!
Die Wunder von fünf Erdteilen!
Hochkünstlerische Wachsfigurendarstellungen!
Alles wie lebend!
Alles wie echt![108]

Das Jahrmarktspanoptikum (von griechisch „panoptikum", ‚Allschau') hat seine Vorläufer in den Wachsfigurenkabinetten des siebzehnten Jahrhunderts.[109] Die 1835 eröffnete Wachsfigurenausstellung der Madame Tussaud markiert hier den Höhepunkt dieser Entwicklung. Madame Tussaud, selbst kurze Zeit als Schaustellerin unterwegs, lässt sich mit ihrer Sammlung, die sie von ihrem Onkel und Lehrherren Curtius geerbt hat, in London nieder.[110] Die Vorläufer zu Tussauds bilden der „Irrgarten" in Amsterdam, die Wachsfigurensammlung Antoine Benoist in Frankreich sowie die große Kunstgalerie in Wien und Madame Salmons Wachsfiguren in London.

Ab Anfang des neunzehnten Jahrhunderts tauchen kleine reisende Schaubuden auf den Jahrmärkten auf, die gleichfalls Wachsfiguren aus-

107 Vgl. Dieter Mattner: „Behinderte Menschen in der Gesellschaft", Kohlhammer, Stuttgart, 2000.

108 Hannes König/Erich Ortenau „Panoptikum". Vom Zauberbild zum Gaukelspiel der Wachsfiguren", Isartal Verlag, München, 1962, S. 11.

109 Vgl. Christine Göttler: „Seelen in Wachs. Material, Mimesis und Memoria in der religiösen Kunst um 1600", in: Jan Gerchow (Hg.): „Ebenbilder. Kopien von Körpern – Modelle des Menschen", Hatje Cantz Verlag, Ostfildern-Ruit, 2002, S. 83-96.

110 Kombiniert werden die Wachsfiguren mit originalen Artefakten und zu Szenerien zusammengestellt. Dies wird bis heute bei Tussauds so praktiziert, wie man es beispielsweise noch im aktuellen Katalog zum Wachsfigurenkabinett sehen kann. „Madame Tussaud's Baker Street London", o. O., o. V., o. J.

stellen.[111] Hauptsächlich werden in diesen Buden neben politischen Größen und berühmt-berüchtigten Verbrechern biblische Szenen ausgestellt. Die Figuren werden oft auch zu Szenerien zusammengestellt – etwa einem Räuberüberfall, einer Szenerie „lebendig begraben" oder dem beliebten Motiv „Gorilla raubt Farmerstocher"[112].

Ab Mitte des neunzehnten Jahrhunderts wandeln sich diese Kabinette und stellen „Folter-Schreckenskammern" aus. Kontextuiert werden die Ausstellungen mit originalen Relikten, etwa Teilen aus Goethes Nachlass, Stücken und Waffen aus den napoleonischen Kriegen aber auch originalen Folterwerkzeugen, wobei der Übergang zwischen originalen und nachgebauten Artefakten fließend ist. Beliebt sind auch anatomische Sammlungen,[113] die wächserne Nachbildungen krankhafter Missbildungen (Syphilis u. Ä.), sowie geburtsmedizinische Besonderheiten (Kaiserschnitt, Zangengeburt etc.) ausstellen.[114] Der Übergang zwischen dem Jahrmarktspanoptikum und anderen Schaubuden ist fließend. So werden in den Panoptiken auch „Rassen des Menschen", Tierpräparate und archäologische Sammlungen ausgestellt.[115]

Auffällig am Panoptikum ist der Funktionswandel: Dient das Panoptikum anfangs noch als Mitteilungsmedium für die nicht lesekundige Bevölkerung, so wandelt es sich zu einer Gruselattraktion.[116] Stefan Oettermann bringt dies mit der aufkommenden Industrialisierung in Zusammenhang, in deren Folge ein verändertes Freizeitbedürfnis entsteht, das anstelle der bäuerlichen Bevölkerung jetzt das entstehende städtische Proletariat in das Zentrum der Aufmerksamkeit rückt. Die veränderten Produktionsbedingungen, so Oettermann weiter, bewirken zugleich eine

111 Noch heute finden sich reisende Wachsfigurenkabinette auf den Festplätzen. Vgl. Rolf Orschel: „Wachsfigurenkabinett", Kirmes und Park Revue 83, 2004, S. 26-27.

112 Gerhard Eberstaller: „Schön ist so ein Ringelspiel. Schausteller, Jahrmärkte und Volksfeste in Österreich. Geschichte und Gegenwart", Christian Brandstätter, Wien, 2004. S. 105 und siehe: http://www.schaubuden.de/ [Stand 01.12.2005].

113 Eine Modernisierung dieses Panoptikums stellt die Schau „Körperwelten" des angeblichen Anatomieprofessors Gunther von Hagens dar, bei der menschliche Körper mittels einer Plastilinlösung konserviert, präpariert und anschließend in einer Wanderausstellungen präsentiert werden.

114 Siehe dazu auch die Photographien von Wachspräparaten in: Kosok/Jamin (Hg.): „Viel Vergnügen", S. 57-63.

115 Stefan Oettermann: „Alles-Schau: Wachsfigurenkabinette und Panoptiken", in: Kosok/Jamin (Hg): „Viel Vergnügen". S. 36-56; vgl. auch Uwe Geese: „Eintritt frei, Kinder für die Hälfte. Kulturgeschichtliches vom Jahrmarkt", Jonas Verlag, Marburg, 1981, S. 68-80.

116 Zeev Gourarier: „Jahrmarkt der Wissenschaften", in: Erich Knocke: (Hg.): „Gesammeltes Vergnügen. Das Essener Markt- und Schaustellermuseum", Klartext, Essen, 2000, S. 46 f.

veränderte Konsumhaltung. Ähnlich den Massenprodukten entsteht ein schnelllebiges Massenvergnügen, das stark auf Sensationen im Sinne des Außergewöhnlichen setzt und damit einen Kontrast zum Arbeitsalltag bildet.

Diese modernisierungstheoretische Analyse findet ihre Entsprechung in den abgebildeten Objekten.[117] Nicht nur der arbeitende Mensch wird einer Verwertungslogik unterworfen, sondern zugleich auch sein Körper. Mit der Entstehung der modernen Medizin wird das ganzheitliche Körperbild des Mittelalters durch eine spezialisierte Medizin ersetzt. Organe werden als Teile einer Maschine angesehen und werden letztlich in der Transplantationsmedizin und in der Prothetik auch als austauschbare Teile verstanden, die ersetzt werden können. Im Panoptikum rücken jetzt diese Einzelteile in den Vordergrund, es sind Abbildungen des entfremdeten Körpers, der in entfremdeten Arbeitsprozessen im Lohn steht.

Untersucht man die Themen des Panoptikums, so stellt man fest, dass zum einen eine starke Sexualisierung der Objekte vorhanden ist. Dies betrifft zum Beispiel Arrangements wie „Gorilla raubt Farmerstocher" oder „Alp"[118]. Zum anderen aber wird der weiblichen Sexualität ein großer Raum zugewiesen, der (unter dem Vorwand eine wissenschaftliche Sammlung zu sein) die im Alltag verborgenen primären Geschlechtsmerkmale in den Vordergrund rückt und diese zugleich mit Geschlechtskrankheiten kombiniert – womit zugleich ein Bild der „sündigen Frau" konstruiert wird.

Nicht nur bei Szenen, wie den oben genannten, sondern auch bei krankhaften körperlichen Deformationen, wie einem durch ein Korsett missgebildeten Frauentorso, ist eine latente Machtphantasie spürbar, die sich an der Ohnmacht des ausgestellten Objekts berauscht. Diese Allmachtsphantasie erklärt zum Teil auch die Faszination von Folter und Marterszenen, wobei hier interessanterweise die Empathie angesprochen wird.

Das Mitfühlen, das fest in einem moralischen Kontext verortet wird, ermöglicht einen besonderen Reiz. Die Szenerien sind teils so grausam gestaltet, dass die Distanz zwischen dem Objekt und dem Zuschauer verschwindet. Dies wird zusätzlich durch eine entsprechende Rekom-

117 Vgl. Uta Kornmeier: „Kopierte Körper. „Waxworks" und „Panoptiken" vom 17. bis zum 20. Jahrhundert", in: Jan Gerchow: „Ebenbilder. Kopien von Körpern – Modelle des Menschen", Hatje Cantz Verlag, Ostfildern-Ruit, 2002, 115-124.

118 Der „Alp" oder „Nachtmahr" sitzt auf der entblößten Brust seines weiblichen Opfers und verursacht so „Alpdrücken". Siehe auch: http://www.schaubuden.de/ [Stand 01.12.2005].

mandation unterstützt und führt so zu einem Unbehagen des Zuschauers, der sich jetzt in den Schmerz hineinphantasiert, den der dargestellte Gemarterte erlitten haben muss. Der Betrachter richtet seine Aufmerksamkeit auf die entsprechende Körperpartie und verspürt eine körperliche Empfindung. In dieser Einheit des Mit-Empfindens gewinnen die in Wachs abgebildeten biblischen Szenen eine neue Qualität: Der Betrachter wird zum Zeugen und Bezeuger des abgebildeten biblischen Geschehens. Das Wachs wird zum Mittel, Lebendigkeit herzustellen. Der Betrachter der Szenerie wird damit gleichsam zum Zeugen biblischer Geschichten.

Die Symbolik des Werkstoffes Wachs markiert seit Alters die Grenze zwischen Leben und Tod und hat einen festen Platz in den verschiedenen Totenkulten. König und Ortenau weisen nicht nur auf die Ähnlichkeit zwischen Grabarten und Bienenstockarten (Höhle, Erde, Holz) hin, sondern präzisieren ihre Argumentation mit dem Verweis auf die Begräbnisrituale in Südäthiopien, wo Häuptlinge in einem Bienenstock beigesetzt werden, um dort von den Bienen mit einer Wachsschicht überzogen zu werden. Auch soll das germanische Wort für ‚Baumsarg' auf den gleichen Wortstamm wie für ‚Bienenstock' zurückgehen. Das „Hypogäum" auf Malta soll mit Wachswaben ausgemalt worden sein. In Ägypten steht die Hieroglyphe, die eine Biene darstellt, sowohl für den ‚Pharao' als auch für den ‚Sarg'. Wachskerzen, die Wachskörper symbolisieren, werden von den Griechen als Todbringer gedeutet. Auch gilt Wachs als Opfergabe (Wachszinsigkeit) im frühen Christentum, um am ewigen Leben der Heiligen teilhaben zu können, die aus diesem Wachs nachgebildet werden. Reste dieser Symbolik finden wir heute noch in den Opferkerzen, die im 12. Jahrhundert von der Kirche kanonisiert werden.[119]

Wachsfiguren spielen nicht nur bei magischen Ritualen (Hexenzauber) eine Rolle, sondern auch die Kirche schafft Wachsmedaillons, die Schutz ausüben sollen. Kranke Körperteile werden in Wachs geformt und der Kirche gestiftet und sollen sowohl geheilt als auch durch die Opferung transzendiert werden. Gleichzeitig werden echte Körperteile an Wachsfiguren angefügt. König und Ortenau berichten von einer lebensgroßen Christusfigur, die mit gegerbter Menschenhaut überzogen

119 Doch nicht nur das Material Wachs wird in den religiösen Kontext eingeordnet, sondern auch die Herstellung von Wachsmasken steht im Dienst der Totenarbeit. So haben bereits die Etrusker Wachsmasken der Verstorbenen angefertigt und in den Totenfeiern der Römer wurden Wachsleiber verwandt, die als Lebende behandelt wurden, denen Essen dargeboten und Luft zugefächelt wurde.

war sowie von eiternden Wachsschwären, aus denen bei Festprozessionen Blut lief.

Folgt man der Kulturgeschichte der Wachsfiguren weiter, so finden sich in der Renaissance die ersten Wachsfiguren, die zu Studienzwecken angefertigt werden und den Wandel von der magischen Wachspuppe zum wissenschaftlichen Wachsmodell markieren.[120] Im Barock wandelt sich dann die Verwendung der Wachsfiguren, die nun als lebensechte Abbilder in Szenen zur Belustigung ausgestellt werden. Hier schließt sich die Geschichte des Panoptikums an, wobei selbst in der Nachstellung sozialer Arrangements (Mozart vor Ludwig XV mit Madame Pompadour) Wachs immer noch die Schnittstelle zwischen dem Totenreich und dem Reich der Lebendigen markiert, wie König und Ortenau bemerken:

> Die Wachsfiguren der erlauchten Herren und Frauen sollten in der Renaissance den Lebenden und den Toten in die Realität des Jenseits und der Gegenwart Gottes hineinzaubern.[121]

Illusionstheater: Augen-Blick

Eine der Schaubudenattraktionen, die sich bis in die heutige Zeit erhalten haben, sind die „Illusionstheater", in welchen so genannte Zauberer Zaubertricks vollführen. So präsentiert die „Revue der Illusionen" im Frühjahr 2001 auf der Mannheimer Messe eine Revue, die neben der „schwebenden Jungfrau" und Wahrsagern die „Dame ohne Unterleib"[122] und „Die Frau ohne Kopf" vorstellt.[123] Trotz der Ankündigung, dass es sich hier um „medizinische Sensationen" handele, sind die Vorführungen Zauberkunststücke und Spiegeltricks. Obwohl auch reine Zaubervorstellungen Rummelplätze bereisen, sind diese doch eher selten anzutreffen.[124] Die Tricks, die in Schaubuden vorgeführt werden, sind oft so genannte „Apparatetricks", wie das berühmte Schichtl-Fallbeil, das die Enthauptung einer lebenden Person vortäuscht. Andere Attraktionen –

120 Vgl. Thomas Schnalke: „Geteilte Glieder – ganzer Körper. Von anatomischen Wachsmodellen und medizinischen Moulagen", in: Jan Gerchow: „Ebenbilder. Kopien von Körpern – Modelle des Menschen", Hatje Cantz Verlag, Ostfildern-Ruit, 2002, S. 97-106.

121 Hannes König, Erich Ortenau: „Panoptikum. Vom Zauberbild zum Gaukelspiel der Wachsfiguren", Isartal Verlag, München, 1962, S. 45.

122 La Speranza: „Prater Kaleidoskop", S. 49-51.

123 Eine Besprechung dieser Attraktion findet sich bei Ralf Schmitt: „Revue der Illusionen. Staunen, immer wieder Staunen", Kirmes und Park Revue 6/98, 1998, S. 20-24.

124 Zur Sozialgeschichte der Zauberei vgl. Jürgen August Alt: „Zauberkunst. Eine Einführung", Reclam, Stuttgart, 1995.

wie die Seejungfrauen – sind zum Teil Trickvorführungen, zum Teil werden hier aber auch besondere Präparate ausgestellt.

Einer der Reize, der von diesen Schaubuden ausgeht und auch heute noch spürbar ist, ist die Ermöglichung eines ungenierten Blickes auf die nur leicht bekleideten Körperpartien der Darstellerinnen. Hier sieht sich Anfang des neunzehnten Jahrhunderts sogar die Obrigkeit in der Pflicht einzuschreiten, um die unmoralische Art der Darbietung einzuschränken.

Abbildung 23: Photographie: Revue der Illusionen (Bild: C. Puttkammer)

Neben diesem erotischen Reiz gewinnt diese Form der Schaubude ihre Attraktivität, zum einen mit Bezug auf die medizinischen Sammlungen, so wird etwa auch die „Frau ohne Kopf“ in einer „klinischen“ Umgebung präsentiert, die menschliche Besonderheiten zur Schau stellen, zum anderen durch die Neugierde, die sich auf die Frage, wie dieser Trick denn nun funktioniere, richtet.

Betrachtet man die Attraktionen, so fällt auf, dass bei vielen der Darbietungen ein „naturwissenschaftlich medizinisches“ Rätsel präsentiert wird. Elementare Körperfunktionen werden durch eine simulierte Apparatomedizin ersetzt und thematisieren auf diese Weise die Frage neu, ob der Körper nicht letztlich eine Maschine sei. Gleichzeitig wird hier zum Zweck der Unterhaltung eine Frage nach dem Kriterium des Lebens vorweggenommen, die heute in der Diskussion über den Hirntod in ihrer philosophisch-ethischen Diskussion gestellt wird.

Das Fallbeil in seiner Konstruktion durch den Arzt Joseph Ignace Guillotine, der ein sicheres und schnelles Hinrichtungsinstrument entwickelt, greift implizit eine medizinisch-ethische Ebene auf.[125] Betrachtet man das Guillotinieren bei Schichtls Schaubühne[126] als Hinrichtungsart, so wird hier der Bezug zu Hinrichtungen als Volksfest offenbar, in welchem der Souverän seine Macht demonstriert. Das Besondere an der Guillotine als Hinrichtungsart ist, dass sie in der französischen Revolution durch die Hinrichtung Ludwigs des XVI. zum Symbol des egalitären Todes wurde.[127] Deutet man die Guillotine im Kontext der aufkommenden Naturwissenschaft und ihren entstehenden klassifizierenden Systemen, so wird die Guillotine nicht nur zur „Portrait-Maschine", die die Köpfe ausstellbar produziert, wie dies Arasse beschreibt. Die Hinrichtung selbst scheidet den Tod vom Sterben als Prozess, in welchem sich der Sterbende auf das Jenseits vorbereitet, da der Sterbevorgang auf einen winzigen Augenblick, auf einen „kühlen Hauch" reduziert wird. Auf der Jahrmarktsguillotine kann jetzt der eigene Tod als Simulation einer Hinrichtung erfahren werden.

Kasperltheater: Lachen

Das Kasperltheater findet sich häufig auf Rummelplatzabbildungen.[128] Das Kasperltheater verlangt nur sehr wenig Aufwand. Eine Bretterwand mit Öffnung, selbst ein Vorhang genügt, um als Bühne zu fungieren. Aufgeführt werden oft Witze, Schwänke und gelegentlich Stegreiftheater.

Neben diesem Handpuppentheater bereisen auch Marionettentheater Festplätze. Das Marionettentheater, dessen bekanntester Vertreter von der Familie Schichtl betrieben wurde, grenzt sich dezidiert vom Kasperltheater ab. Nicht nur verlangt die komplizierte Konstruktion der Marionetten eine aufwendigere Bühne, weswegen die Aufführungen oft auch in Festsälen stattfinden, und ist aufgrund dessen seltener auf Jahrmärkten anzutreffen. Auch werden Stücke aufgeführt, die teils direkt für Marionettentheater geschrieben werden und die sich oft im Unterschied zu

125 Zur Kulturgeschichte der Guillotine Daniel Arasse: „Die Guillotine. Die Macht der Maschine und das Schauspiel der Gerechtigkeit", Rowohlt, Hamburg, 1988, S. 20-29.

126 Dering/Gröner, u.a.: „Heute Hinrichtung".

127 Auf der Jahrmarktsguillotine tritt neben die symbolische Todeserfahrung noch das karnevaleske Moment, dass politische Größen jetzt auf dem Jahrmarkt zur allgemeinen Belustigung symbolisch hingerichtet werden können.

128 La Speranza: „Prater Kaleidoskop", S. 37-39.

den Schwänken des Kasperltheaters über mehrere Akte erstrecken und letztlich eine Vorstufe zum Theater darstellen.[129]

Das Kasperltheater ist eine Handpuppenbühne. Namensgebende Figur ist der „Kasper“, eine Figur, die Charakterzüge des Hofnarren und des Hanswurstes des voraufklärerischen Theaters in sich vereint.[130] Neben dem Kasper treten stereotype Figuren wie Teufel, Prinzessin, Polizist, Richter, Räuber und Hexe auf. Beliebt ist die Figur des Kaspers durch seine obrigkeitskritische, derbe und zugleich sinnenfrohe Charakterisierung. Hier verbindet sich die Figur des Narren, der durch seine Außenseiterstellung geschützt Kritik üben darf, mit der Figur des Hanswursts, der durch seine etwas einfältige Art dem gesunden Menschenverstand zum Triumph verhilft. Aufgrund dieser gesellschaftskritischen Züge wird das Kasperltheater sehr streng beobachtet und für den Verfall der Sitten verantwortlich gemacht. Die politische Kritik, die auch zu einem kurzzeitigen Sprechverbot des Kaspers in Österreich durch Fürst Metternich führt, wird zugunsten unterhaltender Elemente zurückgestellt, wobei auch noch im heutigen Kasperltheater, die frechen und vorwitzigen Züge des Kaspers erhalten bleiben, der sich meist dem Zugriff symbolischer Autoritäten wie Polizist, König oder Teufel zu entziehen versucht.

Das Lachen des Kaspers ist ein karnevalistisches. Es ist eine universelle Kritik, die unter dem Deckmantel des Narren, auch vor dem Höherstehenden respektlos vorgetragen wird. Der Kasper postuliert durch den respektlosen Umgang mit Autoritäten ein freiheitliches, souveränes Denken. Das Lachen als subversives Medium wird von Michail Bachtin in seiner Veröffentlichung „Literatur und Karneval. Zur Romantheorie und Lachkultur“[131] entwickelt. Bachtin sieht im mittelalterlichen Karneval eine komplementäre Veranstaltung zum von Krankheit und Not geprägten Alltagsleben. Im Karneval werden nach Bachtin die herrschenden Diskurse außer Kraft gesetzt.

> Der Karneval vereinigt, vermengt und vermählt das Geheiligte mit dem Profanen, das Hohe mit dem Niedrigen, das Große mit dem Winzigen, das Weise mit dem Törichten.[132]

129 Man denke hier an Goethes Willhelm Meisters Lehrjahre, in der die Chronologie der darstellenden Künste mit dem Puppentheater seinen Anfang nimmt.

130 Caillois rückt den Clown in die Nähe des demiurgischen Tricksers. Vgl. Caillois: „Heilige“, S. 208-209.

131 Bachtin: „Literatur und Karneval“.

132 Bachtin: „Literatur und Karneval“, S. 49.

Die im Karneval vorherrschende Lachkultur leitet sich aus den antiken Parodien ab in denen nicht nur Autoritäten, sondern gleicherweise existentielle Erfahrungen dem Spott preisgegeben werden, die sich gerade in ihrer Preisgabe zum Lächerlichen erneuern. Damit wohnt dem Lachen eine revolutionäre Energie inne, die religiöse und politische Festschreibungen subversiv unterminiert.[133]

Das Lachen befreit nicht nur von der äußeren Zensur, sondern vor allem vom großen inneren Zensor, von der in Jahrtausenden dem Menschen anerzogenen Furcht vor dem Geheiligten, dem autoritären Verbot, dem Vergangenen, vor der Macht.[134]

Das Lachen der Zuschauer ist ein subversives Lachen und ermöglicht es ihnen, sich zeitweilig aus dem Normgefüge zu erheben und dieses in Frage zu stellen. Damit werden nicht nur die äußeren Zwänge, wie die staatliche Autorität in Frage gestellt, sondern auch innere Normen. Damit bildet sich eine (wenn auch kurzfristige) Identität zwischen Zuschauer und Kasper, die in Opposition zur Umwelt außerhalb des Festplatzes steht.[135]

Jahrmarktsphotographie: Film-Rolle

1838 stellt der Dioramenbesitzer Louis Jacques Mandé Daguerre die ersten photographischen lichtbeständigen Bilder vor. Voraus gingen Versuche von Thomas Wedgewood und Nicophore Niepce mit Hilfe von Silbernitrat, das unter Lichteinwirkung schwarz wird, Abbildungen der Camera Obscura[136] dauerhaft festzuhalten.[137] Mit Hilfe der Erfindung

---

133 Vgl. Harvey Cox: „Das Fest der Narren. Das Gelächter ist der Hoffnung letzte Waffe", Gütersloher Verlagshaus Mohn, Gütersloh, 1977, S. 10-14.

134 Bachtin: „Literatur und Karneval", S. 38-39.

135 Ergänzen lässt sich dieser Gedanke mit Plessners anthropologischer Konzeption des Lachens. Für Plessner sind die Gefühlsregungen wie Lachen und Weinen originär dem Menschen eigen. Sie unterscheiden sich für ihn von den übrigen Gefühlsregungen durch ihre Unmittelbarkeit von den anderen Gefühlsregungen und vermögen es, die exzentrische Position aufzuheben, die durch die Ambivalenz, Körper zu sein und zugleich durch Reflexion das Wissen einen Körper zu haben begründet wird, indem sie einen eruptiven unreflektierten Ausweg aus dieser Situation ermöglichen. Helmut Plessner: „Lachen und Weinen. Eine Untersuchung nach den Grenzen menschlichen Verhaltens", Leo Lehen, München, 1950, S. 20-29 und S. 188-191.

136 Die Camera Obscura ist ein Kasten, in dessen Front ein kleines Loch eingefügt ist. Durch diese Öffnung fällt Tageslicht, wodurch auf der Rückseite ein seitenverkehrtes und Kopf stehendes Abbild entsteht. Mit

Daguerres der lichtbeständigen Fixierung[138] kann jetzt dieses projizierte Bild dauerhaft festgehalten werden. Mit dieser Technik wird es jetzt möglich, Abbildungen der Wirklichkeit zu speichern und damit auch dem Vergehen und der Vergänglichkeit zu entziehen.[139]

Die Jahrmarktsphotographen bieten auch Portraitphotographien an und stillen damit ein Bedürfnis, sowohl eine bestimmte Lebenssituation festzuhalten als auch ein Abbild bestimmter Menschen zu erhalten, das sich früher in Portraits, Büsten oder Scherenschnitten ausdrückte, die zum Teil auch auf Rummelplätzen hergestellt werden.

Abbildung 24: Postkarte: Jahrmarktsphotographie, ca. 1920

Hilfe von Spiegeln und Linsen kann das spiegelverkehrt projizierte Bild wieder umgekehrt werden. Die Camera Obscura wird häufig als Hilfsgerät für naturgetreue Abbildungen in der abbildenden Kunst eingesetzt.

137 Bekannt ist das Prinzip der Camera Obscura bereits in der Antike und wird in der Renaissance experimentell verbessert. So wird beispielsweise der Zusammenhang zwischen der Größe der Öffnung und der Schärfe der Abbildung entdeckt. Thomas Ganz weist zudem auf den Sachverhalt hin, dass „die Entdeckung der Perspektive […] wohl auch in einer Wechselwirkung mit dem Entdecken der optischen Hilfsgeräte und der Camera Obscura [zu sehen ist]". Thomas Ganz „Die Welt im Kasten", Verlag Neue Züricher Zeitung, Zürich, 1994, S. 16.

138 Der Unterschied zwischen der so genannten „Daguerrographie" und heutigen Photographie ist, dass die Bilder nicht auf (Photo-)Papier gespeichert werden, sondern auf eine Art Photoplatte fixiert werden, Diese werden in kleinen Schächtelchen aufbewahrt, um die Bilder vor übermäßiger Lichteinwirkung zu bewahren.

139 Die weiteren phototechnischen Feinheiten und Entwicklungen (wie die Einführung des Kodak Rollfilms, des Negativfilms oder der Farbphotographie) sind hauptsächlich für die Mediengeschichte von Interesse. Für die Jahrmarktsphotographie sind jedoch schon in dieser ersten Form der Photographie die entscheidenden Facetten erkennbar.

Neben dieser Funktion besitzt die Jahrmarktsphotographie aber eine besondere Qualität der Verwirklichung, die sich in der Inszenierung der Bilder niederschlägt und sich in ähnlicher Form bis heute auf Rummelplätzen und auch in Freizeitparks erhalten hat.[140] Zu der Kostümierung in historische oder ungewöhnliche Kleidung werden die Porträtierten in Szenerien eingefügt, in denen sie zum Beispiel als Flugzeugpiloten agierten (Abbildung oben). Bei einer anderen Form der Inszenierung stecken die Porträtierten ihren Kopf durch ein Loch in der Wand, auf welcher bestimmte Typen aufgemalt sind – wie Ritter, Exoten oder gar Verurteilte. Dadurch kann der Porträtierte in eine andere Rolle schlüpfen, was dann photographisch dokumentiert wird.[141]

Das Problem, das mit der Photographie auftaucht, ist der Verlust der Originalität des Objekts, da es durch die Photographie technisch möglich wird, mehrere Kopien von einer und derselben Sache zu machen, was noch durch die Erfindung des Negativfilms verstärkt wird. Neben dem Verlust der Originalität tritt zugleich die Frage nach der Echtheit des Abgebildeten auf.[142] Die Möglichkeit einer schnellen Abbildung erlaubt zugleich eine Dokumentation vergänglicher Momente,[143] die Zeit wird damit stillgelegt. Diese Dokumentation verfügt durch diesen aufbewahrten Moment zwei Merkmale: sie ist zum einen Erinnerungsstück und zum anderen „Beweisstück".

Die Jahrmarktsphotographie macht sich diese Möglichkeit zu nutze und bietet dem Kunden neben der Faszination an der technischen Apparatur zugleich auch den Eintritt in eine alternative Wirklichkeit, der jetzt durch die Photographie ermöglicht ist. Es sind Inszenierungen möglich, die durch die Photographie dokumentiert werden und somit einen „Beweis" der Echtheit liefern. Es ermöglicht den Kunden eine andere Rolle einzunehmen, ein anderer Mensch zu sein, letztlich für einen kurzen Moment eine andere Identität zu besitzen und diesen Moment festzuhal-

140 Zur Geschichte der Jahrmarktsphotographie sei auf die Serie Kirmes und Park Revue verwiesen: Michael Faber: „Jahrmarktsphotographie", Teil 1, Kirmes und Park Revue 6/99, 1999, S 20-24, Michael Faber: „Jahrmarktsphotographie", Teil 2, Kirmes und Park Revue 7/99, 1999, S. 16-19, Michael Faber: „Jahrmarktsphotographie", Teil 3; Kirmes und Park Revue 8/99, 1999, S. 16-18 und La Speranza: „Prater Kaleidoskop". S. 46.

141 Vgl. Uwe Geese: „Eintritt frei, Kinder für die Hälfte. Kulturgeschichtliches vom Jahrmarkt", Jonas Verlag, Marburg, 1981, S. 55-63.

142 Vgl. Walter Benjamin: „Das Kunstwerk im Zeitalter seiner technischen Reproduzierbarkeit", Suhrkamp, Frankfurt a. M., 1963. S. 12-14, S. 17-18.

143 Diese Funktion wird auch von den Photoanlagen erfüllt, die in Fahrgeschäften installiert werden und die den Fahrgast im Moment der höchsten Erregung „knipsen".

ten – und somit eine neue Seite der eigenen Identität zu entdecken. Zugleich aber wird das Künstliche dieser Arrangements herausgestellt, so dass es deutlich wird, dass das Photo gestellt ist, um damit das Neue nicht nur zu entschärfen, sondern zugleich in Komik umzuformen und auf diese Weise die Spannung, die durch den Rollentausch aufgebaut wird, durch Lachen abzubauen.

Panorama und Jahrmarktskino: Mimesis und Simulation

Ein Erlebnis besonderer Qualität sind optische Rummelplatzattraktionen wie das Panorama und das Jahrmarktskino, das heute oftmals in abgewandelter Form als „Simulator“ fungiert.

Der Vorläufer der Bildprojektionen auf dem Rummel ist in den schaurig-schönen Bildgeschichten der Moritatensänger zu sehen. Hier werden auf großen Plakaten Szenen der besungenen Geschichte dem Publikum gezeigt; untermalt werden diese Vorführungen häufig durch Drehorgelmusik.[144] Der Erfolg dieser doch eher schlichten Darbietung gründet dabei in der Bildarmut der einfachen Bevölkerung, die oftmals – außer wenigen religiösen Bildnissen – keine eigenen Bildquellen besitzt. Dadurch erfüllen diese Attraktionen neben ihrer Funktion als Nachrichtenmedium auch die Sehnsüchte der Besucher nach bildlichen Darstellungen.[145]

Die Geschichte der technischen Bildprojektion nimmt ihren Ausgang bei der 1671 von Jesuitenpater Athanasius Kircher beschriebenen Laterna Magica. Die Laterna Magica ist ein früher Projektor, bei dem bunt bemalte Glasbilder vor eine Lichtquelle geführt werden, so dass die Bilder an eine Wand projiziert werden können.[146] Indem mehrere Bilder

144 Oftmals brechen diese vorgetragenen Geschichten mitten in der Handlung ab, um das Publikum, das gespannt auf den Fortgang der Geschichte ist, dazu zu verleiten, die Moritatenhefte zu kaufen, in denen die ganze Handlung erfasst ist.

145 Vgl. Michael H. Faber: „Jahrmarktskino. Seine Geschichte“ , Teil 1, Kirmes und Park Revue 10/97, 1997. S. 34-37. Eine fünfteilige Serie zum Jahrmarktskino wurde in der Kirmes und Park Revue abgedruckt: Michael H. Faber: „Jahrmarktskino. Seine Geschichte“ , Teil 1, Kirmes und Park Revue 10/97, 1997, S. 34-37, Ralf Schmitt/Michael K. Bonhoff: „Jahrmarktskino. Seine Geschichte“, Teil 2, Kirmes und Park Revue 11+12/97, 1997, S. 54-57, Ralf Schmitt/Michael K. Bonhoff: „Jahrmarktskino. Seine Geschichte“, Teil 3 Kirmes und Park Revue 1+2/98, 1998, S. 46-50, Ralf Schmitt/Michael K. Bonhoff: „Jahrmarktskino. Seine Geschichte“, Teil 4, Kirmes und Park Revue 3/98, 1998, S. 26-28 und Ralf Schmitt/Michael K. Bonhoff: „Jahrmarktskino. Seine Geschichte“, Teil 5 Kirmes und Park Revue 4/98, 1998, S. 22-27.

146 Eine frühe Abbildung stellt den Teufel dar, woraus sich auch der Begriff der „Schreckenslaterne“ ableitet.

übereinander geschoben werden,[147] wird bereits so etwas wie ein bewegtes Bild erzeugt. Beliebte Szenen sind neben humorvollen Abbildungen technische Errungenschaften, wie etwa eine Eisenbahn auf einer Brücke.

Eine technische Neuerung der Bildprojektion stellen die Guckkästen dar. In diesen Kästen kann der zahlende Kunde farbige, teils stereographische Szenen vergrößert bestaunen. Diese technische Apparatur, die zum ersten Mal so etwas wie räumliches Sehen ermöglicht, korrespondiert mit den entstehenden Jahrmarktspanoramen, die verkleinerte Ausführungen der stationären städtischen Panoramen sind. In einem Panorama wird für den Besucher mittels einer durchgängig konstruierten Zentralperspektive die Illusion eines realistischen Sehens einer bestimmten Szenerie, etwa einer Landschaft, erzeugt. Die Blütezeit dieser Panoramen ist das 19. Jahrhundert. Stefan Oettermann sieht die Vorläufer dieser Kunstfertigkeit in der sakralen und profanen Deckenmalerei des Barock.[148] Die Zentralperspektive bezieht den Betrachter mit in das Bildgeschehen ein, indem der Betrachter durch die perspektivisch korrekte Konstruktion „in“ das Bild hineingezogen wird. Indem jetzt mehrere Einzelbilder aneinandergereiht und in einem Rundkreis gefertigt werden, lässt sich ein 360 Grad Blick in eine Landschaft erzeugen. Da jedes Einzelbild für den Betrachter ein perspektivisch korrektes Augenbild erzeugt, erzeugt ein Rundbild zugleich eine theoretisch unbegrenzte Menge an Augenbildern.[149] Diese „Demokratisierung“ der Perspektive schafft zugleich die Voraussetzung zur Öffnung dieses Bildmediums einer breiten und zahlwilligen Kundschaft.

Die Panoramen sind meist stationäre Veranstaltungen, die teils sogar in extra dafür errichteten Gebäuden präsentiert werden und sich doch deutlich von den Jahrmarktspanoramen unterscheiden, die eher perspektivischen Bilderschauen gleichen. Die Jahrmarktspanoramen kombinieren unterschiedliche optische Vorrichtungen, wie Durchscheinbilder (Dioramen) oder die Laterna Magica, zu effektvollen Gesamtensembles. Die Faszination der perspektivischen Betrachtung im Panorama wird auf dem Jahrmarkt nach der Erfindung der Photographie durch stereoskopische Photographien ergänzt.

147 Eine Besonderheit stellen „Chromatope“ dar, hier können mit geometrischen Mustern bemalte Scheiben über einander gedreht werden, so dass ein bewegtes kaleidoskopartiges Vexierbild projiziert wird.

148 Oettermann: „Panorama“, S. 20-24.

149 Ebd. S. 26 daraus: „Wenn nun jedem Augenpunkt auch ein Betrachterstandpunkt zukommt, so heißt das für das Panorama einmal, daß alle Betrachterstandpunkte gegenüber dem Horizont in eins fallen, zum anderen, daß im Panorama, das über unendlich viele Augenpunkte verfügt, auch – theoretisch – unendlich viele Betrachter das sie umgebende Bild unverzerrt anschauen können.“

Ende des neunzehnten Jahrhunderts neigt sich die Hochzeit dieser Attraktion ihrem Ende zu – bedingt durch das Aufkommen des bewegten Bildes im Film. 1895 führen die Gebrüder Skladanowsky in Berlin ihr „Bioskop“ vor und zeigen kurze Filme. Nur kurze Zeit später treten die Brüder Lumiére mit ihrem „Cinematographen“ an die Öffentlichkeit,[150] damit beginnt die Stunde der bewegten realistischen Bilder. Bereits nach kurzer Zeit tauchen die ersten Filmvorführungen auf den verschiedenen Festplätzen auf und erregen großes Aufsehen.[151]

> Unter den Besuchern erhob sich wahre Panik, als sie auf der Leinwand eine Lokomotive mit Volldampf heranbrausen sahen, die immer näher kam und sich zu einem todbringenden Ungeheuer vergrößerte. Die Anwesenden begannen zu schreien, und die Zuschauer auf den vorderen Plätzen nahmen in wilder Flucht Reißaus.[152]

Bei diesen Darstellungen wird die naturgetreue Nachbildung der Wirklichkeit, wie sie idealtypisch im Panorama vorgeführt wird, durch das bewegte Bild so real, dass sich hier für die Zuschauer die Mimesis in eine reale andere Wirklichkeit potenziert, wenn man so will in die Kategorie der Caillois'schen Mimicry. Gleichzeitig sind hier immer noch Versatzstücke einer „realen“ Vorlage präsent, wenn auch losgelöst von Raum und Zeit.

Diese anfänglich eher auf das Spektakuläre ausgerichteten Filme, die oft nur wenige Minuten dauern, wandeln sich mit dem Entstehen einer Filmbranche zu epischen Geschichten. Diese Filme wiederum werden unter anderen Produktionsbedingungen hergestellt und über neu entstehende Vertriebswege wie dem Filmverleihsystem vertrieben. Die damit entstehenden höheren Anschaffungskosten amortisieren sich nur, wenn der Kinematographenbesitzer entweder in Ballungszentren vorführt oder damit auf Reisen geht.[153] Ist letzteres der Fall, werden die Filme teilweise in Gaststätten und Versammlungsräumen vorgeführt – oder auf dem Jahrmarkt.

Um die Jahrhundertwende des neunzehnten Jahrhunderts kommt es zu einem regelrechten Boom der Jahrmarktskinos, die jetzt miteinander wetteifern und sich durch ein buntes Rahmenprogramm voneinander ab-

150 Horst Knietzsch: „Filmgeschichte in Bildern“, Henschel Verlag, Berlin, 1984, S. 9-14.

151 Michael Faber: „Die Ankunft des Eisenbahnzuges. Varieté und Schausteller als Wegbereiter des Kinos“, in: Landesmuseum Koblenz: „Odeon – Scala – Capitol. 100 Jahre Kino“, Selbstverlag des Landesmuseums Koblenz, Koblenz, 1995, S. 19-38.

152 Faber: „Jahrmarktskino. Teil 2“, S. 55.

153 Vgl. Eberstaller: „Schön ist so ein Ringelspiel“, S. 88-95.

zusetzen suchen.[154] Neben der Darstellung von technischen Errungenschaften, Militärparaden, Reportagen und humorvollen Szenen umfasst das Programm auch spezielle erotische Filme, die abends gezeigt werden. Dieses Jahrmarktskino verschwindet langsam mit dem Entstehen einer gehobenen stationären städtischen Kinokultur.

Aber das Jahrmarktskino verschwindet nicht völlig von der Bildfläche.[155] 1975 stellt in den USA eine Gruppe von Geschäftsleuten ein neuartiges 180-Grad-Kino vor. Bei dieser Art des Kinos wird ein Film, der mit einem Fischaugenobjektiv aufgenommen wurde, von einem Projektor projiziert, der gleichfalls mit einem Fischaugenobjektiv versehen ist, und auf eine riesige, von der Innenseite der Außenkuppe gebildeten, gewölbten Bildfläche geworfen. Gezeigt werden Auto- und Hubschrauberverfolgungsszenen. Aufgegriffen wird diese Idee von Fred Hollingsworth, der dieses System speziell für Schausteller weiterentwickelt.

Über ein geschicktes Vertriebs- und Lizenzierungssystem erleben in Europa die ersten 180-Grad-Kinos auf den Festplätzen ihre Premiere. Die Besucher wie die Presse stürzen sich auf diese Attraktion, wie einem damaligen Pressebericht zu entnehmen ist.

Zu den interessantesten und aufregendsten Attraktionen auf dem Schützenfest '78 zählt sicherlich das Cinema 180, ein Kino mit einer 180 Grad-Leinwand, die 25 Meter breit und 12 Meter hoch ist. Die Zuschauer stehen mitten im Filmgeschehen und erleben die rasende Fahrt in einer Achterbahn, ein Cowboy-Rennen, fühlen sich in die Person eines Piloten versetzt, der einen Looping dreht, lernen die Niagarafälle und den Grand Canyon aus der Kanzel eines Hubschraubers kennen. Durchrasen amerikanische Schnellstraßen und halten den Atem an, wenn die Kamera erst im letzten Augenblick vor einer Straßenbahn in San Francisco oder vor einem Auto stoppt. Dies alles kann man an einem einzigen Ort, binnen 15 Minuten, in denen man sich nicht einmal von der Stelle bewegt erleben. Das heißt – man bewegt sich doch. Man kippt nach vorn, wenn die Straßenbahn kreischend bremst. Man wird nach links und rechts geschleudert, wenn ein Rennboot seine schnellen Kurven nimmt. Man hüpft ein wenig hoch, wenn die Achterbahn in die Tiefe stürzt. Dies alles geschieht reflexartig, vollkommen gegen den eigenen Willen. Man ist ein Opfer der allereinfachsten optischen Täuschung.[156]

154 Ihre Energie bezogen diese Kinos durch spezielle Lokomobile, mobile Dampfmaschinen, die einerseits als Zugmaschine, andererseits aber als Generatoren die nötige Energie lieferten. Vgl. „Jahrmarktskino. Teil 3", S. 46-48.

155 Mit dieser Etablierung des Kinos entstand zugleich ein Starkult, der jetzt wiederum Einfluss auf den Jahrmarkt ausübte, als das jetzt Filmszenen oder Portraits bekannter Schauspieler zur Dekoration der verschiedensten Geschäfte genutzt wurden.

156 Schmitt, Bonhoff: „Jahrmarktskino. Teil 5", S. 24.

Bedingt durch den Boom dieser Attraktion kommt es recht schnell zu einer Sättigung des Publikums, das nach noch spektakuläreren Attraktionen verlangt. Diese Neuerung entsteht mit dem 3D-Kino.[157] Mittels stereoskopischer Aufnahmetechnik ist es jetzt möglich, den Zuschauer, der eine besondere Brille trägt, mitten in das Geschehen zu versetzen. Kombiniert werden diese Kinos in der Folge mit beweglichen Bodenplatten, so dass der Zuschauer noch realistischere Eindrücke gewinnt. Verstärkt wird dieser Eindruck durch Ventilatoren, Luft und Wasserdüsen, wie dies etwa auf dem noch aktuell reisenden „Sensorium"[158] erfahrbar ist.

Technisch nur eine verkleinerte Variation, inhaltlich jedoch eine neue Qualität besitzen die vielen unterschiedlichen Simulatoren.[159] In diesen Geschäften sitzt man in einem U-Boot oder einem Flugsimulator und erlebt waghalsige Manöver. Was das wirklich neue dieser Attraktion ist, ist, dass hier nicht mehr der Realität entnommene Szenen gezeigt werden, die sich auf ein reales Vorbild beziehen, sondern die komplette Szenerie durch einen Computer generiert wird.

Abbildung 25: Photographie: Simulator (Bild: C. Puttkammer)

Das Kino tritt hier in das Baudriallard'sche Paradigma der Hyperrealität ein,[160] einer Realität, die nicht mehr mimetisch ein Vorbild abzubilden

157 Lepold: „Freiburger Messe", S. 120.

158 Andre Blunck: „Sensorium. Wahrnehmung aller Sinne", in: Kirmes und Park Revue, 1+2/97, 1997, S. 46-48.

159 Zur Geschichte der Simulatoren vgl. Andre Blunck: „Simulatoren. Illusionsspektakel mit Zukunft", in: Kirmes und Park Revue 8/96, 1996, S.18-22.

160 Jean Baudrillard: „Der symbolische Tausch und der Tod", Matthes & Seitz, München, 1991, S. 112-119.

versucht, sondern eine völlig künstliche Wirklichkeit erschafft. Dabei wandelt sich die Mimesis, die naturidentische Abbildung, unter der Prämisse einer potenzierten Rauschvermittlung zur hyperrealen Simulation und bleibt dennoch immer in der Caillois'schen Kategorie der Mimicry verhaftet.

Rauschspiele (Illinx)

„Illinx" ist die letzte der vier Kategorien. Hierunter werden alle Spiele zusammengefasst, bei denen der Spieler versucht, sich in einen Rausch zu versetzen,

> und deren Reiz darin besteht, für einen Augenblick die Stabilität der Wahrnehmung zu stören und dem klaren Bewusstsein eine Art wollüstiger Panik einzuflößen. Es geht hier stets darum, sich in einen tranceartigen Betäubungszustand zu versetzen, der mit kühner Überlegenheit die Wirklichkeit verleugnet.[161]

Im Begriff des „Illinx", welches Caillois vom altgriechischen Wort „illingos" für ‚Wasserstrudel' ableitet, ist bereits die Grundstruktur dieser Art Spiele beschrieben: Es ist das Vergnügen, das Kinder haben, sich ihre Sinne durch ständige Drehbewegungen zu irritieren. Diesem Zweck dienen auch die verschiedenen Konstruktionen wie Schaukeln, Rutschen oder Karusselle. Diese Technik des Austritts aus der gewohnten Wirklichkeit findet sich für Caillois in den monoton kreisenden Tänzen der Derwische wieder. Aber neben dem Taumel und dem Kreiseln finden sich in der menschlichen Kultur noch weitere Techniken, mittels derer auf den Organismus eingewirkt wird, um in diesem angenehm panische Schockmomente hervorzurufen, welche den Zugang zu einer anderen Wirklichkeitsebene ermöglichen. Caillois zählt hier neben dem Tanz und dem Alkohol auch die Geschwindigkeit[162] auf, mittels derer auf den Körper eingewirkt wird, um diesen Zustand zu erreichen:

> Ein Vergnügen derselben Art ziehen sie aus dem Rausch einer äußersten Geschwindigkeit, wie er z. B. beim Skilaufen, Motorradfahren oder einem offenen Wagen empfunden wird. Um derartigen Sensationen die Intensität und Brutalität zu verleihen, die nötig ist, den Organismus der Erwachsenen zu betäuben, musste man gewaltige Maschinerien erfinden. Es ist also nicht erstaun-

161 Ebd., S. 32.
162 Ebd., S. 32-36.

lich, daß man eigentlich erst das Industriezeitalter abwarten mußte, um den Rausch wirklich zu einer Kategorie des Spiels werden zu sehen. Durch tausend umbarmherzige, auf den Jahrmärkten und in den Vergnügungsparks aufgestellte Apparate wird er seither einer gierigen Menge dargeboten.[164]

Die Rauschspiele stellen die variantenreichste Gruppe auf dem Jahrmarkt dar. Zu dieser Gruppe kann man alle Attraktionen zählen, die durch massive Körpereinwirkung die Wirklichkeitswahrnehmung der Besucher manipulieren.

Schaukeln: Phantasie

Die Grundbewegung des Hin- und Herschaukelns gleicht dem Ablauf jeder Schaukel. Das Grundprinzip (Brett, zwei Seile, stabile Querstange) ist so schlicht, dass Dering zufolge Schaukeln zu den am meisten verbreiteten Spielgeräten gehören[165] und nicht nur von Kindern, deren Sphäre das Gerät zugeordnet ist, sondern gleichermaßen auch von Erwachsenen genutzt werden. Es gibt zwei Antriebsprinzipien, die auch aus dem kindlichen Spielplatzspiel bekannt sind: Eigenbewegung oder Fremdbewegung. Beide Prinzipien finden wir auch bei den Rummelplatzschaukeln. Die eine Gattung stellen die Schiffschaukeln dar; hier befinden sich die Fahrgäste in einer bootsähnlichen Gondel und bringen sich selbst in Bewegung. Bei manchen Geschäften sind sogar Überschläge möglich.

Abbildung 26: Postkarte: Schiffschaukel, 1903

163 Ebd., S. 32.
164 Ebd., S. 35.
165 Vgl. Dering: „Volksbelustigungen“, S. 49.

Eine zweite Gattung stellen Schaukeln dar, die durch Fremdenergie in Bewegung gebracht werden. Hier gibt es mehrere unterschiedliche Formen. [166] Die Grundform findet sich in der Wiener „Hutschmaschine“, eine Schaukel in der Form eines Schiffskörpers, die über 30 Personen aufnehmen kann. Diese Schaukel ist auf Rollen gelagert und wird von Helfern an langen Seilen in Bewegung gebracht. Aus diesem Geschäft entwickeln sich die Riesenschaukeln. [167] Diese Schaukeln haben mit der Gestalt und dem Aufbau der Hutschmaschine nicht mehr viel gemein. Die Chaise ist überdimensioniert und bietet jetzt mehreren dutzend Fahrgästen Platz. Bei manchen modernen Vertretern wird die Plattform am Ende des Auslegers sogar durch eine drehbare Scheibe ersetzt.

Auch von den so genannten „Käfigschaukeln“ wird das Schaukelprinzip aufgegriffen und grundlegend verändert. Die Fliehkräfte als Antriebsform werden hier vollständig durch Maschinenkraft ersetzt. Bei diesen Geschäften befindet sich die vollständig vergitterte Gondel seitlich an einem Arm, der durch ein Antriebslager maschinell steuerbar bewegt wird. Dies hat einen völlig anderen Fahrablauf zur Folge, es sind jetzt mehrere Überschläge möglich, aber (und das ist das Besondere) die Bewegung kann „eingefroren“ werden: die Gondel bleibt zum Beispiel Überkopf stehen oder kehrt plötzlich beim Abschwung die Richtung um.[168]

Die Kirmesschaukel hat durch Hans Albers ihre populärkulturelle Würdigung erhalten. In seinem Lied „Komm auf die Schaukel, Luise“ spricht er nicht nur den Reiz der Jahrmarktsschaukel an, sondern das Lied gibt auch einen Hinweis für eine Erklärung dieses Spielgerätes.

---

166 Eine Besonderheit stellen die Hexenschaukeln dar. Dies sind Fahrgeschäfte, die sich innerhalb eines Gebäudes befinden und durch das Drehen der Innenwände dem Fahrgast das Gefühl eines sich überschlagenden Raumes bieten. Unterstützt wird diese Simulation durch ein leichtes Schaukeln der Sitzbänke. Vgl. Michael Bonhof, Ralf Schmitt: „Hexenschaukel. Comeback einer Illusion“, in: Kirmes und Park Revue 5/97, 1997, S. 18-20.

167 Andre Blunk: „Piraten. Die Freibeuter aus Bremen“, in: Kirmes und Park Revue, 5/97, 1997, S. 22-24.

168 Vgl. Dering: „Volksbelustigungen“, S. 113-116 und speziell zu den Überkopfschaukeln erschien in der Kirmes und Park Revue eine Serie: Ton Koppei, Michael Bonhoff: „Loopingschaukeln. Sturzbomber und Co.“, in: Kirmes und Park Revue 10/98, 1998, S. 46-49, Teil 2: Ton Koppei, „Loopingschaukeln. Ranger und Isarfloss“, in: Kirmes und Park Revue 11/98, 1998, S. 46-49 und Teil 3: Ton Koppei: „Loopingschaukeln. Der Doppelranger“, Kirmes und Park Revue, 12/98, 1998, S. 30-33.

Komm auf die Schaukel, Luise!
Es ist ein großes Plaisir.
Du fühlst dich im Paradiese
und zahlst nur 'nen Groschen dafür. –
Ach – Komm auf die Schaukel, Luise,
ich schaukel dich her und hin
und zeig dir nachher auf der Wiese,
Luise, wie gut ich dir bin.
Auf der Schaukel schweben,
das ist wie im Leben,
macht Spaß und macht bange
und dauert nicht lange.
Mal rauf und mal runter,
bißchen Schwindel mitunter,
da ist es das Beste,
's hält einer dich feste![169]

Hans Albers' Lied verweist auch auf zwei eng miteinander in Beziehung stehende Momente. So wird der Akt des Schaukelns als symbolischer Kopulationsakt gedeutet, wobei der Bezug auf ein paradiesisches Gefühl mehr ist, als nur eine rein qualitative Preisung der eigenen sexuellen Leistungsfähigkeit. Hinter diesem Verweis verbirgt sich vielmehr eine Phantasie, die in der Psychologie als narzisstischer Regress gedeutet werden kann: Die Vorstellung einer Einheit des Kindes mit seiner Umwelt, was als paradiesischer Zustand vorgestellt wird. Dabei wird hier nicht allein die Verschmelzung mit einem Sexualpartner thematisiert, sondern – wenn man die wiegende Bewegung der Schaukel mit in diese Interpretation hinzunimmt – wird eine Szenerie einer pränatalen Einheit des noch ungeborenen Kindes im Mutterleib kenntlich. Es wird letztlich durch eine eindeutige sexuelle Bezugnahme ein primärnarzisstischer Regress überdeckt. Das Merkmal dieses Reizes ist ein omnipotentes Ganzheitsgefühl. [170]

169 OLEO: http://www.oleo.tv/lyrics/hans-albers/komm-auf-die-schaukel-luise/ [Stand 01.12. 2005].

170 In dieser Ambivalenz steht auch der voyeuristische Blick der Zuschauer auf der Abbildung 26, welche nicht nur den scheinbar zufälligen Blick auf das unbedeckte Frauenbein suchen, sondern zugleich im Blick unter den Rock sich zurück in den Mutterleib imaginieren, einen Ort, in dem mit dem Zusammenfall von Eigenem und Fremdem auch zugleich die eigene Subjekthaftigkeit verlustig geht und damit als Folge auch das Wissen um die eigene Endlichkeit.

Karussell

Das Kirmeskarussell[171] ist neben dem Riesenrad und der Achterbahn, eine der Attraktionen, die gleichsam metonymisch für die Kirmes oder den Jahrmarkt eingesetzt werden. Betrachtet man dic Karussellformen, die man auf dem Jahrmarkt antrifft,[172] so stehen hier neben klassischen Formen wie dem Pferdekarussell, oder dem Kettenkarussell auch Fahrgeschäfte, deren komplexer Fahrablauf kaum noch an die beschauliche Kreisfahrt dieser beiden Urformen erinnert.[173] Fahrfiguren, die sich durch mehrfach überlagerte Kreisformen ergeben, dazu noch Drehungen nicht mehr nur in der Vertikalen, sondern auch in der Horizontalen, oftmals beide Drehachsen kombiniert, all dies erinnert kaum noch an das betuliche Dampfkarussell der Jahrhundertwende.[174] Versucht man diese Karusselltypen zu systematisieren, so bietet es sich an, hier über die unterschiedlichen fahrtechnischen Besonderheiten zu unterscheiden, wie es auch vom Schaustellerhandbuch dargestellt wird. Es kann somit in Bodenkarusselle, unter denen man das Pferdekarussell, sowie viele Kinderkarusselle zusammenfasst, und in Kettenflieger und Wellenflieger, also die klassischen Kettenkarusselle, unterschieden werden. Die moderneren Formen werden über ihre Fahrweise unterschieden in Rundfahrgeschäfte, in Hochfahrgeschäfte[175] und in Rund- und Hochfahrgeschäfte.

Bodenkarussell: Kindheit

Unter einem „Karussell“ versteht man im Allgemeinen eine ‚sich im Kreise drehende Rundfläche mit Reit- oder Fahrsitzen als Volksbelustigung auf Jahrmärkten‘.[176] Eine andere Bezeichnung hierfür ist „Ringelspiel“ oder auch „Reitschule“. Diese historische Referenz wird durch die Herleitung des Wortes „Karussell“ gestützt, da mit dem französischen Wort „corroussel“ – wie dies Florian Dering herausarbeitet – ein Ritterfest mit Turnierspielen und eben dem oben genannten Ringstechen ur-

---

171 Zur Geschichte dieser Attraktion vgl. Ramus: „Wie alles begann“.

172 Frederick Fried: „A Pictoral History of the Carousel“, Barnes and Company, South Brunswick, 1978.

173 Vgl. Florian Dering: „Volksbelustigungen“, S. 27-46.

174 Einige schöne Abbildungen von historischen Karussells, die mit einer Dampfmaschine angetrieben werden findet sich in: Anthony Burton: „Dampfmaschinen. Veteranen der Technik“, Bechtermünz, o. O., 2000, S. 82-107.

175 Diese Bezeichnung orientiert sich am Schausteller Handbuch 2000. Man kann aber auch Achterbahnen als Hochfahrgeschäfte bezeichnen, da hier die Bahn anfangs hochfährt.

176 Vgl. Wahrig. Deutsches Wörterbuch, Gütersloh, 2003.

sprünglich bezeichnet wird. Die tiefere Wortherkunft liegt Dering zufolge im Dunkeln; das Wort „corroussel“ könnte sowohl aus dem Italienischen stammen und sich aus „gara“ (‚Streit‘) und „sella“ (‚Sattel‘) zusammensetzen als auch auf den arabischen Ausdruck „kurradsch“ (‚Spiel mit Pferden‘) zurückgehen.[177]

Auf die mittelhochdeutsche Verwendung als Ritterspiel weist die Abbildung 27 zum „Ringlispiel, 1908“ hin. Hier lehnt sich ein Fahrgast aus dem Karussell und greift nach einem kleinen Ring. Dieses „Ringlispiel“ bei dem der Fahrgast eine Freifahrt gewinnt, wenn er den Ring erhascht, zitiert seinerseits die bestimmte Form des Ritterspiels, in welchem die Ritter versuchten, mit ihrer Lanze einen beweglichen Ring zu durchstechen.

Abbildung 27: Postkarte: Ringlispiel, 1908

Unter einem Karussell wird gemeinhin das ‚Pferde- oder Kinderkarussell‘ verstanden. Diese Formen des Karussells entstehen etwa um 1870 greifen aber auf ältere Vorläufer zurück, die weniger aufwendig gestaltet sind und in ihrem Gesamterscheinungsbild noch nicht so geschlossen sind.[178]

Bei einem Bodenkarussell werden auf einer drehbaren Bodenplatte Modellpferde montiert. Diese Platte wird teils durch menschliche Kraft – durch die mitfahrenden Kinder, die im Inneren des Karussells die Platte anschieben – teils durch Dampfkraft betrieben. Kleine mobile Dampfmaschinen treiben das Karussell und oftmals auch noch eine der auf-

177 Vgl. Florian Dering: „Volksbelustigungen“, S. 81-85.

178 Vgl. Zeev Gourarier: „Manéges d’Autrefois“, Flammarion, Paris, 1991, S. 24-28.

wendig gebauten Jahrmarktsorgeln an.[179] Vorläufer dieser Karusselle sind Vorrichtungen, die ursprünglich der Ausbildung und dem Training von Reitern und Jägern dienen, die aber auch zur Belustigung von Hofgesellschaften eingesetzt werden. Im Barock werden diese mechanischen Vorrichtungen optisch und mechanisch verfeinert und als reine Vergnügungsanlagen ausgearbeitet. Ab Anfang des 18. Jahrhunderts taucht diese ursprünglich adlige Belustigung auch im Kontext von Volksfesten auf; zuerst als fest installierte und ab Mitte des 19. Jahrhunderts als mobile Anlage. Hier gibt es zwei Typen: das Bodenkarussell und das Hängekarussell. Bei letzterem werden die Objekte an Stangen oder Ketten an der drehbaren Decke angebracht, bei ersterem auf einer beweglichen Bodenplatte montiert.

Bei der Bestückung dominieren Anfangs Pferde, was zum einen auf die Herkunft des Karussells verwies, zum anderen aber auch die Illusion eines Ausritts zu Pferde herstellt. Damit ist das Karussell nicht nur ein ehemaliges höfisches Belustigungsobjekt, sondern thematisiert auch zugleich idealtypisch die adlige Lebensführung. Man kann hier beispielhaft Hans Neumanns These des absinkenden Kulturguts aufzeigen:[180] Ein Symbol adligen Lebens, das Pferd, wird von unterschiedlichen sozialen Schichten adaptiert, um als Jahrmarktsvergnügen von den nicht privilegierten Schichten in Besitz genommen zu werden.

Die Aufbauten, die vorwiegend im Thüringer Wald hergestellt werden, sind oft verziert und bilden in einer Art „Jahrmarktsbarock" eine Reaktion auf die damals herrschenden Modeströmungen des „Zweiten Rokoko". Neben den Pferden werden aber auch weitere Tiere als Reitobjekte installiert, wie etwa Elefanten, Störche oder Giraffen.[181] Diese hauptsächlich exotischen Tiere bedienen nicht nur die Vorstellungswelt der Besucher, sondern regen zugleich die Phantasie in einer besonderen Form an, wie es denn wohl sei auf einem Elefanten oder einer Giraffe zu reiten und damit populäre Erzählungen erfahrbar nachzuspielen. Später kommen aufwendigere bewegliche Objekte hinzu, die durch unterschiedliche Mechanismen – beispielsweise durch Stangen und Federn – bewegt werden, etwa Pferde oder Gondeln.

Ab der Mitte des 18. Jahrhunderts werden diese Karussellaufbauten durch technische Objekte (wie Eisenbahn, Auto etc.) ergänzt und ersetzt, um auch hier den Besuchern die Illusion eines exklusiven Vergnügens

---

179 Burton: „Dampfmaschinen".

180 Hans Naumann: „Studien über den Bänkelgesang", in: Zeitschrift des Vereins für Volkskunde. 30+31/1921, S. 1-21.

181 Einen guten Einblick in die Aufbauten dieser Zeit gibt der faksimilierte Bestellkatalog für Schausteller von 1887, der vom Essener Markt- und Schaustellermuseum herausgegeben wurde.

zu bieten. Dies ist vergleichbar mit der Praxis Anfang des zwanzigsten Jahrhunderts, als neue Statussymbole in das Alltagsleben der Rummelplatzbesucher treten und Fahrräder, Autos, Motorräder aufmontiert werden.

Diese Objekte stellen als verkleinerte Kopien burleske Stilisierungen der Vorlage dar, welche die wesentlichen Eindrücke verstärken und damit eine Art Karikatur bilden, was zu einer Herabsetzung des vermeintlich „Hohen" im Bachtin'schen Sinne führt. Zugleich führt diese Potenzierung der wesentlichen Elemente auch zu einer Fokussierung des Reizmoments des Ausgangsobjekts. Dies sei am Beispiel des Automobils demonstriert.

Das Erlebnismoment des Autofahrens (die vorbeifließende Landschaft, Fahrtwind etc.), wird zu Lasten des eigentlichen Fahrens, also des Steuerns, aufgewertet. Durch die Kreisbewegung des Karussells wird das Landschaftserleben permanent reproduziert und damit die Flüchtigkeit des Moments, den eine Autofahrt auszeichnet, auf eine gewisse Dauer gestellt.[182] Das Bodenkarussell mit Autonachbildungen bleibt als Rummelplatzattraktion bis heute in seiner (der Zeit angepassten) Grundform bestehen. Als Variation findet sich noch das Etagenkarussell, bei dem eine zweite Etage über die erste eingezogen ist.[183]

Eine ähnliche Bestückung miniaturisierter Formen weisen die Kinderkarusselle auf. Dies sind zum einen die angesprochenen Bodenkarusselle, zum anderen gibt es aber auch so genannte „Schleifen" (auf denen Chaisen ähnlich kleinen Zügen durch Transportketten oftmals in der Form einer liegenden Acht gezogen werden) und seit den siebziger Jahren Kinderflieger (eine miniaturisierte Abwandlung eines Hochrundfahrgeschäfts, in denen Kinder in Fliegern oder Phantasiefiguren sich im Kreis drehen und dabei selbständig die Höhe regulieren können).

Zunächst liegt die (eher undifferenzierte) Vermutung nahe, dass Kinder in einem Kinderkarussell in eine Phantasiewelt einsteigen würden und beispielsweise tatsächlich das Gefühl ausleben würden, beispielsweise Feuerwehrmann zu sein. Erste Risse bekommt dieses vermeintlich harmonische Bild, wenn man weinende und ängstliche Kinder auf Karussellen beobachtet oder Kinder, die sich für ihre Eltern in Pose setzen, den Rest der Fahrt aber relativ lustlos absolvieren.

182 Der Reiz des Steuerns wird in andere Attraktionen ausgelagert, in denen der Besucher eine Runde in einem echten Kraftfahrzeug drehen kann. Zum Beispiel kann der Fahrgeschäftnutzer der „Opel-Avus-Bahnen" selbst steuern. Eine Abbildung dieser Attraktion findet sich in „650 Jahre Hamburger Dom. Das große Volksfest im Norden", o. V., o. O., o. J.

183 Vgl. Florian Dering: „Volksbelustigungen", S. 85-108.

An dem Phänomen des Kinderkarussellfahrens entwickelt Goffman seinen Begriff der „Rollendistanz“[184]. Goffmann versteht unter „Rolle“ das an die entsprechende Position gekoppelte Verhalten der normativen Erwartung. Das Verhalten in dieser Rolle wird als Rollenverhalten bezeichnet. So beschreibt er, dass etwa zweijährige Kinder (aus dem amerikanischen Mittelstand) oftmals durch eine Fahrt geängstigt werden, ja nicht selten das Karussell angehalten werden muss, um die Kinder aus dem Karussell zu nehmen. Hier liegt Goffmann zufolge ein Versagen der Aufrechterhaltung einer Rolle vor. Es ist diesen Kindern aufgrund noch fehlender körperlicher Fähigkeiten noch nicht möglich, die Rolle über einen längeren Zeitraum auszuüben. Mit etwa drei bis vier Jahren „wirft sich [der Reiter] mit vollem Ernst in die Rolle“[185]. Das Reiten ist eine Herausforderung, die das Kind bewältigen kann, und stolz winkt das Kind seinen Eltern. In dieser Phase ist das Handeln des Kindes von einer Realisierung der Rolle bestimmt, es imaginiert sich als Reiter und verhält sich rollenkonform. Goffman bezeichnet dies als Erfassung einer Rolle, wobei diese Erfassung auch das Individuum miteinschließt. Ab etwa fünf Jahren ist das Reiten keine echte Herausforderung mehr, was zu einem lässigeren Reitstil führt, das Kind klopft den Takt der Musik mit oder zieht am Schweif des Pferdes. All diese Handlungen demonstrieren eine Form der „Entschuldigung“, dass man jetzt nicht mehr ein Kind ist, das völlig in seiner Rolle aufgeht, sondern sich davon distanzieren kann, da man etwa über größere körperliche Fähigkeiten verfügt und sich nun nicht mehr mit vollen Einsatz im Sattel halten muss, sondern dass dies die Kleineren, Schwächlicheren tun müssen, ja dass man diese Rollen nur widerwillig einnimmt. Diese Trennung bezeichnet Goffman als „Rollendistanz“.

Ab etwa acht Jahren distanziert sich das Kind völlig von dieser Rolle und ironisiert das kindliche Tun, indem „es als Reittier vergnügt einen Tiger oder einen Frosch“[186] wählt. Mit etwa zwölf führt die Rolle, die männliche Jugendliche einnehmen müssen, zu Konflikten bei einer Kinderkarussellfahrt. Jetzt – so Goffman – fordert der Junge durch wildes „Reiten“ eine höhere Geschwindigkeit, um seinen Mut erneut unter Beweis stellen zu können.

Erwachsene, die auf einem Karussell reiten, entwickeln ein vollkommen anderes Rollenverhalten. Kindliches Verhalten wird nun nach-

184 Erving Goffman: „Interaktion: Spaß am Spiel. Rollendistanz“, Piper, München, 1973.

185 Ebd., S. 119.

186 Ebd. S., 122.

geahmt[187] und ironisiert, indem etwa Außenstehende, die zur Mitfahrt aufgefordert werden, ermahnt werden aber ja die Sicherheitskette zu schließen. Oder das Karussell wird zum Hintergrund für Erinnerungsphotographien. Schließlich gibt es Erwachsene zu beobachten, die die Fahrt dazu nutzen, um auf ihre Kinder aufzupassen und dies auch sichtbar demonstrieren.[188]

Diese ganzen Rollen sind zueinander „situiert" und bilden jetzt gemeinsam mit der mechanischen Basis eine „Einheit". Zu dieser Einheit gehören alle Teilnehmer – auch der Fahrkartenabreißer, der seinen Status, seine Rollendistanz zur Karussellfahrt, dadurch kenntlich macht, indem er waghalsige Manöver auf dem Karussell ausführt und ein scheinbares Desinteresse an der Fahrt ausdrückt. All diese unterschiedlichen Auslegungen der Rollen werden durch das drehende Moment des Karussells zu einem Gesamteindruck verbunden, dem sich weder Fahrende noch Betrachter entziehen können.

Kettenkarussell: Schwindel

Um 1907 entsteht ein neuer Karusselltypus: das Kettenkarussell oder der Kettenflieger. Vorläufer dieses Karussells bilden vermutlich Hängekarusselle, die ähnlich den Bodenkarussellen ausgearbeitet sind, nur dass bei diesen die Aufbauten mit Ketten an der drehbaren Decke angebracht werden. Die einzelnen Aufbauten werden bei vielen Geräten miteinander verbunden, um ein Schwingen der Objekte zu verhindern. Bei den Kettenfliegern wird das Hinausschwingen zum zentralen Fahrmoment erhoben, wohingegen die Aufbauten eher schlicht ausgeführt sind: oftmals einfache Sitze mit einer Schutzkette und einige wenige Gondeln, die für die weiblichen Fahrgäste vorgesehen sind.

Ab etwa 1907 entstehen aufwendigere Typen des Kettenfliegers, bei denen die Objekte jetzt nicht mehr schlichte Sitze sind, sondern Flugzeugen und Luftschiffen nachempfunden werden. Auch hier wird ein Zusammenhang zwischen technischen Innovationen (Zeppelin, 1900; Gebrüder Wright, 1903) und Rummelplatzattraktionen deutlich, wobei nicht nur technische sondern auch politische Faktoren Einfluss auf die Gestaltung der Gondeln haben. Nach dem Ende des ersten Weltkriegs werden beispielsweise Fische und Schmetterlinge als Besatzungsteile angeboten. Erst Ende der zwanziger Jahre werden wieder Flugzeuge an-

187 Zugleich wird in diesem Vorgang auch eine idealisierte Kindheit als paradiesischer Zustand fingiert. Zur Kindheit als Vorstellung des Paradieses sei hier auch verwiesen auf Caillois: „Heilige", S. 139.

188 Goffman: „Interaktion", S. 123.

geboten. Dering vermutet die Ursache unter anderem in der Zunahme der Proteste gegen den Versailler Vertrag.[189]

Abbildung 28: Photographie: Kettenflieger

Bei der Karussellgruppe der Flieger bleibt ein analoges Fahrmoment wie bei den Kettenfliegern als Grundbewegung erhalten. Wesentlich aufwendigere Gondeln drehen sich gleichfalls um eine vertikale Antriebsachse, wobei die „Flughöhe", wie bei den Kettenkarussellen ein zentrales Moment bildet und damit die Flieger etwa von den Bodenkarussellen abgrenzt.

Einer der exponierten Vertreter dieses Karusselltyps bildet das Zeppelinkarussell des Schaustellers Hugo Haase. Bei diesem Karussell kreisen vier nachgebildete Luftschiffe um eine nachgebildete Weltkugel. Zum Besteigen konnten diese Gondeln abgesenkt werden. Dieses Karussell bereist unter verschiedenen Schaustellern bis in die sechziger Jahre die deutschen Festplätze. In den siebziger Jahren werden durch technische Neuerungen, wie der Einsatz der Pneumatik für den Karussellbau, neue Formen des Fliegers möglich, bei denen jetzt die Gondeln, die an unterschiedlichen Auslegern befestigt werden, einzeln angesteuert werden können. Bei den so genannten „Jet"-Karussellen, die heute seltener (und dann meist als „Kinderjet") die Festplätze bereisen, können die Kunden die Höhe ihres Fliegers selbst ansteuern. Bei den „Telecombat"-Geschäften können die Fahrgäste ihre Gondel drehen und andere Gondeln mit einem simulierten Maschinengewehrfeuer abschießen.

189 Dering: „Volksbelustigungen", S. 94.

Durch die Einbindung der Fliehkräfte als Erlebnisqualität wird das Fahrerleben zentral gesetzt, wodurch stärker als beim Bodenkarussell Schwindel hervorgerufen wird. Unter „Schwindel" versteht man eine ‚Irritation des Gleichgewichtssinns'. Bei einer Karussellfahrt wird das Gleichgewichtsorgan im Innenohr angesprochen. Das Innenohr (das auch als „Labyrinth" bezeichnet wird) ist ein Teil des Ohres und liegt ungefähr hinter dem Schläfenknochen. Darin liegen sowohl die Gehörnerven als auch das Gleichgewichtsorgan. Das Innenohr gliedert sich in die Gehörschnecke, den Vorhof und drei Bogengänge. Die Hohlräume dieses Organs sind mit einer zähflüssigen Substanz, der Endolymphe, gefüllt. Die Trägheit dieser Substanz ist auch die Ursache dafür, dass einem nach einer Karussellfahrt immer noch eine gewisse Zeit schwindelig sein kann. Im Vorhof und den Bogengängen, die so zueinander liegen, dass alle drei Raumdimensionen (vor/zurück, rechts/links, oben/unten) erfasst werden können, befinden sich winzige Härchen, die auf die Haltung des Körpers reagieren und so Auskunft über die Körperlage geben. Das Gleichgewichtsorgan wird durch winzige Calciumcarbonatkristalle, den Gehörsand, beeinflusst, die sich bei einer Veränderung bewegen und so einen bestimmten Druck erzeugen. Neben dem Innenohr sind auch weitere Sinnesorgane wie die Haut oder die Augen für den Gleichgewichtssinn entscheidend.

Eine Karussellfahrt stellt eine massive Einwirkung auf den Gleichgewichtssinn dar. Durch das Drehen wird das Innenohr irritiert. Der Lärm der Kirmesveranstaltung wirkt auf die Gehörnerven ein und die Fahrt selbst irritiert die Sehgewohnheiten. Die Fahrt provoziert also eine tendenzielle Hilflosigkeit, einen Kontrollverlust durch die Irritation der Gleichgewichtssinne, man könnte hier von einem „Rausch der Reize" sprechen.

Rundfahrgeschäfte: Nähe

Eine Abwandlung des Bodenkarussells stellt die Berg-und-Talbahn dar. Dieses Fahrgeschäft entsteht in den achtziger Jahren des neunzehnten Jahrhunderts und hat sich mit einigen technischen Anpassungen bis in die heutige Zeit erhalten. Bei diesem Fahrgeschäft werden die Chaisen, die an Auslegern angebracht sind, über eine Fahrstrecke geführt, die in der Regel zwei Steigungen und zwei Senkungen enthält. Geführt werden diese Wagen über eine Schiene, auf welcher der Wagen läuft und eine aufregendere und auch wesentlich schnellere Fahrt als die bis dahin bekannten Rundfahrgeschäfte bietet. In den dreißiger Jahren des zwanzigsten Jahrhunderts wird die Berg- und Talbahn weiter variiert: es werden „Raupenbahnen" (bei denen sich ein Verdeck über die Wagon legt, so dass die Fahrgäste im Dunkeln ihre Fahrt absolvieren) und „Seesturmbahnen“ (bei denen die Chaisen in Schiffsform während der Fahrt gedreht werden können) entwickelt. Diese Formen haben sich bis zum heutigen Tag erhalten.

Eine Neuerung bietet die Kombination von vertikalen und horizontalen Drehungen, etwa bei den sehr populären „Breakdancern“.[190] Bei diesem Fahrgeschäft sind die Gondeln, die Fahrzeuge populärer Autohersteller zitieren (Mercedes, BMW etc.), einzeln auf die Bodenplatte montiert. Diese Gondeln, in denen bis zu vier Personen Platz haben, drehen sich um ihre Horizontalachse. Sobald das Karussell in Bewegung gesetzt wird, kombinieren sich jetzt horizontale und vertikale Drehachsen. Da zudem das Gewicht der Fahrgäste das Schaukelverhalten bestimmt, ergeben sich unvorhersagbare, überraschende und auch daher intensive Fahrabläufe.[191]

Neben dem Drehschwindel bieten die Rundfahrgeschäfte eine besondere Qualität, die sich in dieser Form bei keinem anderen Karusselltyp zeigt. Es sind Maschinen, die die Fliehkräfte dazu nutzen, Intimität

190 Zur Geschichte dieser Attraktion erschien eine Serie in der Kirmes und Park Revue. „Ralf Schmitt: „Breakdance“, in: Kirmes und Park Revue 12/2000, 2000, S. 18-26, Ralf Schmitt: „Breakdance“, Teil 2, in: Kirmes und Park Revue 1+2/2001, 2001, S. 24-32, Ralf Schmitt: „Breakdance“, Teil 3, in: Kirmes und Park Revue 3+4/2001, 2001, S. 42-45.

191 „Abgesehen von zum Beispiel einem Riesenrad oder einem Pferdekarussell, zeichnen sich so gut wie alle Karussells durch überlagernde Bewegungen beziehungsweise Bewegungsabläufe aus. Dabei überlagern sich zwei Rotationen, so dass dadurch eine mathematisch unvorhersehbare Bewegung entsteht. Chaostheorie eben. Die einfachste Konstruktion ist eine runde, sich drehende Scheibe, die nochmals um einen asymmetrisch gelagerten Schwerpunkt rotiert, entweder in die gleiche oder in die andere Richtung. Daraus entsteht der Reiz der Beschleunigungswechsel, ein Nachlassen und Wiederanziehen der Geschwindigkeiten. Das ist der Reiz bei einem Karussell. Ganz extrem zu erleben beim Breakdancer – obwohl sich auch hier die gesamte Bewegung nur in einer zweidimensionalen Ebene abspielt: Das Hauptpodium geht in die eine Richtung, die Gondelkreuze in die andere, und die einzelnen Gondeln sind asymmetrisch frei drehbar angebracht. Dadurch entstehen extreme Kräfte, wenn man komplett von der einen auf die andere Seite des Fahrgeschäfts geschleudert wird. Mathematisch gesehen noch komplizierter wird es, wenn die dritte Dimension, eine dritte Bewegungsebene, hinzugefügt wird wie beispielsweise bei diversen Hochfahrgeschäften.“ Frank Lanfer im Interview.

Abbildung 29: Photographie: Breakdancer

herzustellen.[192] Bei den meisten Karussellen nehmen die Fahrgäste isoliert auf Sitzen Platz, selten können zwei Fahrgäste miteinander in einer Gondel sitzen – und dann oftmals hintereinander. Bei den Berg- und-Talbahnen sitzen die Fahrgäste jedoch nebeneinander auf einer Bank. Wird das Karussell in Bewegung versetzt, so rutscht der innen sitzende Gast meist zwangsläufig durch die Zentrifugalkräfte auf den außen sitzenden Gast, wodurch ein „zufälliger“ gewollter Körperkontakt entsteht

192 Eine Besonderheit, die sich ähnlich wie die Karusselle die Fliehkräfte zunutze macht, ist der „Rotor“. Dieses Fahrgeschäft gleicht einer großen aufrecht stehenden Tonne. Durch die Fliehkräfte bleiben die Menschen, die sich im Inneren dieses Fahrgeschäfts befinden an der Wand „kleben“, so dass der Boden sogar abgesenkt werden kann. Zur Geschichte des Rotors siehe: „Michael K. Bonhoff: „Original Rotor. Entwicklungsgeschichte“ Teil 1, in: Kirmes und Park Revue, 9/96, 1996, S. 36-39, Teil 2 wurde in der folgenden Nummer abgedruckt: „Michael K. Bonhoff: „Original Rotor. Entwicklungsgeschichte“, in: Kirmes und Park Revue 10/96, 1996, S. 20-23. Attraktionen, die sich in ähnlicher Form die Fliehkräfte zunutze machen, sind die verschiedenen Formen des „Round up“ und des UFOs. Bei diesen Fahrgeschäften nehmen die Fahrgäste in vergitterten Kabinen Platz und werden durch die Fliehkräfte so stark an die Rückwand gepresst, dass sich das drehende Fahrgeschäft so weit anheben kann, bis die Fahrgäste sich in der Vertikalen fast parallel zum Erdboden befinden. Eine Beschreibung dieser Fahrgeschäfte findet sich in der Kirmes und Park Revue. Michael K. Bonhoff: „Round Up. Die Zukunft vor 40 Jahren“, in: Kirmes und Park Revue 7/98, 1998, S. 60-66 und Michael K. Bonhoff; „Round Up. De Boer- und Fähtz-Versionen“, in: Kirmes und Park Revue 8/98, 1998, S. 30-37 sowie Ralf Schmitt: „Ufo Stehend in den Himmel“, in: Kirmes und Park Revue 9/98, 1998, S. 34-37.

und damit das komplizierte Regelwerk umgeht, das die Herstellung von Intimität bestimmt.

Hochfahrgeschäfte: Körper

Hochfahrgeschäfte[193] unterscheiden sich von Rundfahrgeschäften durch die Einbeziehung der Höhe als Reizelement. Dies zeichnet allerdings verhältnismäßig viele Fahrgeschäfte aus, so etwa auch das Zeppelinkarussell oder dessen moderne Variante, das Fahrgeschäft „Condor".[194] Betrachtet man die Hochfahrgeschäfte, die im Branchenbuch für Schausteller verzeichnet sind, so kann man als gemeinsames Wesensmerkmal eine horizontale Achse annehmen. Bei fast allen Fahrgeschäften dreht sich eine Chaise, die für mehrere Personen angefertigt ist, um eine Horizontalachse. Bei manchen, wie dem „Nightstyle" oder dem „Top Spin", kann jetzt diese Gondel selbst nochmals um ihre horizontale Achse gedreht werden. Bei diesem Karussell sitzen die Fahrgäste in einer Art riesigem Sofa. Durch die Kombination zweier sich überlagernder horizontaler Drehachsen ist jetzt ein vielgestaltiger Fahrablauf möglich, der wesentlich vom Geschick und Können des steuernden Rekommandeurs abhängt.

Wenn man bei Rundfahrgeschäften den Drehschwindel als zentrale Erlebnisgröße annimmt, so ist dieser an den Körper gekoppelt, auf den massiv eingewirkt wird. Doch wird der Körper bei einer Karussellfahrt nicht nur hinsichtlich wahrnehmungsphysiologischer und -psychologischer Effekte eingebunden, bei Hochfahrgeschäften wird das Körpererleben selbst zum Bezugspunkt. Durch Horizontaldrehungen wird die gesamte Körperwahrnehmung im wahrsten Sinne des Wortes auf den Kopf gestellt. Nun gilt es zu erörtern, weswegen Fahrgäste ihren Körper solch strapaziösen Prozeduren wie einer Karussellfahrt unterziehen.

---

193 Hier folgt die Einordnung der Karusselle dem Schaustellerhandbuch 2000. Eine andere Definition versteht unter „Hochfahrgeschäften" alle ‚Bauten, bei denen etwas hochfährt', also in erster Linie Achterbahnen.

194 Bei dem von der Firma Huss aus Bremen hergestellten „Condor" sind mehrere Gondeln kreisförmig um eine Vertikalachse angeordnet und werden dann langsam drehend bis auf eine Höhe von 35 Metern gebracht, wo sie sich schnell drehend durch die Fliehkräfte auf die Seite legen und das Fahrgefühl eines Fliegers übersteigern. Auch die Fahrgeschäfte wie der „Ranger" (eine Art riesige steuerbare Schiffschaukel, die den Besuchern einen Überschlag nach dem anderen bietet und in Überkopfstellung angehalten werden kann) kann man etwa zu den Schaukeln zählen, wobei es zugleich ein Hochfahrgeschäft ist.

Abbildung 30: Photographie: Nightstyle

Folgt man Volker Caysas[195] Überlegungen zum Funsport, so zeigt sich, dass ein intensives Körpererleben zu einer Art Körperrausch führt. Caysa entwickelt ausgehend von Gebauers These der vier Grundtriebe (Hunger, Durst, Sex, Rausch) ein auf den Nietzsche'schen Dualismus des Apollinischen und Dionysischen gründenden Rauschbegriff. Der Rausch eröffnet die Möglichkeit, Körperlichkeit (und damit letztlich auch die drei Triebe Essen, Trinken, Sex) lustvoll zu erfahren, was zugleich zu einer erneuerten Ursprünglichkeit führt, in der sich Zivilisiertheit aufhebt und zugleich neu gebildet wird. Diese Dimension kann der Rausch nur entfalten, indem er durch eine gegenseitige Miterregung der Individuen zugleich zu einer gemeinschaftsbildenden Kraft wird. Letztlich ist dieses Wechselspiel zwischen Einzelnem und Masse eines der Charakteristika des Rummelplatztreibens. Caysa sieht im Funsport, den eine individuelle an der Lust ausgerichtete Motivation auszeichnet, eine den Rausch- und Ekstaseformen analoge Möglichkeit der Ich-Überschreitung.[196]

Dieser Rausch wird im Funsport am eigenen Körper ausgelebt. Das reflexionslose und zugleich rauschhaft-lustvolle Aufgehen im Rausch verlangt nach Wiederholung und Steigerung, da bereits der zweite Kick dem ersten nicht mehr an Intensität entspricht. Damit gewinnt das olym-

195 Vgl. Volker Caysa: „Körperutopien. Eine philosophische Anthropologie des Sports", Campus, Frankfurt a. M, 2003, S. 102-109 und 114-118, vgl. auch: Horst-Jürgen Gerigk: „Ästhetische Erfahrung als Rauschzustand. Überlegungen mit Rücksicht auf literarische Texte in Orientierung an Kant und Nietzsche", in: Kiesel: „Rausch", S. 237-254, besonders S. 251-252.

196 Caysa: „Körperutopien", S. 116.

pische Motto „höher, schneller, weiter“ nicht nur für den Sport eine neue Nuance, sondern ist ebenfalls das Leitmotto der Karussellentwicklung. Nur neue, wildere und unberechenbarere Fahrabläufe „kicken“ den Fahrgast, der sich in einer gesteigerten und gleichsam unmittelbaren Körperwahrnehmung als Subjekt rauschhaft verliert und entgrenzt.

Hoch- und Rundfahrgeschäfte: Spannung

Ein ganz anderes Fahrgefühl als bei den gerade beschriebenen Rundfahrgeschäften bietet die Krinoline. Bei diesem Fahrgeschäft wird die gesamte Bodenplatte, die an Seilen hängt, die über einen Mast geführt werden, von Hand in Schwingung versetzt. Die Krinoline[197] ist erster populärer Urahn der modernen Hoch-Rundfahrgeschäfte, bei denen horizontale und vertikale Drehachsen kombiniert werden, um neue Fahrabläufe zu ermöglichen und auf diese Weise einer Gewöhnung der Fahrgäste an die Fahrt vorbeugen. Dering unterscheidet diese Fahrgeschäfte in zwei Gruppen.

Bei der ersten Gruppe wird die Bodenplatte samt aufmontierter Gondeln angehoben, bekannte Vertreter dieser Gruppe sind die so genannten „Calypso“-Karusselle. Bei diesen Fahrgeschäften wird die rotierende Bodenplatte angehoben. Auf dieser sind durch Drehkreuze verbunden vier Gruppen mit jeweils vier Gondeln angebracht, die sich in Gegenrichtung drehen. Bei den „Taumlern“, wie etwa dem „Tageda“-Karussell, das auch heute noch Festplätze bereist, wird ein der Krinoline ähnlicher Fahrablauf erzeugt, nur dass hier mittels Pneumatikvorrichtungen eine sich drehende und etwas angehobene Scheibe in unterschiedliche Positionen gebracht werden kann, um die Fahrgäste aus dem Gleichgewicht zu bringen. Bei späteren Vertretern ist die Bodenplatte bis zur Vertikalen (also senkrecht) angehoben wie beim „UFO“ des Herstellers Huss oder bei der „Enterprise“ von Schwarzkopf, bei denen die Fahrgäste aufrecht stehend in Käfigen durch die Fliehkräfte gleichsam festgehalten werden und so am höchsten Punkt waagrecht in der Luft „liegen“.

Die zweite Gruppe zeichnet sich dadurch aus, dass an einem Mast Ausleger angebracht sind, die sich während der Fahrt heben und senken und an denen die Gondeln montiert werden. An diesen befinden sich die Chaisen, die sich bei der Fahrt heben und senken. Die untenstehende

197 Zur Geschichte dieser Attraktion sei hier auf einen Artikel in der Kirmes und Park Revue verwiesen: Andre Blunck: „Krinoline“, in: Kirmes und Park Revue 10/98, 1998, S. 40.

Abbildung zeigt das Fahrgeschäft „Vortex".[198] Dieses Fahrgeschäft befindet sich auf einer anhebbaren Bodenplatte, an zwei Auslegern sind zwei Drehkörper befestigt, an denen die Gondel befestigt ist. Diese Drehkörper können um 360 Grad gedreht werden, so dass ein dreidimensionaler Fahrablauf möglich ist.[199]

Abbildung 31: Photographie: Vortex (bei Nacht)

Bei späteren Entwicklungen werden an den Auslegern weitere Drehachsen angebracht, beispielsweise bei den verschiedenen Polyp-, Krakentypen.[200] Bei diesem Karusselltyp, dessen erste Vertreter Ende der sechziger Jahre auftauchen, sind ähnlich dem Calypso jeweils vier Gondeln kreuzförmig miteinander verbunden, nur dass die Kreuze an anhebbaren Auslegern angebracht sind, die ihrerseits an einem drehbaren Mittelast verankert sind. Bei diesem Karusselltyp verbinden sich jetzt drei sich

198 Ein Portrait dieses Fahrgeschäfts wurde in der Kirmes und Park Revue abgedruckt. Richard Veldhuis: „Vortex. Drehvergnügen aus Italien", in: Kirmes und Park Revue 6/97, 1997, S. 10-13.

199 Hier überschneiden sich die Gruppen der Hoch-Rundfahrgeschäfte mit den Fliegern, wobei man betonen muss, dass sich die Karusselltypen weg von reinen Typen entwickeln, sondern eher Mischformen und Sonderformen bilden, um neue Bewegungsabläufe zu ermöglichen und damit letztlich auch für das Publikum an Attraktivität zu gewinnen.

200 Zur Geschichte dieser Attraktion: Ton Koppei: „Polyp. Von der Spinne zum Klaus-Polyp", in: Kirmes und Park Revue 1+2/98, 1998, S. 42-45; Ton Koppei: „Polyp. Monster 1 & 2", in: Kirmes und Park Revue 3/98, 1998, S. 20-25 und Ton Koppei: „Polyp Von Bakker bis A. R. M.", in: Kirmes und Park Revue, 4/98, 1998, S. 28-51. Zum mythologischen Hintergrund des Kraken, der sich hier als Jahrmarktsattraktion manifestiert. Vgl. Roger Caillois: „Der Krake. Versuch über die Logik des Imaginativen", Hanser, München, 1986.

gegenläufig bewegende Drehachsen mit der Möglichkeit, Höhe als zusätzliches Fahrerlebnis einzusetzen.

Abbildung 32: Photographie: Krake „Happy Monster“

Durch diese verschiedenen Bewegungsabläufe wird der Körper weiteren unterschiedlichen Belastungen ausgesetzt. So steigern sich an manchen Punkten die Fliehkräfte und der Fahrgast wird in seinen Platz gedrückt, wobei ein Mehrfaches seines Körpergewichts auf ihm lastet. An anderen Punkten verringert sich der Druck und der Besucher bekommt das Gefühl aus seinem Sitz gehoben zu werden (was letztlich durch die diversen Sicherheitseinrichtungen verhindert wird).

Da bei den meisten Geschäften der Fahrablauf auch manuell gesteuert werden kann, liegt es auch am Geschick und Können des steuernden Rekommandeurs, den Fahrablauf aufregend zu gestalten. Dies wird weniger durch ein stetes Steigern der Belastung, als vielmehr durch eine abwechslungsreiche Fahrt, bei der ein ständiger Wechsel von Spannungsauf- und -abbau und somit eine permanente Neu-Irritation der Fahrgäste stattfindet, erreicht.

Rekommandeur: Vertrauen

Unterstützt wird das Fahrerleben durch steuerbare Lichteffekte, passende Musik und weitere Effekte wie Trockeneisnebel oder Wasserfontänen. Da der Rekommandeur[201] auch diese Effekte ansteuern kann, kommt ihm eine zentrale Bedeutung zu. Ursprünglich ist der Rekom-

201 Mit Rekommandeur werden aber nicht nur die Karussellsteuermänner, sondern alle Arten von Animateuren auf dem Jahrmarkt bezeichnet. Vgl. Lehmann: „Schaubuden“, S. 12 f.

mandeur ein Anpreiser der verschiedenen Geschäfte (z. B. bei der Losbude), der die Aufmerksamkeit der Rummelplatzbesucher einfangen soll. Bei dem Karussell bildet der Rekommandeur einen integralen Bestandteil des Geschäfts und entscheidet durch die gekonnte Kombination der unterschiedlichen Medien mit über den wirtschaftlichen Erfolg eines Geschäfts. Rekommandiert werden die Geschäfte entweder durch die Inhaber oder durch freiberufliche Rekommandeure, die teils wechselnde, teils feste Engagements haben. Durch ihre Präsenz in der Gesamtwirkung eines Karussells haben sie eine exponierte Stellung inne, sind die Stars des Rummelplatzbetriebs. In Fachkreisen sind sie oft namentlich bekannt und werden wie mediale Berühmtheiten beurteilt und miteinander verglichen.

Abbildung 33: Photographie: Rekommandeurpult

Wesentliches Element einer Fahrt sind die Ansagen der Rekommandeure,[202] die zum einen die Aufmerksamkeit des Publikums auf das Fahrgeschäft ziehen, zum anderen in eine Art Dialog mit den Fahrgästen treten, deren Fahrt durch die unterschiedlichen Sprüche und Bemerkungen des Rekommandeurs strukturiert wird. Die Karussellfahrt führt dazu, dass sich der Fahrgast dem Rekommandeur ausliefert und zugleich während der Fahrt Vertrauen zu einer Person aufbaut, die über Anfang, Ende und Ablauf dieses Erlebnisses bestimmt. Durch diesen Dialog wird der Rekommandeur für die Fahrgäste zu einem Fixpunkt in einer durch den

202 Diese Ansagen werden in neuerer Zeit automatisiert, wie etwa durch die ca. 500 Euro teure Sprachbox der Firma Reiz, die an das Mischpult angeschlossen auf Knopfdruck folgende Sprach-Sound-Jingles ausgibt: „Entzückend, Baby!“ (Kojak); „Ist ja irre!“; „...Genau!...“; „männliches Lachen“; „Fanfare“.

Fahrablauf hervorgerufenen Orientierungslosigkeit, die zu einem Gefühl des Selbstvergessens, zu einer Einheitserfahrung führt.

Mit der Einheitserfahrung und dem beabsichtigten Reflektionsverlust wird Sozialität ausgeschlossen. Mit dem Ausgang aus dieser Erfahrung wird dann Sozialität wieder zugelassen. Eine entscheidende Funktion in dieser Erfahrung, die auch als Initiation bezeichnet wird, spielt der Lehrer, der Schamane, der Priester. Der Schüler vertraut dem Lehrer sein Leben an, dieser Vertrauensakt ist eine notwendige Grundlage um eine Initiation gelingen zu lassen. Nach dem Initiationsakt ändert sich dieses Verhältnis, der Schüler hat die Erfahrung erlebt und tritt in eine neue Lebensphase ein.

Der Rekommandeur wird zu einer Vertrauensfigur, ähnlich einem Schamanen, der die Initiation eines Probanten begleitet, um ihn einer Prüfung zu unterziehen und zugleich Begleiter in diesem Wechsel von einer Phase in die nächste ist. Dies ist letztlich auch der gleitende Übergang zwischen dem Spiel, das lediglich regelgebunden verläuft, und einem religiösen Ritual, das sich oftmals durch die Anwesenheit eines erfahrenen Begleiters auszeichnet.[203]

Überblick über die Karusselle: Flow

Fasst man die bisherigen Überlegungen zur Karussellfahrt zusammen, so zeigt sich dass die Vielfalt der Karusselltypen zwei Anforderungen gerecht werden muss: Es muss eine der jeweiligen Rolle entsprechende Herausforderung bieten, die gekoppelt an eine dem jeweiligen Alter entsprechende körperliche Anforderung ist. Zugleich bildet der Körper ein aktives Erlebnismedium, das ständig nach einem neuen Kick verlangt, um das Gefühl eines ozeanischen Rauschzustandes zu erlangen. Mihaly Csikszentmihalyi beschreibt dieses Erlebnis aus Sicht der Psychologie als „Flow".[204]

Csikszentmihalyi entwickelt seine Theorie intrinsischer Motivation ausgehend von Caillois' Spieltheorie. Als zentralen Begriff entwickelt Csikszentmihalyi den „Flow", dessen Merkmal „das Verschmelzen von Handlung und Bewusstsein ist". Dabei ist sich der Mensch „zwar seiner Handlungen bewusst, nicht aber seiner selbst"[205]. Flow wird hauptsäch-

203 Zum Verhältnis von Spiel und Initiation vgl. Caillois: „Spiele", S. 98-103.

204 Zum Verhältnis von Flow und Spiel siehe: Brian Sutton-Smith: „Die Dialektik des Spiels", Verlag Karl Hofmann, Schorndorf, 1978, S. 44-46.

205 Mihaly Csikszentmihalyi: „Das flow-Erlebnis. Jenseits von Angst und Langeweile im Tun aufgehen", Klett-Cotta, Stuttgart, 1999, S. 56, S. 61 Mihaly Csikszentmihalyi ist Professor der Psychologie.

lich durch autotelische Tätigkeiten, also einer Tätigkeit, die ihren Lohn in sich selbst hat, erzeugt.[206] Neben dem Spiel als „Flow"-Erzeuger nennt Csikszentmihalyi hier religiöse Handlungen.

Am Beispiel solch unterschiedlicher Phänomene (wie dem Schachspiel, dem Bergsteigen, dem Tanzen und nicht zuletzt der Arbeit) weist er nach, dass man bei jeder Tätigkeit, die ihre Ursache im Tun selbst hat, Freude empfinden kann. Maßgeblich ist dabei, dass die Tätigkeit den Ausübenden ausreichend fordert und weder über- noch unterfordert (was zu Angst oder zu Langeweile führt), so dass der Handelnde seine Tätigkeit noch unter Kontrolle hat, so dass dieser seine Tätigkeiten „gedankenlos" ausüben kann. Im Zustand des Flows wird also nicht die physische Ebene, sondern vielmehr eine reflexive psychische Ebene gleichsam ausgeschaltet und ein Zustand tritt ein, der:

> verschiedentlich als „Verlust des Selbst", […] „Verlust des Bewußtseins seiner selbst" oder sogar als „Transzendieren der Individualität" und „Verschmelzen mit der Welt" beschrieben [wurde]. [207]

Auch wenn Csikszentmihalyis Folgerungen aus dem Ergebnis seiner Untersuchungen dahingehend kritisch zu betrachten sind, als dass er den Flow als Strategie zur Konfliktvermeidung im Verhältnis des Arbeitenden zu seiner Arbeit empfiehlt und er sich weg von dem Caillois'schen Spielbegriff hin zu einem behavioristischen bewegt, so ergänzen und verbinden sich doch Csikszentmihalyis Überlegungen, die ihren Ausgang bei Caillois haben, sinnvoll mit dem Goffmann'schen Rollenbegriff und dem Caysa'schen Körperdiskurs. Folglich ist eine Handlung dann lohnend und reizvoll, wenn sie sowohl einem sozialen Rollenbild entspricht, als auch den physischen Körper fordert. Durch das Tun entwickelt sich das Individuum und bildet neben körperlichen Fähigkeiten weitere Fertigkeiten aus. Die Motivation dieses Tuns liegt im Tun selbst und darin, Freude hervorzurufen.

Hinsichtlich der Csikszentmihalyi'schen Prämisse, dass das Individuum sein Tun unter Kontrolle haben muss, dies aber gerade bei einer Karussellfahrt nicht hat, ist darauf zu verweisen, dass durch die Rollendivergenz, die ein Individuum im Laufe seiner Entwicklung absolviert, Fertigkeiten erworben werden. Dies bedeutet konkret im Falle des Karussells, dass eine Gewöhnung an den Schwindel stattfindet, so dass man korrekterweise von einem gewollten, von einem kontrollierten Kontrollverlust sprechen muss.

206 Ebd., S. 56, S. 58-60.
207 Ebd., S. 66.

Jahrmarktsorgeln: Jahrmarktsbarock

Eine sich im Verschwinden befindende Attraktion ist die Jahrmarktsorgel, die auf den heutigen Rummelplätzen durch ihre äußere Gestaltung an den „Jahrmarkts-Barock" vergangener Zeiten erinnern soll, um so ein romantisch verklärtes Bild vergangener Rummelerlebnisse zu erzeugen.

Die Funktion der Jahrmarktsorgel heute als quasi museales Artefakt lässt die vergangene Bedeutung dieses Objektes nur noch erahnen. So erfüllt die Jahrmarktsorgel nicht allein nur die Funktion musikalischer Untermalung, sondern ist zugleich ein Prestigeobjekt der jeweiligen Schaustellerfamilie. Die Orgel ergänzt dabei die entsprechende Attraktion (z. B. ein Rundfahrgeschäft) und wird durch ihre Ausschmückung selbst zu einem Anziehungspunkt, zumal sie oftmals mit beweglichen mechanischen Figuren versehen ist.[208] Mittels ihrer Orgeln konkurrieren mehrere Schausteller um die Aufmerksamkeit des Publikums. Zu den stationären Orgeln gesellen sich auf dem Rummelplatz Leierkastenmänner,[209] die kleine, mobile Drehorgeln bedienen.[210]

Unter einer Orgel versteht man ein „Handgespieltes Musikinstrument mit Klangbildung durch Pfeifen"[211]. Das Vorbild ist Jüttemann zufolge dabei die Kirchenorgel.[212]

Vorläufer der mechanischen Steuerung dieser Instrumente sind die verschiedenartigen Musikapparate, wie etwa die Serinette oder auch Tischspieluhren. Bei diesen Apparaten wird eine sich drehende Walze abgetastet, auf der sich die musikalische Information mittels Erhöhungen befindet. Diese Walzen, auf denen sich die Musik kodiert befindet, können bei manchen Geräten ausgetauscht werden, um auf diese Weise das Repertoire des Apparates zu erweitern. Der Nachteil dieser Art der Speicherung ist neben einem hohen Aufwand beim Erstellen die enge Begrenzung der Datenmenge auf eine Walzendrehung. Außerdem ist es sehr aufwendig, die Walze einer Jahrmarktsorgel zu tauschen, was sowohl den Kraftaufwand als auch den Sachverstand betrifft.

208 Vgl. Florian Dering: „Volksbelustigungen", S. 67-69.

209 Technisch gesehen ist dieser Begriff ungenau, da mit dem Leierkasten eine der Drehleier verwandte Funktionsweise gemeint ist, mit der bereits im Mittelalter Spielleute Musik erzeugten.

210 So entsteht eine musikalische Kakophonie, die dem heutigen elektronisch erzeugten Klangbild eines Jahrmarkts durchaus ebenbürtig sein müsste.

211 Herbert Jüttemann: „Waldkircher Dreh- und Jahrmarktorgeln. Aufbau und Fertigungsprogramme", Waldkircher Verlag, Waldkirch, o. J., S. 17.

212 Ebd. und vgl. auch die Videodokumentation: „Von der Kuckucksuhr zum Orchestrion. Die Geschichte der Waldkircher Musikautomaten", Stadt Waldkirch, 2002.

Abbildung 34: Photographie: Jahrmarktsorgel (Bild: C. Puttkammer)

1892 stellt die damals führende Orgelbaufirma Gavioli eine Orgel vor, die Lochkartons als Speichermedium einsetzt. Bei diesem System, das seinen Vorläufer im Lochbandsystem des Franzosen Claude Felix Seytre findet, wird die Toninformation durch Löcher gespeichert.[213] Um diesen ersten frühen Binärcode abzutasten, werden zwei Verfahren eingesetzt: ein indirektes, bei dem empfindliche Taster über den Karton geführt werden und so die Information ablesen, und ein direktes, bei dem die Luft durch den Karton gelenkt wird und auf diese Weise das Pfeifenregister ansteuert. Der Vorteil beider Verfahren gegenüber der Walzenspeicherung ist eine Steigerung der Datenmenge, ein leichterer Datenaustausch und letztlich eine wesentlich günstigere Erstellung des Datenträgers.

Die ersten Musikautomaten sind von eher leichter Klangfarbe und für den Einsatz in Räumen zur Unterhaltung wohlhabender Gesellschaften vorgesehen. Der Reiz dieser Apparate besteht gleichwohl nicht nur im Erzeugen der Musik, sondern in gleicher Weise im Wie der Musikerzeugung.[214] Das mechanische Zusammenspiel der einzelnen Komponenten, die gleich einem Uhrwerk ineinander greifen, ist gleichsam ein An-

213 Man hat es hier mit einem frühen System digitaler Datenspeicherung zu tun. Vgl. auch Evelyn Flögel: „Automatenträume. Mechanik und Poesie. Eine Kulturgeschichte der Musikautomaten“, Elztalmuseum, Waldkirch, 2005, S. 6-19.

214 Noch deutlicher wird dieses Moment in den Androiden des neunzehnten Jahrhunderts. Automaten, die Menschen nachempfunden sind und sich den Anschein des Lebendigen geben – wie etwa dem Klavierspieler von Jaquet-Droz, bei dem Androiden- und Spieluhrentechnik zu einem Gesamtkunstwerk kombiniert werden. Automates-Anciens: http://www.automates-anciens.com/ [Stand 01.12.2005].

schauungsobjekt mechanischer Gesetzmäßigkeiten, die ihrerseits Ausgangspunkt sozialer und naturwissenschaftlicher Überlegungen sind.[215]

Neben den Kirchenorgeln und den Spieluhren haben die Treiborgeln, die heute oftmals in Heimatmuseen zu betrachten sind, Einfluss auf die Jahrmarktsorgeln. Diese Orgeln, bei denen das Uhrwerk zum Antrieb weggelassen wird und das Pfeifenregister stattdessen durch eine Handkurbel angetrieben wird, werden hauptsächlich in den von den Zentren abgeschnittenen Bergtälern, etwa im Schwarzwald oder im Erzgebirge, hergestellt und besitzen schon früh eine bewegliche figürliche Ausstattung. Teilweise tritt sogar die musikalische Komponente in den Hintergrund oder verschwindet ganz – wie etwa bei den „Buckel-Bergwerken“ aus dem Erzgebirge, die auf Rummelplätzen gezeigt werden, bei denen eine Vielzahl von Figuren unterschiedliche Tätigkeiten verrichten.[216]

Bei der Jahrmarktsorgel werden die Funktionstypen der Spieluhr und der Kirchenorgel kombiniert. Bei der Funktionsweise greifen mehrere Komponenten ineinander: ein Windwerk, das Außenluft ansaugt; ein Ventilsystem, mit dem die Luft zu einen gleichmäßigen Luftdruck ausgeglichen wird und zu den einzelnen Pfeifen gelenkt wird; und letztlich eine mechanische Steuerung, mit der die zu spielende Melodie vorgegeben wird.

Ein häufiges Motiv auf historischen Rummelplatzabbildungen sind die Leierkastenmänner mit ihren Drehorgeln. Im Prinzip gleicht die kleine mobile Drehorgel den großen Schrankorgeln. Ein Pfeifenregister gibt codierte Musik wieder. Aber auch wenn sich die Funktionsweisen gleichen, so verdient der Leierkastenmann als Attraktion eine gesonderte Betrachtung. Der Begriff des Leierkastenspielers mag technisch für einen Drehorgelspieler nicht präzise sein, da ein Leierkasten, ein Saiteninstrument bezeichnet, dessen Saiten durch eine rotierende Scheibe abgetastet werden. Gleichwohl steht der Drehorgelspieler in der Tradition der Leierkastenspieler, die bereits im Mittelalter auf Jahrmärkten anzutreffen waren. Daneben werden diese mobilen Instrumente von umherziehenden Straßenmusikanten aber auch Pilgern zur Bestreitung ihres Lebensunterhaltes verwendet; bekannt ist auch die Ausstattung von Kriegsinvaliden mit einem Leierkasten. Die Leierkastenmänner auf dem Rummelplatz tragen zur erzeugten Musik Geschichten und Moritaten vor. Neben dem Bedürfnis des Publikums nach Blut und Schrecken umfasst das Repertoire auch Stücke, die sich kritisch mit den politischen

215 Es sei an dieser Stelle nur auf die mechanischen Körperbilder Descartes und La Mettries verwiesen. Vgl. Hans-Dieter Bahr: „Über den Umgang mit Maschinen“, Konkursbuchverlag, Tübingen, 1983, S. 456-464.

216 Michael Faber: „Mechanische Bergwerke“, in: Kirmes und Park Revue 8/2001, 2001, S. 38-41.

Verhältnissen ihrer Zeit auseinandersetzen, was durch die figürliche Ausstattung mancher aufwendig gearbeiteter Orgeln unterstrichen wird, in der beispielsweise Napoleon als Symbol freiheitlicher Bestrebungen dezidiert eingesetzt wird und etwa aus einem Sarg wieder aufersteht. Damit ist der Leierkastenmann nicht allein nur ein Geschichtenerzähler, sondern es ist ihm auch möglich, in Form seines Gesangs Kritik öffentlich zu äußern.

Durch die Notwendigkeit, den Lärm auf einem Festplatz zu übertönen, „wachsen" die Orgeln um ein Beträchtliches, was zugleich auch die Möglichkeit eröffnet aufwendigere äußere Gestaltungselemente anzubringen. Anfänglich gleichen die Orgeln eher Schränken. Gegen Ende des neunzehnten Jahrhunderts treten zu den Schrankorgeln Orgeln mit vorgesetzter Ornamentfassade hinzu. Diese Orgeln haben nun solch eine Größe erreicht, dass sie nicht mehr manuell angetrieben werden. So dient etwa bei der Dampforgel eine externe Dampfmaschine, die gleichzeitig das zugeordnete Karussell betreibt, als Antriebsquelle.

Neben diesen Orgeln, die der musikalischen Begleitung einer Karussellfahrt dienen, gibt es Orgeln mit einem etwas feineren Klang, die als eigenständige Attraktion den Zuhörern ein „schönes Konzert" bieten sollen und nicht nur auf Rummelplätzen, sondern auch in den frühen Kinos, Revuen oder etwa Gaststätten aufgebaut werden – eine Art frühe Jukebox.[217]

In ihrer Gestaltung orientieren sich die Orgeln an den vorherrschenden Moden (wie etwa dem Biedermeier) und nehmen in der folgenden Phase des Historismus Anleihen aus der Renaissance und ab 1880 dem Barock und dem Rokoko. Vor allem diese beiden Einflüsse prägen mit ihrer opulenten Formensprache nachhaltig das Erscheinungsbild der Jahrmarktsorgeln, wobei weniger exakte Stilgenauigkeit als vielmehr eine dem Publikum verpflichtete Attraktivität Ausgangspunkt der Gestaltung ist. Daher werden etwa ab 1907 Orgeln mit bunten elektrischen Lichtern versehen, die gleichfalls angesteuert werden und so eine Art früher Lichtorgel bilden. Bei den Dekors herrschen barocke Motive (wie Muscheln, Blätter und Schneckenformen) vor, die teilweise noch mit Putten ergänzt wurden.[218] Neben farbigen Dekors und Schnitzarbeiten

217 Eine Jukebox ist eine Musiktruhe, die auf Knopfdruck Schallplatten abspielt. Die amerikanische Firma Wurlitzer, die noch heute bekannte Musiktruhen für Gaststätten herstellt, stellte ursprünglich Jahrmarktsorgeln her.

218 Eine reich bebilderte Arbeit zu diesem Themenkreis wurde von Geoff Weedon und Richard Ward herausgegeben. Geoff Weedon/Richard Ward (Hg.): „Fairground Art", Abbeville Press, White Mouse Edition, 21985. Vgl. auch: Kosok/Jamin (Hg.): „Viel Vergnügen", S. 122-129.

werden auch mechanische, bewegliche Figuren (Tambourmajor, Dirigent etc.) als Dekorelemente eingebaut, ähnlich den Treiborgeln.

Betrachtet man die Jahrmarktsorgel, so stellt sie in ihrer kulturhistorischen Verwurzelung eine Verbindung, eine Verschmelzung des Mittelalters (durch ihre Entstehung aus der mittelalterlichen Kirchenorgel, in der die Kirchenorgel als Abbild himmlischer Engelchöre ein von Gott bestimmtes Weltbild repräsentiert) mit dem mechanischen Weltbild der Neuzeit dar (das den Mensch als Maschine und die Welt als Uhrwerk ansieht, dem nachvollziehbare Gesetzmäßigkeiten zugrunde liegen). Zugleich wird dieses Objekt auf dem Jahrmarkt außerhalb eines sakralen Raumes präsentiert. Die im sakralen Kontext beheimatete Kirchenorgel wird so im Profanen nur auf das Klangerlebnis hin potenziert und unter ökonomischen Gesichtspunkten rationalisiert.

Unter dem Gesichtspunkt der Kostenfaktoren wird einem sinnlichen irrationalen Gotteserleben ein rationales Ordnungssystem hinzugefügt, das gleichsam das reibungslose Funktionieren gewährleisten soll. Das Bemerkenswerte dieser Konstruktion ist nun, dass die irrationale Erlebnisqualität der Kirchenorgel im profanen Kontext durch die Rationalisierung unter ökonomischen Bedingungen reproduziert werden soll. Auf der symbolischen Ebene spiegelt sich dieses in der gestalterischen Formensprache dessen, was als historische Reminiszenz angelegt ist und sich als „Jahrmarks-Barock“ bis heute erhalten hat.[219] So wird gleichsam die neuzeitlich mechanische Konstruktion im Inneren der Jahrmarktsorgel durch eine in der katholischen Gegenreformation gründenden barocken Formensprache umschlossen.

Diese Formensprache stellt sich Martin Jay zufolge durch ihre „blendende, desorientierende und extatische Bilderflut“ der Cartesianischen Perspektive als Alternative entgegen.[220] Einem koheränten dreidimensionalen Sehen wird ein indifferentes Seherleben entgegengesetzt, in dem Tiefe und Oberfläche verschwimmen, um so einem irrationalen rauschhaften Erleben einen bildlichen Ausdruck zu geben. Auch wenn hier noch Verweise auf den sakralen Ursprung möglich sind, ist doch der neue Kontext dieser Konstruktion zu berücksichtigen: es ist eine Maschine, die den finanziellen Interessen der Betreiber dient. Bemerkenswert ist das Produkt, das diese Maschine erzeugt: es werden sakrale Erlebnismomente reproduziert, die – losgelöst von konkreten theologischen Systemen – den Rausch als metaphysische Erlebnisgröße ermöglichen. Die Jahrmarktsorgel stellt damit sowohl eine Profanisierung sakra-

219 Vgl. Florian Dering: „Volksbelustigungen“, S. 217-218.

220 Martin Jay: „Die Ordnungen des Sehens in der Neuzeit“, in: Tumult. Zeitschrift für Verkehrwissenschaften, „Das Sichtbare“, Boer, München, 1990, S. 51-52.

ler Bestandteile als auch eine Rationalisierung irrationaler Erlebnisqualitäten durch Automatisierung dar.

Rutschen und Achterbahnen

Die Achterbahn (auch „Roller Coaster" genannt) mit ihren oftmals riesigen Ausmaßen ist – neben dem ebenfall optisch prägnanten Riesenrad – eine der Hauptattraktionen und Anziehungspunkte eines Jahrmarkts[221] und zugleich steht die Achterbahn selbst im Zentrum einer Bewegung, welche als „Coastermania" bezeichnet wird und welche die Achterbahnfahrt und die Achterbahn losgelöst vom Kirmes- oder Vergnügungsparktreiben ins Zentrum des Interesses stellt.[222]

Über die Ursprünge dieser Attraktion gibt es unterschiedliche Auffassungen. So sehen Bennet und Lanfer in den riesigen Rutschbahnen, die in den russischen Bergen eingerichtet wurden, die ersten Vorläufer. Dahingegen versteht Dering die Achterbahn ähnlich Rutherford als eigenständige Attraktion. Vermutlich haben beide Entwicklungslinien Einfluss auf die Werdung der Achterbahn – wie dies auch Lanfer belegt.[223] Allerdings liegt zwischen den Eisbergen, den frühen Aussichtsbahnen und den modernen Stahlachterbahnen mit ihren Loopings und Spiralen eine technische Entwicklung, die Einfluss auf die Fahrerlebnisse ausübt.

Im Folgenden werden in gesonderten Unterkapiteln Rutschen, Wasserbahnen, Scenic Railways (Aussichtsbahnen), Holzachterbahnen und die modernen „Thrillrides", die Stahlachterbahnen betrachtet.

---

221 Frank Lanfer: „100 Jahre Achterbahn", S. 88-90, Frank Lanfer veröffentlichte auch in der Kirmes und Park Revue eine Geschichte der Achterbahnen: Frank Lanfer, „Life is a Rollercoaster", in: Kirmes und Park Revue 11/2001, 2001, S. 64-68, Frank Lanfer, „Life is a Rollercoaster", in: Kirmes und Park Revue 12/2001, S. 64-68, Frank Lanfer, „Life is a Rollercoaster", in: Kirmes und Park Revue 58, 2002, S. 72-75, Frank Lanfer, „Life is a Rollercoaster", in: Kirmes und Park Revue 61, 2002, S. 60-63, Frank Lanfer, „Life is a Rollercoaster", in: Kirmes und Park Revue 62, 2002, S. 76-79, Frank Lanfer, „Life is a Rollercoaster", in: Kirmes und Park Revue 63, 2002, S. 78-81. Eine weitere Entwicklungsgeschichte der Achterbahnen wurde von Markus Marbach verfasst: Markus Marbach: „Achterbahnen. Entwicklungsgeschichte (Teil 1)", in: Kirmes und Park Revue 6/96, 1996, S. 28-30, Markus Marbach: „Achterbahnen. Entwicklungsgeschichte (Teil 2)", in: Kirmes und Park Revue 7/96, 1996, S. 26-27 und Markus Marbach: „Achterbahnen. Entwicklungsgeschichte (Teil 3)", in: Kirmes und Park Revue 8/96, 1996, S. 24-27.

222 „Spiegel TV: Mission Nervenkitzel", Vox, 27.05.05.

223 Letztlich gibt es auch Mischformen wie die Wasserachterbahn „Poseidon", die im Europa-Park Rust steht.

Rutschen: Rituale

Im 15. und 16. Jahrhundert werden in den langen Wintermonaten rund um die Städte St. Petersburg und Moskau künstliche Abfahrten zum Teil aus bis zu 70 Fuß hohen Holzkonstruktionen gebaut, die mit Wasser übergossen einer riesigen vereisten Rutschbahn gleichen. Die Fahrt bei diesen Rutschen führt von einem Hügel in Richtung des gegenüberliegenden, so dass der Fahrende noch ein Stück bergauf schliddert. Ab dem 17. Jahrhundert wird statt einer geraden, eine gekrümmte Abfahrtsstrecke eingesetzt, so dass statt eines Winkels eine Kurve entsteht, wodurch die Fahrt gleichmäßiger verläuft. Ende des 17. Jahrhunderts werden kleine Schlitten mit steinernen Rollen eingeführt, die einen Betrieb auch im Sommer ermöglichen.

In der Zeit nach den Napoleonischen Kriegen bringen französische Soldaten diese Konstruktionen mit in die Heimat und so entsteht 1804 die erste Rutschbahn, die nach ihrer Herkunft „Russische Berge" genannt wird. Die Begeisterung der Bevölkerung für diese Attraktion führt zu einer Vielzahl unterschiedlicher Modelle, bei denen oftmals mangelnde Erfahrung oder falsche Berechnung zu schweren Unglücken führen.

Eine der ältesten Rutschen befindet sich noch heute funktionsfähig im Kopenhagener Vergnügungspark „Tivoli". 1817 ersteht eine Rutschbahn auf der Champs-Elysées, die als Urform der modernen Achterbahn angesehen wird. Diese Bahn wird architektonisch mit einem Restaurant verbunden und anstelle des Dachs wird die Bahn integriert. Die Wagons der „Promenades Ariennes" rollen eine geschwungene Strecke nach un-

---

224 Frank Lanfer: „100 Jahre Achterbahn", S. 88-90, Frank Lanfer veröffentlichte auch in der Kirmes und Park Revue eine Geschichte der Achterbahnen: Frank Lanfer, „Life is a Rollercoaster", in: Kirmes und Park Revue 11/2001, 2001, S. 64-68, Frank Lanfer, „Life is a Rollercoaster", in: Kirmes und Park Revue 12/2001, S. 64-68, Frank Lanfer, „Life is a Rollercoaster", in: Kirmes und Park Revue 58, 2002, S. 72-75, Frank Lanfer, „Life is a Rollercoaster", in: Kirmes und Park Revue 61, 2002, S. 60-63, Frank Lanfer, „Life is a Rollercoaster", in: Kirmes und Park Revue 62, 2002, S. 76-79, Frank Lanfer, „Life is a Rollercoaster", in: Kirmes und Park Revue 63, 2002, S. 78-81. Eine weitere Entwicklungsgeschichte der Achterbahnen wurde von Markus Marbach verfasst: Markus Marbach: „Achterbahnen. Entwicklungsgeschichte (Teil 1)", in: Kirmes und Park Revue 6/96, 1996, S. 28-30, Markus Marbach: „Achterbahnen. Entwicklungsgeschichte (Teil 2)", in: Kirmes und Park Revue 7/96, 1996, S. 26-27 und Markus Marbach: „Achterbahnen. Entwicklungsgeschichte (Teil 3)", in: Kirmes und Park Revue 8/96, 1996, S. 24-27.

225 „Spiegel TV: Mission Nervenkitzel", Vox, 27.05.05.

226 Letztlich gibt es auch Mischformen wie die Wasserachterbahn „Poseidon", die im Europa-Park Rust steht.

ten und klinken sich in einen Aufzug ein, von dem sie dann wieder auf die Dachspitze gezogen werden. Aufgrund mehrerer Unfälle wird diese Bahn 1819 verboten.[227] Aber auch die einfacheren Bahnen werden weiterentwickelt, so entstehen riesige Rutschbahnen, wie die des Schaustellers Daggsell, die mit einer Länge von 102 Metern über mehrere Hügel auf kleinen Schlitten herabgefahren werden kann.[228]

Abbildung 35: Postkarte: Rutschbahn, ca. 1904

Aber auch Rutschbahnen, wie wir sie von den Kinderspielplätzen kennen, haben sich noch auf dem Rummelplatz erhalten, nur oftmals in riesigen Dimensionen, wie etwa die „Münchner Rutschn"; bei dieser sausen die Fahrgäste auf mehreren Bahnen nebeneinander eine etwa 15 Meter lange Bahn hinunter. Neben diesen Bahnen entstehen auf den Jahrmärkten Rundbahnen, wie der „Toboggan", bei dem die Besucher durch ein Laufband hinaufgezogen werden und dann eine spiralförmige Bahn nach unten rutschen. Bei manchen Rutschen endet diese Fahrt auf einer Art „Teufelsrad", das die Besucher zum Vergnügen der Zuschauer noch zusätzlich verwirbelte.

Eine Variation stellte der „Helter Skelter" dar, bei dem der Aufstieg innerhalb des Turmes stattfand und die Bahn um den Turm herum außen angebracht wird. Neben diesen Typen finden sich auch Miniaturexemplare als Teil von Laufgeschäften oder thematisch integriert in Vergnügungsparks, wie etwa die Altweibermühle im Vergnügungspark Tripsdrill.

227 Eine moderne Variation dieses Prinzips stellen die Sommerrodelbahnen dar, wie etwa im „Wildpark Steinwasen".

228 Ausführlicher zu Rutschen als Kirmesattraktion: Dering: „Volksbelustigungen", S. 50-57.

Abbildung 36: Postkarte: Toboggan, 1908

Auch ist eine Verwandtschaft mit den immer aufwendiger konstruierten Wasserrutschen in den Erlebnisbädern nicht von der Hand zu weisen, wobei diese Attraktionen nicht zu Jahrmarktsatttraktionen im eigentlichen Sinne gezählt werden können, da der Fahrspaß in der Regel im Schwimmbecken endet.[229] Gleichzeitig beeinflussen diese Attraktionen auch die Neukonstruktionen von Wasserbahnen und Wildwasserbahnen. So haben doch die großen Rutschen in Vergnügungsparks eine Ähnlichkeit mit den Wasserrutschen, nur dass man bei diesen Attraktionen nicht im Wasser gleitet und die Fahrt selten im Wasser endet, sondern man gleitet auf Reifen in einer halb, teilweise ganz geschlossenen Röhre und läuft dann auf einer geschlossenen Strecke aus.

Bei den modernen Wildwasserbahnen wird die Fahrrinne mit Wasser bespült, so dass die Plastikgondeln, die oftmals Baumstämmen nachempfunden sind, aber auch andere Formen (z. B. einer Badewanne) haben können, auf dem Wasser die Bahn hinabgleiten. Als charakteristisches Merkmal sind oft gegen Ende leichte Abhänge eingebaut, bei denen die Fahrgäste in einer Woge aufspritzenden Wassers ankommend die Fahrt beenden.[230]

229 Eine Variante, die heutzutage fast nur noch auf Spielplätzen anzutreffen ist, bilden die Seilrutschen oder Luftrutschbahnen, bei denen sich die Fahrgäste an kleinen Rädern festhalten und an einem Drahtseil ein Gefälle hinabgleiten.

230 Eine Übersicht der Wasserbahnen in Deutschland wurde vom Freundeskreis Kirmes und Freizeitpark herausgegeben: Freundeskreis Kirmes und Freizeitpark (Hg.): „Aqua Plan … Alles was nass macht!“, Odd GmbH, Bad Kreuznach, 2004.

Abbildung 37: Postkarte: Wasserrutsche, ca. 1910

Eine modernere Variante bilden die Rafting Bahnen, bei denen die Besucher in paddelbootähnlichen, runden Booten durch enge künstliche Schluchten gleiten und während der Fahrt immer wieder Gischtspritzern ausgesetzt sind. Vorläufer dieser Bahnen bildeten die Wasserrutschen, die Ende des neunzehnten Jahrhunderts auf vielen Festplätzen zu finden sind. Bei diesen Bahnen gleitet ein Boot eine steile Abfahrt in einen oftmals künstlich angelegten See hinab, wo es dann eine Gischt erzeugend in den See einfährt. Diese Boote werden von einem Begleiter, der im Heck des Bootes steht, gesteuert und entweder durch Seile wieder die Rampe hinaufgezogen oder durch einen Aufzug wieder zum Startpunkt gebracht. Eine dieser Bahnen bereiste bis in die 50er Jahre noch die Festplätze. Auf den heutigen Plätzen sind wieder Nachfolger dieser Wasserrutschen zu finden, die jedoch dem Bauprinzip der stationären Wildwasserbahnen entsprechen.

Neben den Fahrgästen und den Zuschauern gehört als weitere Erlebnisgröße die Anspannung vor einer Fahrt. Oftmals werden die Warteschlangen gezielt durch bestimmte Parcours gelenkt, die neben der Notwendigkeit, die Länge der Warteschlange überschaubar zu halten, eine wichtige Funktion erfüllen: die potentiellen Fahrgäste bekommen einen Vorgeschmack auf das Ereignis; sie können sich mit der Anlage vertraut machen; sie erleben, wie andere Fahrgäste unverletzt wieder aussteigen; und sie können sich gegenseitig Mut machen. Zugleich wird aber auch die Spannung aufgebaut, indem man sukzessiv immer näher an die Attraktion herangeführt wird und die Gruppendynamik innerhalb der Fahrgäste eine Meinungsänderung erschweren, so dass die Fahrt zu einer Mutprobe wird,[231] die Parallelen zu Initiationsritualen[232] aufweist. Werner Stengel führt hierzu aus:

> Ein weiterer Punkt, speziell auf Achterbahnen bezogen, aber auch auf manche Karusselle, es ist eine Mutprobe. Das ist ja eine Funktion für unsere Gesellschaft. Diese Leute wissen nicht wohin mehr. Mir ist viel lieber, dass man Achterbahn Fanclubs gründet. Es gibt ja diese Rollercoaster-Enthusiasten, die gibt's in Deutschland, die gibt es in Europa und die gibt es in Amerika. Das sind ganz friedliche Leute und die toben sich auf der Achterbahn aus. Das heißt auch, dort befriedigen die sich, indem sie Abwechslung schaffen, Mutproben. Und diese Mutproben, da muss ich persönlich sagen, ich finde das so hochinteressant und schön. Und ich hab immer gesagt, das sind keine Angstschreie, nur partiell Angstschreie, es sind zum Teil auch Lustschreie.[233]

Diese Mutprobe erinnert an Initiationsrituale. Etymologisch lässt sich der Begriff „Ritual" auf das lateinische Adjektiv „ritualis" zurückführen, das ‚den Kultgebrauch betreffend' bedeutet.[234] Anfangs wird mit „Ritual" die Ordnung der kirchlichen Liturgie bezeichnet, später wird dieser Begriff unter anderem von dem Völkerkundler Arnold van Gennep auch zur ethnologischen Beschreibung bestimmter kultureller Verhaltensweisen, konkret zur Beschreibung von Initiationsriten verwandt.

Rituale markieren für van Gennep Statusveränderungen im Leben der Individuen. Die Rituale lassen sich in präliminale, liminale und postliminale Rituale unterscheiden, die die Vorbereitung, den Übergang und die Reintegration des neustatuierten Individuums in ein soziales Umfeld beschreiben. Sie sind notwendig, um diese „krisenhaft" erlebte Situation der Veränderung für das Individuum abzusichern.

Eine weitere kulturwissenschaftliche Bestimmung des Ritualbegriffs leistete Emile Durkheim. Durkheim unterscheidet zwischen profanen

231 Florian Dering im Gespräch: „Aber das eigentlich Spannende spielt sich bei der Achterbahn in dem Vorfeld ab, wo die Leute auf die Achterbahn zugehen. Die Achterbahnen haben meist einen breiten Zugang, dort wo die Leute auf das Ding zugehen und folgendes stattfindet: Fahr ich jetzt mit oder fahr ich nicht mit? Also diese Überwindung, ob man sich das zutraut, hineinzugehen, oder man sagt: Nein, fahrt ihr, ich warte da hinten, wir sehen uns danach wieder. Das ist eigentlich die spannendste Stelle bei der Achterbahn. Die Achterbahnen sind ja auch so gebaut, dass wenn Sie anstehen, dass Sie schon diese Körperlichkeit zum Gerät ziemlich bald kriegen, wenn Sie da unten stehen und diese so vorbeifährt, mit denen, die schon drin sind."

232 Ulrich Steuten: „Das Ritual in der Lebenswelt des Alltags", Focus, Gießen, 1998, S. 31-33.

233 Werner Stengel im Interview.

234 Vgl. Steuten: „Ritual", S. 28-29.

und sakralen Dingen. Riten sind für Durkheim eine gemeinschaftskonstituierende Ausdrucksform religiöser Überzeugungen, so dass die Untersuchung von Ritualen zum Verständnis der dahinter verborgenen religiösen Überzeugung notwendig ist. Unterschieden werden können hier positive Riten, die die Gunst des Angebeteten zu erlangen suchen, von negativen Riten, die bestimmte Tabus beinhalten.[235] Indem bestimmte immer wiederkehrende Feste den Jahresablauf markieren, zeigt sich, dass die gemeinschaftskonstituierende Funktion des Rituals Durkheim zufolge in einer regelhaften Anbindung der Rituale an die jeweils zugrunde liegende zeitliche Ordnungsstruktur gründet.[236] Neben dem Zeitraum hebt aber noch ein weiteres Kennzeichnen das Ritual vom Alltagsgeschehen ab. Das Ritual ist Steuten zufolge an einen bestimmten Ort gebunden, es verlangt eine bestimmte Ausstattung des Körpers. Weitere Merkmale sind besondere Gegenstände und Handlungen, etwa Tanzen, sowie bestimmte Speisen.

Zentrale Bezugsgröße für Rituale ist der menschliche Körper. Es sind neben kultischen Handlungen wie Gesängen, Tänzen oder bestimmten Anrufungen oftmals körperliche Prüfungen, die den Probanten auferlegt werden. Die Rituale können nach Steuten im Rückgriff auf Alfred Schütz[237] in kleine *private Interaktionsrituale* unterschieden werden, die den zwischenmenschlichen Bereich betreffen, und große *alltagsweltliche Rituale*, die keinen sakralen Hintergrund haben, und *Weltanschauungsrituale* mit sakralem Hintergrund. Im Ritual wird eine Ausnahmesituation geschaffen, in welcher die gewohnten Verhaltensmuster außer Kraft gesetzt werden.

Diese Grenzüberschreitung bezeichnet Steuten unter Bezug auf Hausschildt als Transzendenzen, die er in kleine, mittlere und große unterteilt,[238] die jeweils ihre Entsprechung in den drei oben aufgeführten Ritualtypen haben. Qualitatives Merkmal dieser Transzendenzen ist jeweils, dass in kleinen Transzendenzen das Erleben auf etwas Nichterfahrbares hinweist, jedoch im Alltäglichen verortet bleibt, wohingegen bei mittleren Transzendenzen das Erleben des Nichtbenennbaren eine Statusveränderung nach sich zieht. Die großen Transzendenzen verlangen eine Abkehr von der „Lebenswelt des Alltags" hin zu anderen Wirklichkeiten. Damit eröffnen Rituale für die Teilnehmer das Erleben einer

235 Emile Durkheim: „Die elementaren Formen des religiösen Lebens", Suhrkamp, Frankfurt a. M., 1994, S. 61-65.

236 Ebd., S. 405-418.

237 Vgl. Alfred Schütz/Thomas Luckmann: „Strukturen der Lebenswelt Band 2", Suhrkamp, Frankfurt a. M., 1984, S. 142-170.

238 Steuten: „Ritual", S. 67-69. Siehe zum Verhältnis von Ritual und Spiel: Gunter Runkel: „Das Spiel in der Gesellschaft", LIT, Münster, 2003, S. 53-64.

alternierenden Wirklichkeit und befördern damit „die Herstellung einer neuen sozialen Wirklichkeit".[239]

Vor diesem Hintergrund lässt sich eine Rutschbahn als symbolisierter Geburtsakt deuten, in der der Fahrgast aus einem artifiziellen Uterus zur Welt gelangt. Das Wasser der Wasserrutschen verdeutlicht und erweitert als Symbol der Reinigung, indem sich jetzt der Besuch einer Wasserrutsche als ein volkstümlich säkularisierter Taufakt darstellt.

Scenic Railways: Landschaft

Neben den Einflüssen der rutschenähnlichen Konstruktionen haben schienengebundene Bahnen maßgeblichen Einfluss auf das Entstehen der Achterbahnen. Als Urahn gilt die seit 1976 als Nationalmonument deklarierte Kohlentransportbahn der „Lehigh Coal Company", die durch das Ausnutzen der Schwerkraft durch ein leichtes Gefälle die abgebaute Kohle zum nächsten Verladeort transportiert. Zurück, die Steigung hinauf, werden die Loren durch Esel gezogen, die dann mit der Kohle auf einem eigenen Waggon hinabfahren. Die Umfunktionalisierung dieses Transportsystems zur Vergnügungsattraktion beschreibt Lanfer unter Berücksichtigung von Robert Cartmells historischer Arbeit sehr anschaulich:

> Den Rückweg durften die Esel dafür auf einem eigenen Wagen bergab fahren, was ihnen scheinbar soviel Spaß bereitete, dass sie sich beharrlich weigerten, auch mal aus eigener Kraft zurückgehen zu müssen. Das blieb den Arbeitern natürlich nicht verborgen, und sie probierten selbst einige Fahrten aus – zwei Jahre später wurde nur noch vormittags Kohle transportiert, die Nachmittage blieben für menschliche Fahrgäste reserviert. Für eine komplette Fahrt musste man 50 Cents bezahlen.[240]

Die „Mauch Chunk Switchback Railway" der Lehigh Coal Company inspiriert den Geschäftsmann Thompson am Strand von Coney Island im Jahr 1884 eine schienengelenkte Bahn aufzubauen, die sich gleichfalls eines Gefälles zur Bewegung bedient. Durch den finanziellen Erfolg werden Konkurrenzattraktionen geplant und noch im gleichen Jahr wird von Charles Alcoke eine weitere Bahn errichtet, deren Besonderheit, neben einem geschlossenen Kurs, nach außen gedrehte Sitzpositionen sind, so dass die Fahrgäste neben der Fahrt die Landschaft betrachten können, was auch die Typenbezeichnung dieser Fahrgeschäfte als „Scenic Railways", ‚Aussichtsbahn', erklärt. In den folgenden Jahren werden weitere

239 Veiz: „Das Oktoberfest", Band 1, S. 200.
240 Lanfer: „100 Jahre Achterbahn", S. 13.

Bahnen entwickelt, deren Gefälle etwas steiler sind, so dass die Fahrt an Geschwindigkeit zunimmt – im Vergleich zu heutigen Attraktionen aber immer noch ein bedächtiges Tempo an den Tag legen.

Der Begriff „Roller Coaster", der heute in Fachkreisen synonym für „Achterbahn" verwandt wird, taucht auch in dieser Zeit zum ersten Mal auf. „Coaster" bezeichnet ein ‚kleines Schiff, das in Küstennähe seine Ladung transportiert', und „Roller" verweist auf die ‚Rollen, die unter den Gondeln angebracht sind'. So simulieren diese Bahnen in gewisser Weise die Aussicht von einem sich bewegenden Schiff auf die Küste. Damit wird neben dem Fahrspaß der visuelle Reiz der Landschaftsschau zum wesentlichen Erlebnismoment.

In diesem Erlebnismoment liegen auch die Ursprünge der Miniatureisenbahnen, wie etwa der Liliputbahn im Wiener Prater,[241] die auch gelegentlich als Scenic Railways bezeichnet werden. Neben einem normalen Landschaftserleben führen diese teilweise auch durch künstliche und miniaturisierte Landschaften, um so neben der Simulation einer Eisenbahnfahrt auch noch die gewohnten Proportionen verkehren, da der Fahrgast gleichsam Gulliver in Lilliput als Riese auf seine Umgebung herabsieht. Dabei gibt es einen wesentlichen Unterschied zwischen Miniatureisenbahnen und Achterbahnen. So besitzt eine Miniatureisenbahn, die ein funktionsfähiger verkleinerter Nachbau einer Eisenbahn ist einen eigenen Antrieb – im Unterschied zur Achterbahn, die hauptsächlich durch die Ausnützung des Bahngefälles in Bewegung versetzt wird.[242]

Zeitgeschichtlich betrachtet trifft im 19. Jahrhundert, dem „Jahrhundert der Arbeit", eine entstehende Freizeitkultur auf technische Neuerungen. Die industrielle Revolution bewirkt zum einen ein Auseinandertreten von Arbeitszeit und Freizeit,[243] zum anderen entstehen durch die Industrialisierung moderne Städte. Mit dem Einsetzen von Maßnahmen zum Schutz der Arbeiterschicht und der Reglementierung der Arbeitszeit ab etwa Mitte des neunzehnten Jahrhunderts, entsteht Freizeit. So steht in der „englischen Woche" der Samstagnachmittag als arbeitsfreie Zeit den Arbeitern zur freien Verfügung. Dieser wird durch das Ansteigen der Löhne ab 1860 jetzt von vielen Familien dazu genutzt, um Samstagsausflüge zu machen. Eine entscheidende Rolle spielt dabei die Ei-

241 Eine detaillierte Beschreibung dieser Bahn einschließlich der Fahrtstrecke erschien im „Eisenbahn-Sammelheft", Nr. 6, Verlag Josef Slezak, Wien, 1978.

242 Hier liegt auch der technikhistorische Ursprung der so genannten Monorails. Dies sind Aussichtsbahnen, die auf einer Schiene („mono" für ‚eins', „rail" für ‚Schiene') und in einigen Metern Höhe Vergnügungsparks durchqueren und dabei einen Eindruck der Gesamtanlage vermitteln.

243 Vgl. Kapitel „Freizeit".

senbahn, die den Besuch anderer Städte, Besuch von Verwandten, aber auch den Besuch von Jahrmärkten und anderen Massenveranstaltungen wie Boxkämpfen ermöglicht. Daneben werden aber auch Vergnügungen der Oberschichten aufgegriffen. Auf diese Weise werden nach dem Vorbild der Kur- und Badeorte Seebäder errichtet, die dann als Tagesausflug besucht wurden und sich schnell zu Vergnügungsorten entwickeln. Neben Riesenrädern, die den Stolz auf Technik und Fortschritt symbolisieren, entstehen die Scenic Railways.[244] Deren Funktion beschreibt Thompson, einer der ersten Konstrukteure dieser Bahnen:

> Jeder sollte die Möglichkeit haben, [...] für einen Groschen oder zwei der realen, kriminellen Welt entfliehen und für kurze Zeit in eine bessere, reinere und gesamtheitlichere eintauchen zu können[245]

Auf diesen Aussichtsbahnen wird jetzt zum einen das adlige Vergnügen der Reise aufgegriffen, zum anderen aber wird das Vergnügen einer Eisenbahnfahrt nachempfunden und zugleich gesteigert. Die Eisenbahn verändert grundlegend – wie von Schievelbusch herausgearbeitet wird – das Raum- und Zeitempfinden. Entfernungen scheinen sich durch die höhere Geschwindigkeit zu verringern, zugleich verändert sich auch die Lokalzeit von Landschaften, da sie jetzt nicht mehr isoliert, sondern gleichsam wie Perlen an einer Kette durch den Fahrplan verbunden werden. Dies bedeutet eine Veränderung in der Landschaftswahrnehmung, deren Übergänge und Details jetzt durch die Geschwindigkeit reduziert und zugleich durch die Systematik des Fahrplans neu gegliedert werden. Zugleich ändern sich auch die visuellen Eindrücke einer Reise, nahe stehende Objekte verschwimmen zu amorphen Farbspielen.

Diese veränderte Wahrnehmung führt zum einen zu einem Verlust an Intensität, zum anderen aber entsteht eine neue Landschaft, nicht nur durch Landschaftstransformation in Zusammenhang mit der Streckenführung, sondern wie Schievelbusch es beschreibt:

> erscheint die Bewegung des Zuges durch die Landschaft als Bewegung der Landschaft selber. Die Eisenbahn bringt sie zum Tanzen. Ihre Geschwindigkeit den Raum verkleinernd, lässt Gegenstände und Szenen in einer unmittel-

244 Siehe: Nick Laister/David Page: „Request for Spot Listing: The scenic Railway Roller Coaster, Margate“, Online Publikation. (http://www.joylandbooks.com/scenicrailway/scenicrailway.pdf).

245 Lanfer: „100 Jahre Achterbahn“, S. 15.

baren Folge erscheinen, die ihrem ursprünglichen Hier und Jetzt gemäß den verschiedensten Bereichen angehören.[246]

Die Scenic Railways kopieren dieses Reiseerleben und stellen es letztlich als ein Dauererlebnis her, indem die Strecke immer wieder befahren werden kann, wobei diese Potenzierung des Eindrucks einer Eisenbahnfahrt zugleich zu Lasten einer der Grundfunktionen der Eisenbahn geht. Dient der Bau der Eisenbahn dazu, den Raum zu überwinden um Dinge von einem Ort zu einem anderen Ort zu transportieren, so verkehrt die Achterbahn, diese Funktion in ihr Gegenteil: Die Achterbahn fährt ständig im Kreis, ohne einen zweiten Ort anzusteuern. Endet die Fahrt am Startpunkt, so ist es ein Spiel sich in der Landschaft zu bewegen, ohne vorwärts zu kommen, ohne sich fortzubewegen. Damit konterkariert die Achterbahn letztlich die Kernidee der Eisenbahn, die als schienengeführtes Transportmittel zugleich der ideelle Vorfahr dieses Vergnügungsmittels ist.

Holzachterbahnen: Thrill

Der Ausdruck „Achterbahn" leitet sich von dem Streckenkurs ab, der – zumindest bei den früheren Bauformen – die Form einer liegenden Acht beschreibt. Die erste Bahn dieser Art wird 1887 in Massachusetts unter dem Namen „Slinding Hill and Toboggan" erbaut. Bei dieser Bahn sind noch keine Räder an den Wagen angebracht, diese gleiten vielmehr über Rollen, die auf der Bahn selbst montiert sind. Die erste „moderne" Bahn entsteht 1887. Diese Bahn besitzt zum einen die unten angebrachten Räder, mit denen sie auf Holzschienen fährt und zusätzlich Räder, die seitlich an den Gondeln angebracht sind, so dass die Wagen leichter die Spur halten können. Diese Bahnen entwickeln sich zu einem einträglichen Geschäft und werden auch in Europa mit Erfolg etabliert. So wird auf dem Oktoberfest 1908 eine Schleifenbahn von dem Schausteller Carl Gabriel errichtet (die allerdings nach dem Fest wieder abgerissen werden muss). Ein Jahr später wird von Max Stehbeck die erste transportable Achterbahn in Deutschland errichtet. Nach dem Oktoberfest verkauft Stehbeck diese Bahn an Hugo Haase, der diese Bahn mit kleinen Veränderungen (um das Patent zu umgehen) mehrfach nachbaut.[247]

246 Wolfgang Schievelbusch: „Geschichte der Eisenbahnreise. Zur Industrialisierung von Raum und Zeit im 19. Jahrhundert", Ullstein, Frankfurt a. M., 1979, S. 59.

247 Ausführlicher wird bei Dering die Geschichte dieser Attraktion nachgezeichnet. Vgl. Dering: „Volksbelustigungen", S. 119-126.

Abbildung 38: Postkarte: Hugo Haase's Deep to Deep, ca. 1920

Der Erfolg dieser Bahnen und der dadurch entstehende Konkurrenzkampf führen dazu, dass man Bahnen mit wesentlich steileren Bergen und Tälern konstruiert, die teilweise noch verkleidet werden und so den Eindruck einer Gebirgsfahrt vermitteln. Neben einer aufregenderen Fahrt führen die steileren Abfahrten auch zu höheren Geschwindigkeiten, diese Interdependenz schaukelt sich hoch zu gigantischen Achterbahnen. So baut John Miller,[248] ehemaliger Ingenieur des damals führenden Achterbahnherstellers L. A. Thompson,[249] 1917 den „Giant Coaster", dessen „first hill"[250] eine Höhe von 30 Metern hat. Lanfer bezeichnet daher Miller treffend als „Vater der ‚High-Speed-Achterbahn'"[251].

Die höheren Geschwindigkeiten machen auch eine Veränderung im Waggondesign notwendig. Sind auf den frühen Bahnen Einzelchaisen mit Platz für zwei bis vier Personen vorgesehen, so werden auf der Gebirgsbahn Züge aus mehreren Wagen zusammengestellt, da diese die Kurven schneller durchfahren und engere Kurven befahren können. Daneben werden auch die Räder der Chaisen verbessert, indem zusätzlich Rollen unter der Lauffläche der Schienen installiert werden, um so ein Abheben oder Entgleisen des Zuges zu verhindern. Die schnelle Fahrt über steile Berge und durch tiefe Täler erzeugt einen spürbaren Ef-

248 Die Webseite „John A. Miller, Roller Coaster Designer und Builder" wirdmet sich ganz diesem Ingenieur. (http://home.nyc.rr.com/johnmiller/ [Stand 01.06.2006]).

249 Der Gründer dieser Firma baute die erste Scenic Railways am Strand von Coney Island.

250 Der „First Hill" ist der Punkt bis zu dem der Zug geschleppt wird, um dort die freie Fahrt zu beginnen.

251 Frank Lanfer: „100 Jahre Achterbahn", S. 20.

fekt,[252] den man als sprichwörtlichen Nervenkitzel bezeichnen kann. Bei den Fahrten lasten positive und negative g-Kräfte auf den Fahrgästen und Chaisen. Für die Fahrgäste ergeben diese unterschiedlichen g-Werte eine Steigerung des Fahrerlebens: Bei der Durchfahrt durch ein Tal werden sie geradezu in ihre Sitze gepresst. Dagegen verkehrt sich dieser Effekt bei der Fahrt über einen Hügel in sein Gegenteil: Die Fahrgäste werden aus den Sitzen gehoben und nur durch die Sicherheitsbügel gehalten. Dieser Moment, in dem der Körper sozusagen frei in der Luft schwebt, wird als „airtime"[253] bezeichnet.[254]

Auch im deutschsprachigen Gebiet werden diese Gebirgsbahnen zu einer Attraktion. So wird 1909 im Wiener Prater die „Wiener Hochschaubahn", die angeblich „Größte szenische Gebirgsbahn der Welt", dem Publikum vorgestellt. Auch nach dem Ersten Weltkrieg werden weitere Bahnen gebaut, die um die Gunst der Fahrgäste konkurrieren und sich durch die unterschiedlichsten Superlative zu überbieten suchen. Mangelndes Interesse des Publikums (verstärkt durch die Weltwirtschaftskrise) bedeutet jedoch für viele Parks und damit letztlich auch für die jeweiligen Bahnen das Aus (vor allem in Nordamerika). Nur wenige

---

252 „Damit eine Bahn spannend und sicher zugleich ist, sind jede Menge Berechnungen erforderlich. ‚Eine Achterbahn lebt von der Veränderung der Beschleunigung', erläutert Stengel. In seinem Büro beschäftigt er zehn Ingenieure, die an Computern Kurven, Loopings und Spiralen entwerfen und die Beschleunigung berechnen. ‚Das ist das, was verkauft wird: das Lustgefühl', sagt Stengel." Aus: Rhein Zeitung: http://rhein-zeitung.de/on/01/05/17/topnews/ phanthin.html [Stand 01.12.2005].

253 Spiegel Online: „Spiegel Online: Welche Elemente braucht eine Achterbahn heute, um erfolgreich zu sein? Stengel: Das entscheidet wie bei jedem Produkt der Kunde – in unserem Fall der Fahrgast. Wir haben 220 Achterbahntypen weltweit gebaut und wissen, dass es nicht die Geschwindigkeit selbst ist, die den Thrill ausmacht, weil der Mensch gar keinen Sensor dafür besitzt. Der Reiz einer Achterbahnfahrt besteht in der Aneinanderreihung und der Änderung von Beschleunigungen – wenn das in einer guten Sequenz gemacht ist, haben Sie eine gute Bahn." Aus: Spiegel Online: http://www.spiegel.de/sptv/extra/0,1518, 140720,00.html. [Stand 01.12.2005] Zur Erklärung des Begriffs „Airtime" siehe auch: Stern: http://www.stern.de/lifestyle/reise/510765.html?eid=510653&&nv=ex_rt [Stand 01.12.2005].

254 Die Prämisse, dass ein Spiel nichts Bleibendes erzeugt, wird im Kontext der Achterbahnen sehr anschaulich in einem Bericht, des Stern Online Magazins herausgestellt. So wird in einem Bericht über den „Top Thrill Dragster" erwähnt: „Die bei ‚normalen' Achterbahnen übliche langsame Auffahrt zum höchsten Punkt entfällt. Top-Speed von der ersten bis fast zur letzten Sekunde ist angesagt. Dass zum Abbremsen dennoch kein Fallschirm benötigt wird, dafür sorgen mehrere Wirbelstrombremsen. Soviel Energie wurde bisher auf keiner Achterbahn vernichtet." Stern: http://www.stern.de/lifestyle/reise/510859.html?eid=510653&&nv=ex_tt, [Stand 01.12.2005].

Bahnen überleben diese Phase, oftmals nur weil sie bereits unter Denkmalschutz stehen (wie der „Thunderbold" auf Coney Island).

In den siebziger Jahren steigt aber wieder das Interesse an den Bahnen. Es entsteht eine „Coastermania". Neben der Begeisterung der Fahrgäste wird auch durch die mediale Präsenz – wie Werbespots, aber auch Spielfilmen wie „Achterbahn"[255] – diese Attraktion im kulturellen Gedächtnis der Nordamerikaner verankert. Dieses Interesse führt zu einer zweiten Begeisterungswelle, durch deren Sog neue Bahnen unter Einbezug technischer Innovation entstehen, wodurch neue Streckenführungen ermöglicht werden. So entsteht 1979 im Six Flags Vergnügungspark in Kalifornien der „Colossus". In diesem Fahrgeschäft stürzen die Besucher von teilweise 35 Metern hohen „Hills" auf einer Strecke von 1,4 Kilometern, die zum Teil mit bis zu 100 Stundenkilometern befahren wird, bis zu 30 Meter in die Tiefe. Der Bahnkonstrukteur Stengel beschreibt das Gefühl der Fahrenden dieser Bahn:

> die starken Abstürze […] verschaffen den Passagieren […] das im wahrsten Sinne des Wortes erhebende Gefühl der Schwerelosigkeit[256]

Auch in Europa werden neue Holzachterbahnen gebaut. Neben der „Sierra Tonate" im Mirabilandia Park (Italien) entstehen Bahnen im Oakwood Leasure Park (Wales), im Asterix Park (Frankreich), in Port Aventura Park (Spanien) und 2001 der „Colossus" mit einer Höhe von 61 Metern im Heidepark Soltau (Deutschland).[257] Geplant wird diese Bahn vom Achterbahn-Designer Werner Stengel.[258] Im Katalog zu Stengels Lebenswerk, der im Rahmen einer Ausstellung im Münchner Stadtmuseum erschien, stellt Schützmannski Überlegungen über den Reiz des Achterbahnfahrens an:

255 James Goldstone (Regie), Achterbahn, Universal Pictures, 1976.

256 Frank Lanfer: „100 Jahre Achterbahn", S. 49.

257 Ein Portrait dieser Bahn wurde im Mitgliedermagazin des Freundeskreis Kirmes und Freizeitpark abgedruckt: „Ralph Latozki: „Colossos", in: Park + Ride, März/April 2001. Odd GmbH Graphische Betriebe, Bad Kreuznach, 2001, S. 10-15.

258 Werner Stengel wurde für diese Arbeit interviewt. Außerdem wurde er auch von Frank Lanfer in einem Artikel gewürdigt. Frank Lanfer: „Werner Stengel", in: Kirmes und Park Revue 5/2000, 2000, S. 16-18. Ein aktuelles Kurzportrait erschien in der Park World, November 2005: „Werner Stengel. Rollercoaster Guru", S. 31-32. Daneben sei hier auch noch auf zwei Fernsehreportagen über Werner Stengel verwiesen: „Spiegel TV: Der Herr des Schreckens", Vox 21.06.01 und „Werner Stengel", Arte, 19.06.01.

> Den festen Boden unter den Füßen zu verlieren und in die Tiefe zu stürzen, stellt eine ziemliche Gefahr dar. Damit wir nicht unbedacht in unser Unglück rennen, hat uns die Natur als Schutzengel die Angst mitgegeben. Sie peinigt uns mit so unangenehmen Gefühlen, dass wir in der Regel unterlassen, was sie uns verbietet. [...] So hören wir bei diesen vermeintlichen Höllenstürzen [von der Achterbahn] einerseits die Angst Zeter und Mordio schreien und uns warnen: „Was du tust, wird dir den Tod bringen.“ Andererseits fühlen wir uns dank der auffangbereiten Arme der Mutter – oder der Vorsorge des Achterbahn-Designers – so sicher wie in Abrahams Schoß. Dieses Doppelte, die Verheißung unseres Untergangs bei absoluter Gewissheit unserer Geborgenheit schenkt uns für Augenblicke ein wenig die Illusion, wir seien unsterblich – oder wenigstens unverletzbar. Und genau das verwandelt die Angst in Lust: genauer gesagt in Angstlust. [...] Nicht von ungefähr pflegen Amerikaner, sobald sie nach der Fahrt freudestrahlend dem Zug entsteigen, auszurufen: „I did it!“ Damit verkünden sie nicht nur, dass sie ihren inneren Schweinehund überwunden haben. Viel mehr noch teilen sie mit, sich in den Tod gestürzt und es überlebt zu haben. Und was ist das anderes, als für einen kurzen Augenblick über die Schwelle des Paradieses getreten zu sein – auch wenn es nur ein Vergnügungsparadies war.[259]

Damit greift Schützmannski zentrale Begriffe von Michael Balints Theorie der Angstlust auf. Balint entwickelt in seinem 1959 erschienenen Buch eine Theorie des „Thrills“ und übersetzt diesen englischen Begriff mit „Angstlust“. Ausgehend vom Jahrmarkt, dessen Attraktionen er in unterschiedliche Gruppen unterteilt, kategorisiert er „Genussmittel“ in weiterem Sinne wie folgt:

> a) Nahrungsmittel; b) aggressive Vergnügungen, wie Werfen und Schießen auf Gegenstände, Zertrümmern von Gegenständen usw.; c) Vergnügen im Zusammenhang mit Schwindel, mit Gleichgewichtsstörungen oder Gleichgewichtsverlust wie Schaukeln, Karussellfahren, Berg- und Talbahn; d) Darbietungen, ähnlich den Zirkus- und Theateraufführungen, aber roher und primitiver als diese; e) Glücksspiele, die sich entweder offen als solche anbieten oder als Geschicklichkeitsspiele leicht getarnt werden, wobei die Chancen des Spielers sehr gering und die Preise kaum den Einsatz wert sind; f) Wahrsager; g) endlich, als verhältnismäßig neue Erfindung der Guckkasten- oder Glücksspielautomat.[260]

Wobei Balint sich den ersten drei Gruppen widmet. Bei den Esswaren attestiert er lediglich: „sie müssen sehr süß und sehr billig sein“[261]. Die

259 Schützmannski: „Rollercoaster“, S. 123.

260 Michael Balint: „Angstlust und Regression. Beitrag zur psychologischen Typenlehre“, Rowohlt, Hamburg, 1972, S. 17.

261 Ebd., S. 18.

Analyse der nächsten Gruppe, den aggressiven Vergnügungen, widmet er einige Zeilen mehr und versteht diese Spiele als „Erproben der rohen Kraft, sowie auch rein destruktiv […]“[262]. Beide stellen Regressionen dar, „indem sie Trieben von recht primitivem Niveau Befriedigung verschaffen“[263]. Somit ist der Rummelplatz eine Institution, die periodisch wiederkehrend als Ventil wirkt, um Triebe, die sonst unterdrückt werden müssen, auszuleben. Intensiv beschäftigt sich Balint hingegen mit der Geschichte des physikalischen Thrills und entwickelt anhand dieser Gruppe, deren gemeinsames Charakteristika der Schwindel ist, seine Theorie der Angstlust.

Der Schwindel, der Gleichgewichtsverlust, ist mit Angst verbunden. Ausgehend von einer frühen Mutter-Kind-Dyade, in der die individuelle Sicherheitsdisposition durch die Nähe des Kindes zur Mutter beeinflusst wird, entstehen zwei Formen des Umgangs mit Angst. Die so genannten Philobaten oder Angstsucher sind Menschen, die den Reiz suchen; hingegen sind Oknophile Charaktere, die Wagnissen eher scheu gegenüberstehen.[264]

Dabei stellen beide Typen zugleich Strategien dar, um den Verlust eines „Sicherheitsobjekts“, das idealtypisch durch die Mutter verkörpert wird, zu kompensieren.[265] Dieses „primitive Weltbild“ zeichnet sich dadurch aus, dass zum ersten Harmonie zwischen Individuum und Umwelt besteht, zum zweiten das Individuum weder sagen kann noch zu sagen braucht, wo es endet und die äußere Welt beginnt, und zum dritten auch kein äußerer Beobachter eine genaue Grenze feststellen kann.

Die eine Strategie besteht darin, sich am Objekt festzuklammern, wohingegen die andere Strategie beinhaltet, durch eine übertriebene Distanz die Einheit sozusagen durch Betrachtung des Objekts wiederherzustellen. Beide Strategien gleichen sich aber im Begehren, die Subjekt-Objekt-Spaltung wieder durch eine Einheit des Innen und des Außen rückgängig zu machen, was als narzisstische Phantasie angesehen werden kann. In der Theorie der primären Objektbeziehung wird davon ausgegangen, dass Kind und Mutter eine Einheit bilden und dass das Kind zwischen sich und seiner Mutter keine Grenze erfährt[266] und dadurch in einer umfassenden Einheit mit seiner Umwelt lebt. Für die Philobaten, die Angstsucher, stellt sich das Gefühl der Sicherheit, das in der Einheit

262 Ebd.

263 Ebd.

264 Ebd., S. 24-26, S. 28-30.

265 Hans Albrecht Hartmann: „The Thrilling Fields“, in: Hans Albrecht Hartmann/Rolf Haubl (Hg.): „Freizeit in der Erlebnisgesellschaft. Amüsement zwischen Selbstverwirklichung und Kommerz“, Westdeutscher Verlag, Opladen, 1998, S. 88-90.

266 Ebd., S. 37-39.

mit dem Objekt erfahren wird, paradoxerweise durch die Suche nach Abenteuer ein. Dagegen gewinnt der Oknophile seine Sicherheit aus der Nähe zu dem Objekt. Daher besteht für den Oknophilen in Geschwindigkeit und Entfernung ein Thrill, da ihn diese beiden Faktoren von seinem Objekt entfernen; er verspürt Angst vor Höhe und Geschwindigkeit.

Dies bedeutet, dass es unterschiedliche Thrills,[267] unterschiedliche Arten von Angstlust gibt. So wird die Konfrontation eines Angstmeiders mit einer Achterbahn eher eine Projektion von Angst darstellen, möglicherweise wird der Oknophile sich an der Gondel festklammern, wohingegen der Philobat, seine Angst vorwiegend introjektiert und das Fahrerleben tendenziell eher noch steigern wird, etwa indem er zusätzlich noch die Arme in die Höhe hebt, um durch eine Verlagerung des Körpermittelpunkts die Fahrdynamik zu steigern.

Das lusterzeugende Moment, dieser Erlebnismoment ist die temporäre Herstellung einer Einheit zwischen Subjekt und Objekt, zwischen Individuum und Umwelt oder – um es speziell auf eine Achterbahn zu beziehen – zwischen Geist und Körper, da der Körper durch die physikalischen Belastungen eines Thrillrides aufgewertet und in eine Erlebnisgegenwart versetzt wird.[268]

267 „Amerikanische Forscher haben jetzt herausgefunden, dass Attraktionen, die auf Nervenkitzel beruhen, tatsächlich zum eigenen Wohlbefinden beitragen können. Sie nennen das Thrill Therapie. [...] Die Vortäuschung der Gefahr kann für uns real sein und uns ein gutes Gefühl vermitteln. [...] Das prickelnde Gefühl, das sich bei einem actiongeladenen Fahrgeschäft einstellt, erinnert den Körper an sein primitives Erbe. Die Erregung weckt die normalerweise ruhenden biochemischen Pfade, die uns Energie verleihen. Ist die Erregung überwunden, stellen sich eine physiologische Entspannung und ein Gefühl der Euphorie ein." „Das große Kribbeln im Bauch", in: Europa Park Magazin", 1/2001, 2001, S. 14-15.

268 „In einem radikalen Akt der Verdiesseitigung stellen Menschen nicht das Unvermeidliche des Todes in beschleunigter Weise her, sie nobilitieren ihr Leben vielmehr durch Risikoerfahrung, Angstbewältigung und bisweilen auch Todesnähe. Der Versuch personale Sicherheit und Lebendigkeit jenseits des Alltags zu stiften, geschieht mit einer bemerkenswerten Volte, nämlich durch das systematische Aufsuchen von potentiell unsicheren oder gar gefährlichen Situationen", aus: Karl-Heinrich Bette: „X-treme. Zur Soziologie des Abenteuer und Risikosports", Transcript, Bielefeld, 2004, S. 20.

Abbildung 39: Postkarte: Wiener Hochschaubahn, 1929

Stahlachterbahnen: Gefahr

Der Werkstoff Stahl erneuert und verändert das Achterbahndesign nachhaltig, da völlig neue Elemente in den Fahrablauf integriert werden. Man unterscheidet diese Bahnen in die klassischen Stahlachterbahnen („Sit-Down Coaster"), daneben in Achterbahnen, bei denen die Chaise unter der Schiene hängt („Inverted Coaster" und „Suspended Coaster") und Achterbahnen, in denen man steht oder liegt („Stand-Up Coaster", „Flying Coaster").[269]

269 Des Weiteren unterscheidet man auch nach der Höhe der Fahrgeschäfte in „Mega Coaster" (ab 45 m), „Hyper Coaster" (60 m) und „Gigacoaster" (90 m). Bei den Stahlachterbahnen sind die Rekordhalter: „Top Thrill Dragster" mit einer Höhe von 128 m, diese steht im Vergnügungspark Cedar Point, Ohio, USA mit einer Länge von 2479 m; der „Steel Dragon 2000" in Nagashima Spaland, Japan und einer Höchstgeschwindigkeit von 193 km/h; der „Top Thrill Dragster" gleichfalls in Cedar Point, Ohio, USA. Im Vergleich dazu die Holzachterbahnen: höchste: Son Of Beast 66 m, Paramounts Kings Island, Ohio; längste: Beast 2255 m im Paramount's Kings Island Ohio, USA und schnellste: Son Of Beast 126 km/h im Paramount's Kings Island, Ohio, USA, aus: Wikipedia: http://de.wikipedia.org/wiki/Achterbahn#Typen [Stand 01.12.2005]. Eine sehr umfangreiche Datenbank von Achterbahnen stellt „Roller Coaster DataBase" dar. (http://rcdb.com/ [Stand 01.06.2006]).

Die ersten Bahnen entstehen in den fünfziger Jahren in Italien. Die in Stahl gearbeiteten Bahnteile lassen sich im Vergleich zu den Holzbahnen wesentlich einfacher transportieren und aufbauen, so dass zumindest in Europa ein Siegeszug der Stahlachterbahnen beginnt. In Nordamerika wird die erste Bahn 1959 aufgebaut. Die Matterhornbahn in Disneyland erfreut sich aber nicht so großer Beliebtheit beim Publikum, das seinen Holzachterbahnen, den „Woodies", die Treue hält. In Deutschland entsteht für den Schaustellerbetrieb Schippers & v. d. Ville 1964 die erste Stahlachterbahn „Wild Cat", die von der Firma Schwarzkopf[270] und Werner Stengel geplant wird. Die Firma Schwarzkopf entwickelt sich, neben der alteingesessenen Firma Zierer, zur führenden deutschen Achterbahnschmiede. Nach der „Wild Cat" entsteht der „Jet Star" in verschiedenen Ausführungen. Eine wesentliche Neuerung im Stahlachterbahnbau stellt die Integration von Looping-Elementen dar. Der Looping als Fahrerlebnis ist nichts Neues, da bereits die ersten Bahnen 1846 in Frankreich eröffnet werden und innerhalb kürzester Zeit in vielen Städten Nachfolger finden. Bei diesen Bahnen gleitet ein Wagen eine abschüssige Strecke hinab, bis er genügend Geschwindigkeit besitzt, um den Looping zu durchfahren und so „für einen kurzen Moment die Welt auf den Kopf stellen zu können."[271] Allerdings gehen von diesen frühen Bahnen erhebliche Gesundheitsrisiken aus, so dass sie nach einem kurzen Gastspiel verboten werden.

In den achtziger Jahren des neunzehnten Jahrhunderts entstehen in Amerika ähnliche Konstruktionen, die durch Konstruktionsverbesserungen eine sichere Fahrt ermöglichen. Dieser „Flip Flap Coaster", der bereits eine geschlossene Strecke besitzt, erfreut sich ähnlich großer Beliebtheit, wie die „Centrifugal Railways" einige Jahrzehnte zuvor in Deutschland. Allerdings führen auch diese Bahnen zu Gesundheitsschäden, so dass die letzte Bahn 1905 stillgelegt wird. Ein neuer Versuch wird 1952 gestartet, als im Wiener Prater erneut eine Loopingkonstruktion gebaut wird. Auch hier beklagen sich die Fahrgäste über Wirbelsäulenschmerzen, so dass diese transportable Version 1954 auf dem Bremer Freimarkt verboten wird. Das Problem der Loopingbahnen liegt in der kreisrunden Form des Loopings, da bei der abrupten Ein- und Ausfahrt Kräfte von bis zu dem 12fachen des Körpergewichts auf die Fahrgäste wirken. Eine Entwicklung der elliptischen Loopingform bringt den Vorteil mit sich, dass die Gravitationskräfte gleichmäßiger anwachsen und zugleich nicht so hohe Werte erreichen. Eine Neuerung im Loopingde-

270 Die Geschichte dieser Firma wurde sehr liebevoll im Internet zusammengetragen. Siehe dazu: Schwarzkopf Coaster Net: http://schwarz kopf.coaster.net/ unternehmenGF.htm [Stand 01.12.2005].

271 Lanfer: „100 Jahre Achterbahn", S. 58.

sign stellt der „Corkscrew" (‚Korkenzieher') dar, der in den siebziger Jahren von Arrow Dynamics entwickelt wird. Beim „Korkenzieher" reihen sich ähnlich einer Spirale mehrere Überschläge aneinander. Dadurch dass diese Überschläge räumlich ablaufen, entstehen auch keine bedenklichen g-Werte. Die Firma Schwarzkopf und Werner Stengel entwickeln 1976 „The Great American Revolution", bei der eine neue Loopingkonstruktion zum Einsatz kommt, die auch vertikale Loopings mit ungekannten Durchmessern ermöglichten. Das Konstruktionsprinzip, das diesen Loopings zugrunde liegt, ist die so genannte „Klothoide", eine ovale Form, womit das ellipsoide Prinzip der Loopingbahnen der Jahrhundertwende aufgegriffen und perfektioniert wird. Bei Stengels Konstruktion werden im Ein- und Ausfahrtbereich Klothoidenelemente eingesetzt, die dann im oberen Bereich durch ein Kreiselement verbunden werden. Diese Form bewirkt, dass keine kritischen oder gesundheitsschädlichen Belastungen mehr auf den Fahrgast einwirken.[272]

Abbildung 40: Photographie: Olympia Looping (Bild: C. Puttkammer)

Diese beiden Elemente des Corkscrews und des Loopings können nun zu atemberaubenden Fahrten kombiniert werden, die gerne in die Parklandschaften eingefügt werden. Neben diesen stationären Bahnen werden auch transportable Loopingbahnen entwickelt, legendär ist der fünffache Looping der „Olympia-Looping"-Bahn, die von Werner Stengel konstruiert und von der Firma „Bayerische Hüttenstahl" ausgeführt wird. Weitere Elemente werden ab den achtziger Jahren entwickelt und

272 Eine erwähnenswerte zweiteilige Reportage zum Thema Achterbahn, in der auch Dr. Florian Dering und Werner Stengel interviewt wurden, wurde in NTV gesendet. „NTV-Reportage: Freizeitsparks Teil 1", NTV, 14.01.06 und „NTV-Reportage: Freizeitparks Teil 2", NTV, 21.01.06.

in den Fahrablauf integriert, wie vertikale Loopings, die so genannte „Heartline-Rolle“, bei der eine verdrehte Schienenführung bewirkt, dass sich die Fahrgäste gleichsam um ihren angenommenen Mittelpunkt (das Herz, „Heart“) drehen, und der Freefall,[273] bei welchem die Fahrgäste senkrecht in die Tiefe stürzen.

Neben dem Fahrablauf wird auch das Wagendesign verändert. Es entstehen Bahnen, bei denen die Fahrgäste stehen (Stand-Up Coaster), Chaisen, die sich drehen oder unten an der Schiene hängen (Suspended Coaster) und dies teilweise mit freihängenden Beinen (Inverted Coaster). Es gibt auch Fahrstrecken, die teilweise oder ganz im Dunkeln verlaufen (z. B. „Black Hole“ [274] oder der „Euro Sat“ im Europa-Park), und so auch die Sicht, als visuelles Gleichgewichtsorgan außer Kraft setzen oder zumindest irritieren.

Gegen Ende der achtziger Jahre entstehen so genannte „Hypercoaster“, die sich sowohl hinsichtlich ihrer Fahrstrecke, ihrer Höhe und auch ihres Fahrablaufs in ihren Dimensionen übertreffen. So erhält der erste moderne Hypercoaster, der durch einen 59,2 Meter tiefen Sturz auf 116 km/h beschleunigt wird, auf Anhieb den Eintrag ins Guinessbuch der Rekorde als „höchste und schnellste Achterbahn mit der schnellsten Abfahrt“. Auch in Deutschland werden Hypercoaster im Holidaypark („Expedition Ge-Force“) und im Europa-Park („Silverstar“) basierend auf Entwürfen von Werner Stengel gebaut.[275]

Bei dieser Vielfalt an Bahnen,[276] die ständig um Superlative konkurrieren, ragen sicherlich die von Lanfer beschriebenen Bahnen heraus: „Loch Ness Monster“, „Shockwave“ und „Mindbender“. Bei der Bahn „Loch Ness Monster“ stürzen die Fahrgäste mit einer Geschwindigkeit

273 Vgl. den 1998 von Bollinger und Mabilard, einer schweizerischen Konstruktionsfirma, für den Park „Alton Towers“ in England entwickelten „Oblivion“, bei dem die Fahrgäste senkrecht in ein trockeneisumnebeltes Erdloch stürzen.

274 Christian Saul/Richard Veldhuis: „Black Hole. Neugier auf das Ungewisse“, in: Kirmes und Park Revue. 1+2/97, 1997, S. 36-39.

275 Erwähnenswert ist auch die Achterbahn auf dem „Stratosphere Tower“, die die Turmspitze dieses Wolkenkraters in Las Vegas in 280 Metern Höhe umkreist. Ein Bahntyp, der nicht vergessen werden sollte, ist die „Wilde Maus“. Bei dieser Bahn, die bereits in den dreißiger Jahren entstand und bis in die sechziger Jahre als die ersten Stahlexemplare entstanden als Holzkonstruktion bestand, fahren einzelne Wagen eine stark kurvige Strecke, die zudem noch über stark ansteigende und abfallende Streckenteile verfügt.

276 Der deutsche Fanclub „Freundeskreis Kirmes und Freizeitpark e.V.“, gab einen Achterbahnführer heraus, bei dem sehr schön dieser Konkurrenzkampf nachzulesen ist. Siehe: Freundeskreis Kirmes und Freizeitpark e. V. (Hg.): „Achterplan. Deutschlands Achterbahnen. Bilder und Daten. Kirmes und Park“, Bornheim, o.J., S. 6, S. 16.

von 97 Stundenkilometern in ein Tal hinein und fahren durch ein Gewirr von Loopingkonstruktionen, die teilweise ineinander verschachtelt sind, zugleich erlaubt die Bahn „durch ihre Höhe wunderschöne Panoramablicke“[277]. Bei der Bahn „Shockwave“ werden zwei Loopings kombiniert, die Geschwindigkeit von 97 km/h wird durch die Abfahrt eines 35 Meter hohen First Hills aufgebaut, „der aber wegen seiner luftigen Höhe trotzdem nicht beruhigend wirkt, sondern im Gegenteil dem Gehirn symbolisiert, dass der unwillkürlich folgende Ritt auf dem zu Füßen liegenden Schienengewirr nicht gut ausgehen kann“[278]. Damit gehört die „Mindbender“ Bahn zu den prototypischen „Scream Machines“. Frank Lanfer resümiert am Ende seiner Abhandlung über die Motivation des Achterbahnfahrens:

> [D]ie Ursachen für die bis heute anhaltende Coaster-Euphorie sind die gleichen geblieben: Es sind Versuche, der Zivilisationslangeweile zu entkommen, ein Akt der Befreiung aus allen gesellschaftlichen Zwängen. Der von Monotonie geplagte Industriemensch sucht auf den furcht-erregenden Konstruktionen neue, gigantische Erlebnisse. Er sucht die Grenzen seines eigenen Ich, um sich selbst zu erfahren. Er sucht ein Stück eigenes Glück. Achterbahnen sind materiell gewordene Urschreie der Menschheit.[279]

Lanfers Ausführungen gleichen denen Stengels hinsichtlich einer evolutionstheoretischen Begründung dieses außergewöhnlichen Vergnügens, das sich letztlich als eine Art Kontrasterleben und Kompensationsbedürfnis darstellt.[280] Stengel äußert sich hierzu wie folgt:

> Unser tägliches Leben ist heute langweilig geworden. Das heißt, das Leben bietet eigentlich keine Überraschungen mehr. Wenn man jetzt mal zurückgeht, ins Neandertal, in dieser Zeit musste der Mensch jagen, er musste Feinde abwehren, er musste fürs Essen sorgen, er hatte jeden Tag neuen Stress und Adrenalinausstoß. Und das ist heute nicht mehr da, das Leben ist berechenbar und langweilig geworden.[281]

277 Lanfer: „100 Jahre Achterbahn“, S. 65.

278 Ebd., S. 66.

279 Ebd., S. 88.

280 Vgl. Frank Lanfer/Hans Jürgen Kagelmann: „Erlebniswelt Achterbahn“, in: Hans Jürgen Kagelmann/Reinhard Bachleitner/Max Rieder (Hg.): „Erlebniswelten. Zum Erlebnisboom in der Postmoderne“, Profil Verlag, München, 2004, S. 84-85.

281 Werner Stengel im Interview.

Bemerkenswert ist die Qualität, die dem „Schrei“[282] zugewiesen wird.[283] Im Behaviorismus wird das Schreien als Reaktionsmuster im Kontext von Furchtempfindungen beschrieben, wenn bestimmte Reize ausgelöst werden. Der Begriff des Urschreis wäre diesbezüglich falsch gewählt, da er zum einen eine Assoziation mit dem ersten Säuglingsschrei nahe legt, zum anderen begrifflich durch Arthur Janov innerhalb der Psychologie besetzt wird und dort eine Reaktion bei der Bewältigung früher psychischer Verletzungen darstellt.[284] Das Präfix „Ur-“ soll vermutlich eher eine biologistische Erklärung stützen.

Ausgehend von einem Setting, in welchem alltägliche Gefahren das Leben der frühen Menschen bestimmen, stellt Hartmann zufolge die „Risikobereitschaft einzelner Stammesmitglieder einen evolutionären Vorteil für das biologische Überleben der Gruppe“[285] dar. Diese permanente Gefahrensituation sublimiert sich im Zivilisationsprozess und führt zu den „frühen „Freizeitvergnügen“ wie:

> wüste heilige Orgien, ekstatische Saturnalien, Menschenopfer, Gladiatorenkämpfe, Wagenrennen, Ritterturniere, öffentliche Gottesurteile und Hinrichtungen, derbe Jahrmarktsdarbietungen, Hexenverfolgung, die Pilgerzüge der Geißelbrüder[286]

Der psychische Existenzstress als Angstauslöser hat in der „Wohlstandsgesellschaft“ seine Funktion verloren. In der Wohlstandsgesellschaft, in der die Menschen durch unterschiedlichste Absicherungen einem „faden“ Berufsleben entgehen möchten, wird das Erleben von scheinbaren oder wirklichen Gefahren[287] gesucht, um Hartmann zufolge:

---

282 Und ich hab immer gesagt, das sind keine Angstschreie, nur partiell Angstschreie, es sind zum Teil auch Lustschreie.“ Werner Stengel im Interview.

283 Dieser Hinweis findet sich nicht nur in Stengels und Lanfers Erklärungen, auch wird die Achterbahn in einer Monographie als „Scream Machine“ paraphrasiert. Vgl. Robert Cartmell: „The incredible Scream Machine“.

284 Arthur Janov: „Der Urschrei. Ein neuer Weg der Psychotherapie“, Fischer, Frankfurt a. M., 1990, Besonders S. 80-84.

285 Hartmann: „The Thrilling Fields“, S. 76.

286 Ebd., S. 76-77.

287 Karussell und Achterbahnen werden sorgfältig vom TÜV abgenommen, so dass die Gefahr von Unfällen relativ gering ist, dennoch bleibt ein Risiko bestehen, was keineswegs verschwiegen wird. Dies wird etwa in der folgenden Veröffentlichung deutlich, wo einerseits die TÜV-Bestimmungen und andererseits ein Artikel eines Unfalls abgedruckt ist: Oberstadtdirektor der Stadt Krefeld – Amt für Landwirtschaft, Liegenschaften und Marktwesen (Hg.): „Kirmes in Krefeld. Geschichte und Geschichten von Schaustellern“, o. V., o. O., 1991, S. 55-57.

der arbeitsteiligen, hochautomatisierten, fremdbestimmten und immobilen Berufsroutine und dem grauen Alltag [zu] entkommen, über sich selbst bestimmen, *freiwillig* etwas tun, vor allem *ihren Körper spüren*, Gefahren und Schwierigkeiten meistern, ihre Angst überwinden, Spaß haben, „Thrills" empfinden.[288]

Hartmann weiter:

Es ist also womöglich gerade die – scheinbare – *Gefahrlosigkeit* unserer westlichen Welt und die *Langeweile*, die sich in ihren Gesellschaften breitgemacht hat, die immer mehr Menschen dazu bewegen, Gefahren zu *provozieren*, sich ihnen *freiwillig* auszusetzen und *lustvoll* ganz überflüssige *Strapazen* auf sich zu nehmen.[289]

In diesen Tätigkeiten soll ein dem Menschen innewohnendes Programm kompensiert werden. So werden beim Menschen beim Auftauchen von Gefahren Hormone (z.B. Adrenalin) freigesetzt,[290] die dem Menschen in diesen Situationen die Flucht ermöglichen oder die Überlebenschance in einem Kampf erhöhen sollen. Diese Hormonproduktion kann auch künstlich – sowohl durch intensive körperliche Tätigkeit als auch durch gefährliche Aktivitäten – angeregt werden.

Bezogen auf die Achterbahn bedeutet dies, dass die Geschwindigkeit einer Fahrt selbst nicht durch ein Sinnesorgan wahrgenommen werden kann,[291] aber indirekt als Fahrtwind und vor allem durch das Erleben der

288 Hartmann: „The Thrilling Fields", S. 78.

289 Ebd., S. 79.

290 „Während der Abfahrt schüttet das Menschenhirn den Neurotransmitter Dopamin aus. Er erzeugt eine Art Drogen-High. Wer mehrmals fährt, spürt den Rausch, das Bedürfnis, noch mal und noch mal und noch mal zu fahren. Ein Trancezustand am Rande des Abgrunds", aus: „Hals über Kopf", in: Focus, 16 September 2002. Nr. 38, S. 77.

291 „SZABO: Was ist denn der besondere Reiz einer Achterbahn? LANFER: Ja, es ist einerseits die Optik, andererseits die Gefühlsregung, die sie hervorruft. Durch ihre ästhetische Erscheinungsweise weiß sie schon von Weitem auf sich aufmerksam zu machen: Einerseits drückt sie mit ihren geschwungenen Formen ohne Ecken und Kanten Weiblichkeit in höchster Vollendung aus. Das spricht natürlich schon mal die eine Klientel an. Und andererseits symbolisiert die stahlharte, in den Himmel empor strebende Konstruktion Männlichkeit pur. Frauen fühlen sich zwar geängstigt von dieser ungeheuren Macht und Stärke, liefern sich dann aber doch gerne der männlichen Technik aus. Apropos Technik: Das spricht natürlich wieder eher die Männer an. Eine Achterbahn beinhaltet und ist somit Alles… und wieder auch Nichts. Denn sie ist nur ein flüchtiges Gefühl des Seins, eine Brücke des Abenteuers, tatsächlich wird sie offiziell als Brückenkonstruktion statischen Berechnungen unterworfen, auf denen der Mensch seinen eigenen Grenzen ein Stück näher kommt.

unterschiedlichen Fliehkräfte und dem Erleben positiver g-Kräfte (die das Blut aus den feinen Blutkapillaren pressen, so dass ein kurzfristiger „Black-Out", der so genannte „Loop-the-Loop-Effekt" eintreten kann) und dem Erleben negativer g-Kräfte (die dem Körper kurzfristig ein Gefühl der Schwerelosigkeit vermitteln), also massive Einwirkungen, die den Körper als Erlebnisgröße aufwerten.[292] Werner Stengel äußert sich im Gespräch mit dem Spiegel-Journalisten zu dem Thema „gelungenes Achterbahndesign" folgendermaßen:

> Stengel: Wir haben 220 Achterbahntypen weltweit gebaut und wissen, dass es nicht die Geschwindigkeit selbst ist, die den Thrill ausmacht, weil der Mensch gar keinen Sensor dafür besitzt. Der Reiz einer Achterbahnfahrt besteht in der Aneinanderreihung von Beschleunigungen – wenn das in einer guten Sequenz gemacht ist, haben sie eine gute Bahn.
> Spiegel: Sie meinen also, nur ein sinnvoller Wechsel zwischen Schwerelosigkeit und Schwere sorgt für den Adrenalin-Kick?
> Stengel: Nicht nur Schwerelosigkeit, sondern sogar Minus-g! Wir arbeiten sehr viel mit der so genannten Airtime, bei der die Fahrgäste nach oben katapultiert werden, während die Fahrzeuge auf Gegenrädern laufen, weil sie sonst aus den Schienen springen würden. So etwas hat man sich früher nicht getraut, aber heute sind die Sicherheitsvorkehrungen mehr als ausreichend. Die Fahrgäste lieben das![293]

Als Effekt dieser Handlungen werden jetzt Hormone ausgeschüttet, die auch zu rauschartigen Zuständen führen können.[294] Der Mensch der Wohlstandsgesellschaft trägt dieses biologische Erbe immer noch in sich, kann es aber nicht mehr ausleben, weshalb er riskante Aktivitäten

Das besondere Gefühl einer Achterbahnfahrt sind die Wechsel der Geschwindigkeiten und Beschleunigungen. Der Mensch selbst hat ja kein explizites Sinnesorgan für die Geschwindigkeit. Erst der Beschleunigungswechsel macht die Geschwindigkeit auch körperlich erlebbar. Die überraschenden aber zugleich harmonischen Wechsel zeichnen eine gelungene Achterbahnfahrt aus." Frank Lanfer im Interview.

292 „Wir spielen jetzt, mit Plus- und Minus-g-Zahlen und jetzt kommt es darauf an. Was macht eine Attraktion aus? Die Sequenz. In welcher Reihenfolge? Wie ordnen Sie die Beschleunigung an? Das ist einmal das, was eine Achterbahn ausmacht, die Sequenz der Änderungen der Beschleunigung. Der Mensch muss es fühlen, die Belastung und dann die Entlastung und so weiter. Der muss zwischendurch auch mal kurz Luft holen können, aber nicht zu lange, sonst wird es langweilig, der muss dann sofort wieder ins nächste Excitement getrieben werden." Werner Stengel im Interview.

293 Spiegel Online: http://www.spiegel.de/sptv/extra/0,1518,140720,00.html [Stand 01.12.2005].

294 Müller-Küppers: „Psychiatrie", S. 117.

sucht. Dieser Kick, der durch körpereigene Substanzen erzeugt wird,[295] kann auch die Suchtmerkmale annehmen. Dieser Begründungszusammenhang ermöglicht auch die Umbesetzung von Angst in Lustschreie. Eine psychologische Entsprechung findet diese biologische Sicht in der Annahme eines angeborenen Angsttriebs. Dieser wird von Menschen durch das Aufsuchen angstauslösender Situationen befriedigt, um als Notfallprogramm präsent zu sein.[296]

Dieser These widerspricht Hartmann dezidiert und weist darauf hin, dass gerade der Bereich der Instinkte ein rudimentärer Bereich ist und eher dem Bereich der Spekulation zuzurechnen ist. Beobachtbare Handlungen von Angstneurotikern lassen sich hingegen keinem Angsttrieb zurechnen, sondern sind eher krankhafte Vorwegnahmen – die wiederum auf dem Jahrmarkt durchaus als Phantasmen (etwa der Angst vor einem Unfall) nicht nur gelegentlich singulär präsent sind, wie dies etwa auch das große mediale Interesse an Unfällen zeigt.

Betrachtet man die Antizipation von Ängsten abstrakt, so konfrontiert sie den Menschen nicht nur mit psychischen Belastungen, die ihre Ursache in der jeweiligen individuellen Disposition haben, sondern konfrontiert den Betroffenen Hartmann zufolge mit „existentiellen und metaphysischen Ängsten".[297] Diesen versucht sich der Mensch zu stellen,

> indem er sich ihnen widerwillig trotzig oder heroisch ‚stellt', sie neurotisch ‚agiert', verleugnet oder verdrängt oder aber theologisch und philosophisch legitimiert[298]

Dies wird auch im abschließenden Resümee Lanfers deutlich: „Achterbahnen bedeuten ein Stück Lebensphilosophie."[299]

Riesenräder: Horizont

Vorläufer der Attraktion „Riesenrad", die als Blickfang eine besondere Sehenswürdigkeit auf der Kirmes und in den Vergnügungsparks darstellt, sind die so genannten „Russischen Schaukeln", die auch heute noch gelegentlich auf Festplätzen zu sehen sind. Diese kleinen Riesenräder sind bereits im siebzehnten Jahrhundert bekannt, wie dies eine Zeichnung von Peter Mundy aus dem Jahr 1620 belegt.

---

295 Hartmann: „The Thrilling Fields", S. 141-144.

296 Siehe auch: Die Zeit.de Wissen: http://www.zeit.de/zeit-wissen/2005/04/Angstlust.xml [Stand 01.06.2006].

297 Hartmann: „The Thrilling Fields", S. 83.

298 Ebd., S. 84.

299 Lanfer: „100 Jahre Achterbahn", S. 88.

Bei diesen frühen Typen der „Russischen Schaukeln" lassen sich zwei ähnliche Arten unterscheiden. Während bei dem einen die Gondeln, die ein bis zwei Personen aufnehmen können, zwischen zwei kreuzartigen Holzkonstruktionen angebracht sind, zeichnet sich die andere Gruppe dadurch aus, dass die Gondeln bereits zwischen zwei großen Rädern angebracht werden. Angetrieben werden diese Räder durch menschliche Kraft, die entweder direkt oder aber über Transmissionsbänder oder -ketten übertragen werden. Die Gondeln sind in der Regel bei beiden Typen freischwingend, weswegen sie auch als Schaukeln bezeichnet werden.[300] Die Russischen Schaukeln erreichen um die Jahrhundertwende etwa eine Höhe von 12 Metern.[301] Bei diesen frühen Rädern dient die Höhe stärker dem Erleben eines Schaukelns in einer gewissen Höhe und weniger der Landschaftsschau, die bei den großen Riesenrädern ein zentrales Erlebnismoment darstellt.

Dabei ist hier anzumerken, dass diese beiden Bereiche sowohl bei den „Russischen Schaukeln" als auch bei den „Riesenrädern" ineinander übergehen. So werden zum einen auch die kleinen Räder als „Observation Roundabout" angepriesen, zum anderen können auch die Gondeln der großen Riesenräder zum Teil in Schwingung beziehungsweise bei manchen Geräten zusätzlich in Drehung versetzt werden.

Das erste Riesenrad entsteht im Kontext der Weltausstellung 1893. Unter dem Eindruck des Eiffelturms, der im Rahmen der Weltausstellung 1889 in Paris konstruiert worden ist, wird das erste Riesenrad als vergrößerte Adaption einer Russischen Schaukel von dem nordamerikanischen Ingenieur George Ferris geplant, dessen Name als Typenbezeichnung dieser Konstruktionen noch heute im nordamerikanischen Raum gebräuchlich ist: „Ferris Wheel". Ähnlich dem Eiffelturm wird dieses technische Wunderwerk in unverkleideter Stahlbauweise ausgeführt, so dass auch hier die unterschiedlichen Kräfte nicht nur sichtbar gemacht, sondern zum formgebenden Element werden.

Das Rad besitzt einen Durchmesser von 75 Metern. Am Rad sind 36 Gondeln aufgehängt, die jeweils 40 Personen fassen können. Angetrieben wird das Rad durch eine spezielle 1000 PS starke Dampfmaschine. Das „Ferris Wheel" wird zu einem Publikumsmagneten und zum meistphotographierten Objekt der „Columbian Exposition", für das es sogar spezielle Souvenirs, wie Medaillen und Sammellöffel, zu erwerben gibt. Nach der Ausstellung wird das Rad abgebaut und – nachdem

300 Was sie ja gewissermaßen auch sind, zumal bei ihnen die Höhe als Erlebnisqualität wesentlich schwächer ausgebildet ist als bei den späteren Riesenrädern.

301 Vgl. Dering: „Volksbelustigungen", S. 47-48 und S. 81-109.

es bei der Weltausstellung 1904 in St. Louis ein weiteres Mal aufgebaut wurde – endgültig verschrottet.

Die Faszination löst einen wahren Riesenradboom in Europa aus und es entstehen innerhalb weniger Jahre Räder in London (1894), Wien (1897)[302], Berlin (1897) und Paris (1898), die zugleich als nationale Statussymbole miteinander konkurrieren. In diesem friedlichen „Riesenrad-Krieg“ siegt das Pariser „Grand Roue“, das für die Weltausstellung 1900 geplant wird, mit einer Höhe von 100 Metern.

Abbildung 41: Postkarte: Riesenrad im Prater, 1931

Bis auf das Wiener Exemplar[303], ein eher kleines Exemplar mit einem Durchmesser von „nur“ 61 Metern, werden alle Räder verschrottet. Eine Renaissance erlebt das Riesenrad im Jahr 2000, als in London das „London Eye“ mit 135,36 Metern errichtet wird.[304]

302 Cécile Cordon: „Das Riesenrad hat alle entzückt. Die wechselvolle Geschichte des Wiener Wahrzeichens”, Mandelbaum, Wien, 1997.

303 Tourist Net Austria: http://www.tourist-net.co.at/w_pr_3.htm [Stand 01.12.2005] und Wikipedia: http://de.wikipedia.org/wiki/Wiener_Riesen rad [Stand 01.12.2005].

304 Wouter Koning: „London Eye“, in: Kirmes und Park Revue 6/2000, 2000, S. 18-19. Im Januar 2006 wurde in Nanchang (China) ein, mit 160 Metern, noch höheres Rad errichtet.

Auf den Festplätzen bestimmen bis in die sechziger Jahre des zwanzigsten Jahrhunderts Russische Schaukeln das Bild. Ab den sechziger Jahren ermöglichen neue Stahlkonstruktionen größere Räder. Ähnlich der Konkurrenz bei den festinstallierten Riesenrädern entwickelt sich auch bei den Jahrmarktsrädern ein Wettkampf um Deutschlands größtes Riesenrad. Nach kleineren Exemplaren mit 23 und 28 Metern Höhe wird 1968 dann im Auftrag des Schaustellerbetriebs Steiger ein Riesenrad mit einer Höhe von 40 Metern gebaut, welches erst 1979 durch das Exemplar der Firma Willenborgs mit einer Höhe von 55 Metern übertroffen wird. Bereits im folgenden Jahr macht das 61 Meter hohe Rad der Firma Steiger diesem wieder den Titel des „Größten transportablen Riesenrads der Welt“ streitig.

Ähnlich den Riesenrädern ermöglichen auch spezielle Aussichtstürme einen außergewöhnlichen Ausblick auf die Umgebung, wie etwa der „Elektrische Aussichtsturm“ in Barmen. Das Besondere dieser Türme – und worin sie sich von hölzernen Aussichtstürmen, die auf Hügeln und Bergen angebracht sind, unterscheiden – ist die Integration neuer technischer Verfahren, wie beispielsweise elektrisch betriebene Aufzugstechnik, um die Besucher auf die Aussichtsplattform zu bringen, oder (um ein aktuelles Beispiel zu nennen) wie beim Turm „Top of the World“, wo die komplette Aussichtsplattform 72 Meter hinaufgezogen wird, um dann mehrmals um die eigene Achse zu kreisen, bevor sie sich wieder absenkt.[305]

Eine besondere Sehenswürdigkeit sind die Riesenräder aber nicht allein nur wegen ihrer Größe. Zugleich ermöglicht die Höhe die Betrachtung von Sehenswürdigkeiten, die sonst dem Blick verstellt und deren Perspektive dem Auge verborgen bleibt. So ist bereits bei der Konstruktion des „Columbia Wheel“ eine besondere Aussicht auf die Umgebung intentioniert. Der Blick aus dem Riesenrad lässt dabei nicht nur den Festplatz als Miniaturwelt erscheinen, sondern auch der Horizont dehnt sich beim Blick aus der Gondel gleichsam aus, so dass Landschaften, Gebäude sichtbar, ja sogar mit einem Blick erfassbar sind, so als ob sie zusammengerückt seien. Mit Petrarcas Besteigung des Mont Ventoux im Jahr 1326[306] beginnt die Geschichte der Horizonterfahrung. Ein ähnliches Erleben der Horizontverschiebung ermöglichen die Heißluftballons, die auf den heutigen Festplätzen nicht mehr so häufig anzutreffen sind, wie auf den Festplätzen der Jahrhundertwende, auf denen sie ein fester Bestandteil sind und deren Besonderheit darin besteht, dass sie

305 Kirmes und Park Revue 1/96, 1996, S. 2-3.

306 Francesco Petrarca: „Die Besteigung des Mont Ventoux“, Insel, Frankfurt a. M., 1996.

weniger dazu dienen, Strecken zu überbrücken, als sich vielmehr vom Erdboden zu entfernen.

Die „Horizonterfahrung“ zeichnet sich durch ein Erlebnis der Erhabenheit aus – in dem Sinne, dass man über seine bisherige Alltagserfahrung erhaben ist und all das Bekannte nur noch als Miniaturwelt besteht. Diese Perpektivverschiebung lässt den Betrachter gleichsam auf die Größe der Höhe seines Standpunkts anwachsen, so dass sich Allmachtsvorstellungen bilden können, man könne Menschen wie Puppen und Häuser wie Modelle umordnen, um so letztlich den Lauf der Geschehnisse zu bestimmen.

Diese Allmacht bleibt aber gleichwohl nicht nur auf dem Status eines Demiurgen stehen, sondern entgrenzt sich in der Totalität einer vollkommenen Horizontverschiebung bis ins Unendliche. Der Horizont, der als Grenze hinausgeschoben wird, bildet als Grenze zugleich die Möglichkeit einer Standortbestimmung: im Verschwinden dieser Grenze, geht nun für den Betrachter auch die eigene Position verloren, was Verunsicherung und Angst zur Folge hat, so dass der Fahrgast nicht nur physiologisch Schwindel erlebt, sondern letztlich dessen Subjekthaftigkeit ins Wanken gerät. So provoziert die Riesenradfahrt – für eine kurze Zeitspanne – eine Einheit, in welcher die Trennung zwischen dem Subjekt und seiner betrachteten objekthaften Umwelt aufgehoben ist. Dering beschreibt dies wie folgt:

> Und bei dem Riesenrad haben Sie dieses Phänomen, dass Sie sich aus der Turbulenz zurückziehen können. Sie gehen in diese Kabine, sie sind in dieser Kabine vollkommen ungestört und haben dann dieses herrliche Gefühl, dass Sie sich mit diesem Rad über das Ganze bewegen und abheben und drüber hinaus schauen können, also dass man so weit weg ist und so drüberschauen kann und sich so erheben kann.[307]

Das Erleben dieses Horizontverlustes bewirkt eine Neugliederung des Raumes. Neben Hilfsmitteln, die direkt das Sehen verstärken, wie Fernrohre, die den Horizont der Sichtbarkeit durchstoßen, werden Türme und Berge dazu eingesetzt den Raum einzusehen und damit letztlich zu kontrollieren. Man denke hier etwa an die Vermessung Frankreichs, deren Fixpunkte Kirchtürme bildeten, die sowohl ein erweitertes Blickfeld ermöglichten und zugleich als Orientierungspunkte dienten. Das so durch Katasterisierung gebannte Gefühl der Verunsicherung angesichts einer unfassbaren Totalität wird im Bereich der Kunst als ästhetische Kategorie des Erhabenen zugelassen, sofern nur die Distanz eingehalten wird,

307 Florian Dering im Interview.

Abbildung 42: Postkarte: Riesenrad, Horizont, 1926

um dieses Erlebnis zu begreifen.[308] Peonicke fasst dieses Erleben folgendermaßen zusammen:

Das Erhabene konstituiert sich also für Burke in jedem Fall:

> als ein ‚Sprung' des Bewußtseins in etwas erdrückend Bedrohliches, dem in Sekunden ein Aufschrei der Erlösung folgt, weil das Ich sich selber der Gefahr entzogen und darum für einen Augenblick titanisch gewachsen fühlt. Der unmittelbare *pay-off* äußerster Macht ist als ein ihr strikt umkehrgleiches Gefühl äußerst gesteigerter Macht. Indem wir daraufhin die Begegnung mit dem Erhabenen bewusst zu *suchen* beginnen, erproben wir offenkundig Rezepturen einer potenten *Power*-Droge, [...][309]

Das Ausgangsprodukt dieser Erfahrung wird gleichsam mit einer Aura des Erhabenen versehen und so selbst als Erhabenes angesehen.[310] Kant

308 Klaus Poenicke: „Eine Geschichte der Angst. Appropriationen des Erhabenen in der englischen Ästhetik des 18. Jahrhunderts", in: Christine Pries (Hg.): „Das Erhabene. Zwischen Grenzerfahrung und Größenwahn", VCH, Weinheim, 1989, S. 75-90.

309 Ebd., S. 85.

310 Zum Erhabenen als religiöse Qualität vgl. Rudolf Otto: „Das Heilige. Über das Irrationale in der Idee des Göttlichen und sein Verhältnis zum Rationalen", Leopold Klotz Verlag, Gotha, 1929, S. 58-59 und S. 64-67.

unterscheidet in der Kritik der Urteilskraft die „bearbeitete Natur“, die ein Gefühl des mathematisch Erhabenen generiert, von der „rohen Natur“, die ein Gefühl des dynamisch Erhabenen vermittelt. Beispiele für das Mathematisch-Erhabene sind für Kant die Pyramiden, die Peterskirche und andere große Bauwerke.[311] Die Betrachtung solcher Bauwerke löst ein Gefühl des grenzenlosen Schreckens aus, ein Nichts zu sein angesichts dieses Monuments. Dieses Gefühl wandelt sich durch die Vernunft, die sich in diesem Prozess gleichsam selbst beweist, in Lust, indem jetzt der Einzelne das Monument nicht als naturhaft Dynamisches, sondern als bearbeitete Natur versteht und sich selbst als Teil der Gesellschaft, die dieses Monument geschaffen hat.

Dies erklärt unter anderem die Attraktivität technischer Details nicht nur der Riesenräder, sondern vieler Kirmesattraktionen, die sich großer Maschinen bedienen. Versteht man Geschwindigkeit als moderne Umdeutung des naturhaft Dynamischen, welches in der Farbrikarchitektur des Viktorianischen Englands seine Form findet, ist das Riesenrad, welches ebenfalls auf jedes Dekor verzichtet, ein Monument zur Erfahrung des Erhabenen: der Erfahrung der Allmacht und des Schreckens des Ausgeliefertseins, das als architektonische Konstruktion nicht nur im Mathematisch-Technischen, sondern gleichermaßen auch im Naturhaft-Dynamischen erfahrbar ist.

Freefalltower: Sex

Seit Mitte der neunziger Jahre ist der Freefalltower[312] eine neue Attraktion auf Jahrmärkten und in Vergnügungsparks. Bei dieser Attraktion werden die Fahrgäste in Gondeln an Türmen hinaufgezogen und stürzen aus der entsprechenden Höhe im freien Fall gen Erdboden, werden aber in sicherem Abstand zum Boden abgebremst. Dering bemerkt hierzu:

> Aber die Achterbahn gehört natürlich bei einem großen Festplatz dazu, weil sie für diese Großoptik sorgt. Da gehören auch Geschäfte dazu wie der Freefall, der von weitem her schon sichtbar ist. Dort werden die Leute hinaufgeschossen und dann von oben herunterfallen, wo schon weither schon Leute darauf reagieren und sagen: Hier hinten, schau was da stattfindet. Der Freefall ist ein ganz wichtiges Geschäft, das war eine geniale neue Erfindung.[313]

311 Klaus Bartels: „Über das Technisch-Erhabene“, in: Christine Pries (Hg.): „Das Erhabene. Zwischen Grenzerfahrung und Größenwahn“, VCH, Weinheim, 1989, S. 302-305.

312 Zur Geschichte dieser Attraktion Ralf Schmitt: „Freefalltower. Freier Fall aus siebzig Metern“, in: Kirmes und Park Revue 8/97, 1997, S. 26-29.

313 Florian Dering im Interview.

Zuerst treten diese Attraktionen in Vergnügungsparks auf. In Deutschland ist es der Holiday Park in Wiesloch, der solch eine Attraktion seinen Gästen 1997 bereitstellt. Bei diesem Exemplar werden die Fahrgäste in vier Gondeln, in denen bis zu vier Personen Platz nehmen können, in die Höhe gezogen, um dort (leicht nach vorne gekippt) einige Momente in die Tiefe blicken zu können, ehe sie im freien Fall Richtung Erde stürzen und dort von einem magnetischen Bremssystem abgefangen werden. Angepriesen wird dieses Erleben im Internetauftritt des Holidaypark in folgenden Worten:

> Kennen Sie das Gefühl im freien Fall Richtung Erde zu rasen? Es kribbelt im ganzen Körper, der Adrenalinspiegel steigt, das Herz klopft wie wild, man hält den Atem an. Erleben Sie dieses Gefühl bei unserer über 70 m hohen Fahrattraktion. Für alle, die ständig auf der Suche nach einem noch größeren Nervenkitzel sind, ist der Holiday Park® in Hassloch zum Mekka geworden. Denn hier bietet sich ein besonderer Thrill - der Free Fall® Tower.[314]

Später bereisten die ersten mobilen Exemplare, wie etwa „Freefall" der Firma Goetzke die deutschen Festplätze. Dieser 2001 von der Bremer Firma Huss gebaute Turm mit einer Höhe von 50 Metern ist aufgrund seiner Mobilität etwas kleiner als die stationären Türme, allerdings für mehr Personen konzipiert (24 Personen). Michael Goetzkes Freefall ist einer der ersten transportablen Freefall-Tower der Welt und bietet neben dem Fall zusätzlich auch den Effekt, dass die Gondeln hinauf katapultiert werden.[315]

---

314 Holiday Park: http://www.holidaypark.de/index_freefall.html [Stand 01. 12.2005].

315 Aus dem Werbetext:
„Michael Goetzke's Turm war der erste transportable Freefall-Tower der Welt.
Die Anlage bietet erstmalig zwei Effekte pro Fahrtablauf. Zunächst werden die Gäste katapultartig 42 m den Turm hinauf geschossen.
Anschließend geht es im Sturzflug zurück in die Tiefe. Dabei erreichen Sie eine Geschwindigkeit, die über der des natürlichen freien Falls liegt.
Mit bis 15 m/Sekunde erreichen Sie hier Druckluft-getrieben zum höchsten Punkt des Turms.
Manche können dabei sogar noch lustig mit den Beinen schlenkern. Oben kreischen die Kids, unten verrenken sich die Zuschauer neugierig die Köpfe.
Sind Sie bereit zum Abheben? 3...2...1...0...und ab geht's. Beim Freefall sehen Sie fröhliche, aber auch bange Gesichter bei jung und alt. Ein Geschäft für die ganze Familie. Das gemeinschaftliche ungefährliche Bungee-Spring-Erlebnis. Allerdings nichts für Leute mit Höhenangst."
Aus:

In einem Bericht über den Cannstatter Wasen 2001 wird das Fahrgefühl von einem Fahrgast folgendermaßen beschrieben: „Wahnsinn, besser als Sex!“[316] Es erhebt sich angesichts dieser Aussage die Frage, was an diesem Fahrgeschäft besser als Sex sein soll.

Abbildung 43: Photographie: Freefalltower (Bild: C. Puttkammer)

Betrachtet man den Tower, so drängt sich die nahe liegende Assoziation zu einem erigierten Penis auf. Folgt man diesem Bild noch einen Schritt weiter, so gleitet die Gondel jetzt an diesem Penis auf und ab, was man als Masturbation oder auch als Kopulationsakt interpretieren könnte. Selbst wenn aber diese Anspielung zufällig ist und auch nicht dem technischen Bedingungen des Fahrablaufs Rechnung trägt, so erklärt sich eigentlich nicht, weswegen die Assoziation mit Sex von dem Fahrgast gewählt wird. Auch wenn man Werbebeschreibungen hinzubemüht, so lässt sich eine Analogie zur Sexualität bilden, da diese gemeinhin auch als Nervenkitzel und adrenalinfördernd gilt. Zugleich aber spielt der Freefalltower mit der Angst vor dem Fallen, vor dem Absturz.[317] Wie

Ganz-München.De: www.ganz-muenchen.de/oktoberfest/fahrgeschaefte/modern/freefall.htmlst/Fahrgeschäfte/modern/freefall.html [Stand 23.08.2005].

316 „Feste und Bräuche: Cannstatter Wasen“. S.3, 01.10.01.

317 „Es gibt auch eine Adrenalinausschüttung, die sogar süchtig machen kann. Bei der Achterbahn, wenn man den Lift hochfährt und ist man ein bisschen ängstlich, dann gibt es eine Adrenalinausschüttung. Wenn man dann runterguckt und es geht fast senkrecht runter, dann passiert irgendetwas im Gehirn.“ Werner Stengel im Interview. Auch sei hier nur beiläufig als Beispiel der gegenseitigen Vereinahmung von Wirtschaft und Wissenschaft auf das „Anti-Achterbahn-Angst-Seminar“ verwiesen, das der Holiday Park in Zusammenarbeit mit der Uni Tübingen ausgerichtet

lässt sich aber Sexualität und Angst miteinander in Zusammenhang hinsichtlich einer Fahrt auf einem Freefalltower bringen? Hilfreich kann hier ein Erklärungsansatz Sigmund Freuds sein, in dem er die „Eisenbahnangst" beschrieb.

Die „Erschütterungen der Wagenfahrt und später einer Eisenbahnfahrt üben eine so faszinierende Wirkung auf ältere Kinder aus. [...] Den Vorgängen auf der Eisenbahn pflegen sie ein rätselhaftes Interesse von außerordentlicher Höhe zuzuwenden [...] und zum Kern einer exquisit sexuellen Symbolik zu machen. Der Zwang zu solcher Verknüpfung des Eisenbahnfahrens mit der Sexualität geht offenbar von dem Lustcharakter der Bewegungsempfindungen aus.[318]

Vergleicht man die kinetischen Kräfte der Eisenbahn mit denen eines Freefalltowers, verfügt der Tower über eine wesentlich höhere kinetische Potenz. Angst entsteht, so Freud, durch die Verdrängung dieser Phantasien. Diese Angst wird von Schievelbusch in seinem Buch über Eisenbahnreisen folgendermaßen zusammengefasst:

Was psychoanalytisch zu erklären ist als Angst vor der Verselbständigung der eigenen Sexualität, wird von den Reisenden erlebt als Angst vor dem Entgleisen des Zuges. [...] Die Angst, der Zug könne entgleisen, erweist sich genauer als Gefühl der Ohnmacht, in eine sich schnell bewegende Apparatur gebannt zu sein, ohne auf diese im Geringsten einwirken zu können. [...] Das Abteil wird im gleichen Maße zum traumatischen Ort, wie es lustvolle Erfahrung mechanischer Bewegung ermöglicht.[319]

Überträgt man diese Folgerungen auf den Freefalltower, so verbindet sich ein durch die mechanisch erzeugten Erschütterungen lustvolles Empfinden mit dem Gefühl des Ausgeliefertseins und des Kontrollverlustes, die eng mit dem Begriff des „Thrills" verbunden sind. Damit nimmt dann die Fahrtbeschreibung des Wasenbesuchers nicht so sehr Bezug auf den konkreten sexuellen Akt, als vielmehr auf eine (möglicherweise erfahrene) Erlebnisdimension des temporären Kontrollverlustes und des Ausgeliefertseins.

hat. Ärzte Zeitung Online: http://www.aerzte-zeitung.de/docs/2004/09/16/166a1601.asp?cat= /medizin/angst [Stand 01.12.2005].

318 Sigmund Freud, zitiert aus: Schievelbusch: „Eisenbahnreise", S. 74.

319 Schievelbusch: „Eisenbahnreise", S. 75.

Slingshot: Gemeinsamkeit

Eine der neuesten Attraktionen auf dem Rummel ist der Slingshot. Noch streiten sich Rummelplatzfreunde darüber, ob der Slingshot eine Attraktion im „klassischen Sinne“ ist, da die äußere Erscheinung schlichter und das Fahrgastvolumen deutlich geringer als bei anderen Attraktionen ist.

Bei einem Slingshot befinden sich zwei Sitze in einer Gitterkugel, die an sehr starken Gummi- oder Metallseilen aufhängt ist. Die Bänder wiederum sind an zwei hoch aufragenden Trägern befestigt. Die Kugel wird am Boden verankert und die Bänder unter Spannung gesetzt – ähnlich einer aus einem Einmachgummi gebauten Steinschleuder. Schlagartig wird die Kugel freigegeben, wodurch sie katapultartig weit hinauf geschleudert wird und sich überschlagend auf- und niederpendelt bis die kinetische Kraft verbraucht wird. Oft wird die Kabine mit einer Videokamera versehen, die zum einen den Zuschauern die Regungen der Fahrgäste auf eine Videoleinwand überträgt, zum anderen aber den Fahrgästen ein besonderes Andenken in Form eines Videomitschnittes ermöglicht. Nicht zuletzt stellt die Aufnahme eine weitere Einnahmequelle für den Schausteller dar.

Abbildung 44: Photographie: Slingshot (Bild: T. Müller)

Betrachtet man den Aufbau der Attraktion, so erinnert der technische Aufbau an das Bungeespringen. Das Bungeespringen wird in den achtziger Jahren des 20. Jahrhundert populär. Anfangs springen Menschen von Brücken, um die Fesseln Gummiseile geschlungen, die den Körper kurz vor dem Aufprall auf der Erde oder einer Wasseroberfläche wieder zurückreißen. Der Sturz in die Tiefe erzeugt auf der physiologischen

Ebene durch Körperaufwertung Ausnahmeerfahrungen, die den Springern neue Erlebnisdimensionen erschließen. Seit den achtziger Jahren finden sich dann weniger spektakuläre mobile Sprungtürme, die oftmals ausrangierte Baukräne sind auf Vorstadtparkplätzen und bringen das in der Landschaft verankerte Erlebnis in die Stadt (wodurch selbstverständlich eine Erlebnisdimension verloren geht). Aus diesen mobilen Anlagen entwickeln sich stationäre Einrichtungen, die etwa im „Skypark“[320] auf Teneriffa aufzufinden sind.

Verfolgt man das Treiben an den Anlagen, so ist hier ein Aspekt der Mutprobe zentral. Die Überwindung der Angst, des Sich-Auslieferns und ein Wirklichkeitserleben, das sich vom normalen Tagesgeschehen abhebt, rückt das Bungee in die Nähe etwa der Klippenspringer auf den Osterinseln, die sich in einem rituellen Akt von hohen Klippen ins Meer stürzen. Daneben liegt auch die Interpretation des Eintauchens ins Wasser als christlichen Taufakt nahe. Der Aspekt des Emporschleuderns und Hinabstürzens gleicht auf der symbolischen Ebene einer Art Himmelsfahrt. Maßgeblich hierbei ist der Akt des Sich-Auslieferns, des Sich-einem-Anheimgebens, dessen Ziel die Erfahrung des Durchlebens einer Entscheidung ist. Weniger das Ziel als vielmehr der Weg ist hier maßgeblich, so dass sich hier vor dem Fahrtbeginn eine Situation einstellt, in der das eigene Leben einem Risiko ausgesetzt wird, um das Leben in dieser Extremsituation intensiv zu erleben. Es ist eine Handlung, in welcher sich der Einzelne einem Kontrollverlust anheim gibt, ein Akt, welcher Überwindung kostet, eine bestimmte Dauer beinhaltet und einen körperlichen und emotionalen Ausnahmezustand darstellt; so als ob man sich in die Tiefe stürzt, dem Tod ins Antlitz blickt und durch die unterschiedlichen Sicherungssysteme zurück ins Leben gerissen wird.

Als Erlebnisgrößen sind bei dieser Attraktion in gesteigerter Form Momente vorhanden, die bereits bei anderen Fahrgeschäften herausgearbeitet wurden. Zum einen wird massiv auf den Körper als Erlebnismedium eingewirkt. Zum anderen ist bei dieser Attraktion das Moment der Herstellung einer ganz besonderen Intimität stärker potenziert als bei allen übrigen Fahrgeschäften. Indem nur zwei Fahrgäste in einem Raum von den übrigen Festplatzbesuchern abgeschottet werden und sich einem Grenzerlebnis aussetzen, entsteht für einen Moment ein Mikrokosmos, der nur für diese beiden Menschen Gültigkeit hat und so eine enge Beziehung herstellt. Im Angesicht der Gefahr entsteht eine temporäre Verbrüderung, nur (und das ist eines der Merkmale des Jahrmarkts) dieses Erleben wird um eine „echte“ Lebensgefahr entschärft, was gleichwohl

320 Der „Skypark“ ist eine Art Wasserpark, in dem Schwimmbäder mit verschiedenen Sprungtürmen kombiniert sind.

auch die Intensität dieses Erlebens reduziert und auf der technischen Ebene auch das Erleben reproduzierbar macht.

Fressbuden: Zucker

Mit zum Rummelplatztreiben gehören auch die unterschiedlichsten Verpflegungsstände, wie Wurstbuden, die mit reißerischen Angeboten: „Hier ein halber Meter Wurst“ werben, Fischbuden und vor allem die Süßigkeitenstände. Optisch sehr reich geschmückt werden diese Verpflegungsstände oft von Schaustellerfamilien als Nebenerwerb mitbetrieben. Eine intensivere Betrachtung verdienen bei dieser Gruppe von Rummelplatzgeschäften die Süßigkeitenstände mit ihrem besonderen Angebot. Hier finden sich noch heute meist nur auf dem Jahrmarkt erhältliche und für den Rummelplatz typische Produkte, wie gebrannte Mandeln oder Zuckerwatte, deren Geruch das Flair des Rummels auch auf dieser Sinnesebene prägt.

Abbildung 45: Postkarte: Süßigkeitenstand, ca. 1900

Schon bei diesen beiden Süßigkeiten den gebrannten Mandeln und der Zuckerwatte wird die gewichtige Rolle des Zuckers offenbar. Denn es zeichnen sich fast alle angebotenen Waren durch ihre alles dominierende Süße aus. Dem Zucker jedoch kommt eine besondere Bedeutung als Genussmittel zu. Sicherlich spielt es eine Rolle, dass hier der Zucker als „exklusives“ Gut den einfacheren Leuten auf dem Jahrmarkt zugänglich ist.[321]

321 Wobei hinzugefügt werden muss, dass Zucker keineswegs so exklusiv war, wie dies gemeinhin angenommen wird, wie Paczensky und Dünne-

Ernährungswissenschaftlich regt der Zucker, vor allem der Rohr- und Rübenzucker, durch die schnelle Erhöhung des Blutzuckerspiegels die Insulinproduktion an. Das Gefühl der Süße wird als angenehm empfunden, was auf der physiologischen Ebene dadurch erklärt werden kann, dass die Erhöhung des Blutzuckerspiegels zu gesteigerter Aktivität führt. Diese Prozesse generieren ein Wohlgefühl, ein Glücksgefühl. Zucker ist ein Rauschmittel besonderer Qualität: er scheint die Welt für einen Moment zu verzaubern. Man könnte sagen, die alles überdeckende Süße nivelliert Differenzen, lässt die Komplexität der Welt eindimensional werden. Vielleicht steckt in dieser Einfachheit auch die Verbindung des Zuckers mit der Sphäre des Kindes, dessen Welt als unschuldig, als frei von den Problemen der Erwachsenen vorgestellt wird. Auf dem Jahrmarkt wird dieser Vorstellungstopos angesprochen, indem hier die *Sphäre der Zuckerwatte* mit der eigenen Kindheit in Verbindung gebracht wird und man mit dem Kauf einer Tüte Süßkram beim Jahrmarktszuckerbäcker (s)eine Eintrittskarte in eine idealisierte Kindheitswelt löst.

Doch ist damit der Reiz dieses Jahrmarktsgeschäfts nur teilweise angesprochen, hilfreich ist hier ein Blick auf die Art der Produkte. Neben den gebrannten Mandeln und der Zuckerwatte finden sich Schokoladenbananen, kandierte Äpfel (so genannte Paradiesäpfel), Liebesperlen und nicht zu vergessen Lebkuchenherzen mit den unterschiedlichsten Widmungen. Schon in der Namensgebung dieser Produkte und deren Präsentation wird die intentionale Projektion dieser Produkte offenbart. Es sind Liebesgaben[322], die mit einer bestimmten stark sexualisierten Absicht gekauft und verschenkt werden.[323]

Mag bei den Liebesperlen (gefärbten Zuckerkügelchen), die in Babyfläschchen dargeboten werden, der Verweis offenbar sein, die Analogie der Schokobanane tiefenpsychologisch als Penis ein Allgemeinplatz[324] und der Negerkuss in seiner Bezeichnung politisch unkorrekt sein, so sind diese Gaben doch mehr als nur plumpe Andeutungen an die beschenkte Partnerin. Diesen Geschenken wohnt darüber hinaus eine latente volkstümlich spirituelle Symbolik inne.

---

bier aufzeigten. Seit dem Mittelalter sorgt eine mächtige Zuckerlobby dafür, dass auch breite Bevölkerungsschichten sich an Zucker gewöhnen. Vgl. Gert von Paczensky/Anna Dünnebier: „Kulturgeschichte des Essens und Trinkens", Orbis, München, 1999, S. 437-451.

322 Klaus Beitl: „Liebesgaben. Zeugnisse alter Brauchkunst", DTV, München, 1980, S. 14-30.

323 Vgl. Wunderer: „Hexenkessel der Erotik", S. 135-144.

324 Hier sei am Rande auf ein öfter auftauchendes Motiv auf Kirmespostkarten verwiesen, bei denen ein Würstchenverkäufer doppeldeutig Besucherinnen fragt: „Welches Würstchen hätten Sie gerne?"

Abbildung 46: Photographie: Lebkuchenherz

Es wäre gewiss überzogen die Zuckerwatte, die durch ihre Konsistenz an Wolken erinnert, als Symbol himmlischer Sphären zu deuten. Hingegen ist diese symbolische Ebene bei den Paradiesäpfeln offensichtlich. In der Verbindung des Paradiesapfels (‚Apfel aus dem Paradies') mit dem Sündenfall verkörpert der Apfel die Aufforderung zu sündigen, also gegen gegebene Gebote zu verstoßen. Auch wenn es sich um eine religiöse Adaption handelt, so wohnt doch diesem Geschenk mehr inne als nur die Bedeutung einer plumpen sexuellen Aufforderung; dem Paradiesapfel kommt, auch wenn man den christlichen Kontext beiseite lässt, die spirituelle Funktion eines Liebeszaubers zu: einer Gabe, mit der die Hoffnung auf das Erringen der Gunst der Angebeteten verbunden ist.

Das Herz als Symbol der Liebe gibt es in verschiedenen Größen, so dass sich auch die selbst wahrgenommene Gefühlsintensität ausdrücken lässt, zugleich mag die Beschriftung auch sprachliche Hemmungen zu überwinden helfen. Dieses Herz wird nun der Außererwählten oder dem Auserwählten sichtbar um den Hals gehängt. Damit wird einerseits ein Besitzrecht proklamiert – und zugleich wird der Beschenkte durch dieses Artefakt sozusagen einem permanenten Umwerbungsversuch ausgesetzt. Dem Lebkuchenherz kommt hier die Funktion eines Liebesamuletts zu und es ist doch zugleich ein Nahrungsmittel, dessen Zauber, so die Hoffnung, sich entweder durch den Verzehr entfalten soll, wodurch der Beschenkte das Begehren des anderen verinnerlicht, oder auch durch Konservation, durch das Aufheben als Andenken. Damit ist das Lebkuchenherz eine Art volkstümliches Nahrungsopfer, um die Hilfe übernatürlicher Kräfte zu beschwören, dem eigenen Schicksal gefällig zu sein.[325]

Bierzelt: Alkohol

Das Bierzelt bildet innerhalb des Rummelplatztreibens einen eigenen Mikrokosmos aus. In den Kontext des Bierzeltes gehören neben dem alkoholischen Rausch,[326] bei dem das Bier eine hervorgehobene Stellung einnimmt,[327] auch Vergnügungen wie das Essen oder der Tanz. Das Bierzelt ist meist ein zentraler Anlaufpunkt eines Festplatzes (allein durch seine Größe); oft kann ein Bierzelt mehrere hundert Personen aufnehmen. Damit bildet es eine Art landschaftsarchitektonisches Gegengewicht zu den vielen verschiedenen Fahrgeschäften.[328] Die Planung und Aufteilung eines Festplatzes durch einen Marktmeister hat neben der Bestückung maßgeblichen Anteil am Erfolg und bestimmt die Atmosphäre wesentlich.

Aufgrund der zentralen Bedeutung von Veiz' Erkenntnissen für die vorliegende Arbeit wird ein kurzer Abriss der Veiz'schen Argumentation gegeben. Die verfasste qualitativ fundierte sozialpsychologische Diplomarbeit von Brigitte Veiz untersucht das Oktoberfest aus dem Blickwinkel von Canettis Massentheorie, ergänzt diesen Fokus um Sigmund Freuds Triebtheorie und einer auf Freud und Elias gründenden Theorie gesellschaftlicher Phänomene, um den Rauschbegriff und Suchtbegriff zu entwickeln und diese Annahmen ritualtheoretisch zusammenzufassen. Bezogen auf das Oktoberfest unterscheidet Veiz zwischen der geschlossenen Masse in den einzelnen Bierzelten und der Menge, die sich aus unterschiedlichen Massen zusammensetzt (wie auf dem Oktoberfest). Die Masse legt nun ganz unterschiedliche konstitutive Verhaltensweisen an den Tag. Die für Canetti grundlegende Motivation ist die Entladung, in welcher sich die einzelnen Individuen zusammenschließen

325 Zur religiösen Bedeutung des Essens sei hier hingewiesen auf den Aufsatz von: Perry Schmidt-Leukel: „Heiligkeit des Lebens. Über den Zusammenhang von Essen und Religion", in: Perry Schmidt-Leukel: „Die Religionen und das Essen", Diederichs (Hugendubel), Kreuzlingen, 2000, S. 9-20.

326 Müller-Küppers: „Psychiatrie", S. 120-126.

327 Bemerkenswert hierbei ist auch, dass das Bier selbst seinen Ursprung in religiösen Riten hat, wie dies von Christian Rätsch herausgearbeitet wurde. Vgl. Christian Rätsch: „Bier. Jenseits von Hopfen und Malz", Orbis, München, 2002, sowie Caillois: „Spiele", S. 60-62.

328 Siehe ausführlich zum Oktoberfest die Veröffentlichung des Münchner Stadtmuseums: Münchner Stadtmuseum (Hg.): „Das Oktoberfest. Einhundertfünfundsiebzig Jahre Bayrischer National-Rausch", F. Bruckmann, o. O., 1985.

und sich als gleiche empfinden. Geordnet wird dieser Vorgang durch einen vorgegebenen, sich teilweise hochschaukelnden Rhythmus, der zugleich eine Identifikation des Einzelnen mit der Masse fördert. In diesem Moment des Zusammenschlusses, der das Wachstum der Masse darstellt, stößt die Masse immerzu an Grenzen, die sie zu überschreiten und zu zerstören sucht.

Diese Dynamik wird durch bestimmte Strukturen (etwa einer Spannungssteigerung, einer Stockung) beeinflusst, so dass die Zerstörungsneigung der Masse gezielt in bestimmten Bereichen ausbrechen kann, was als Erlebnis eine erotisierende Erfahrung des Einsseins mit dem Nächsten erzeugen kann. Veiz ergänzt Canettis Überlegungen um die Überlegungen Freuds zur Massenpsychologie. Die Masse vermittelt dem Individuum – so Freuds Ausführung – ein „Gefühl unüberwindlicher Macht“[329], zugleich ist es dem Individuum möglich, das eigene Verantwortungsgefühl infolge der Anonymität der Masse aufzugeben und die eigenen unbewussten Triebe auszuleben. Veiz folgert daraus:

> Dieses Loslassen des bewussten Willens und das sich Hingeben an unbewusste Bedürfnisse und spontane Reaktionen hat stark regressiven Charakter und ist dem Gefühl der Freiheit und Entladung gleichzusetzen.[330]

Veiz ergänzt Canettis Gedanken um Freuds Triebtheorie, die von einem ursprünglichen in der Natur des Menschen liegenden Luststreben, dem *Es*, ausgeht, das bestimmend für das Verhalten des Kleinkindes ist. Da sich aber auf der Grundlage individueller Lustbefriedigung kein soziales Miteinander ausbilden kann, wird dieses Luststreben durch Normen (dem *Über-Ich*) beschränkt, die institutionell (zum Beispiel durch Erziehung) sozial vermittelt und vom Individuum internalisiert werden. In diesem Akt der Beschränkung gründet sich nicht nur Sozialität, sondern er ist zugleich Ausgangspunkt für die kulturelle Entwicklung der Menschheit. Da die Beschränkung der Triebe diese nicht auslöscht, sondern nur unterdrückt, verschwinden diese nicht, sondern werden vielmehr kreativ umgeformt und auf diese Weise sublimiert. Wird die Kontrollinstanz geschwächt (etwa durch unterschiedliche alkoholische Getränke), so stellt sich Freud zufolge ein „ozeanisches“ Gefühl ein. Mit diesem ozeanischen Gefühl setzt sich Veiz auseinander:

> [Das ozeanische Gefühl] scheint die tiefste Sehnsucht aller Menschen darzustellen, nach Geborgenheit, nach einem Aufgehobensein in einem größeren

329 Veiz: „Das Oktoberfest“, S. 59.
330 Ebd., S. 60.

Ganzen, hingegeben, sicher, sinnlich erfüllt, dabei aber auch grenzenlos, frei und vollkommen im Fluss mit sich, allen anderen Wesen und der Natur.[331]

Dieses Gefühl – darauf weist Veiz mehrfach hin – ist „Quelle der religiösen Energie“ (Freud).[332] Seinen Ursprung hat dieses Gefühl in der erfahrenen Lustbefriedigung des Kindes, bei dem das *Ich* noch nicht als zwischen Über-Ich und Es vermittelnde Instanz ausgeformt ist, sondern noch mit dem Es deckungsgleich ist, so dass ein Gefühl der Identität, der Verbundenheit mit der Um-, mit der Außenwelt vorherrschend ist. Dieses Gefühl der Geborgenheit und Ganzheit rechnet Freud dem Triebhaften, dem Es zu. Die soziale Vermittlung des Über-Ichs hebt nun diese Einheit auf, indem es Normen zur Triebkontrolle internalisiert. In der Auflösung dieser Kontrollinstanzen bricht sich dieses Gefühl als Erlebnis der unterschiedlichen Triebbefriedigungen Bahn. Diese Grenzüberschreitung geschieht sowohl auf physischer wie auch psychischer Ebene. Ausgelöst werden kann dieser Zustand durch unterschiedliche Rauschmittel, die ihrerseits wiederum unterschiedliche Rauschzustände hervorrufen, die das Spektrum entspannender bis hin zu aktivierenden Wirkungen haben können. Da aber durch diese Mittel nicht die Ursache, sondern allein der Ausdruck angesprochen wird, ist dieser Zustand nur ein temporärer und muss beständig erneuert werden, woraus sich Süchte ableiten lassen.

Das Bierzelt unterscheidet sich von den übrigen Attraktionen auf einem Festplatz dadurch, dass der alkoholische Rausch ein stoffgebundener Rausch ist. Wissenschaftlich ist die Wirkung von Alkohol auf den menschlichen Körper gut erforscht. Bereits geringe Mengen Alkohol (chemisch präzise: Äthylalkohol) wirken auf das zentrale Nervensystem. Müller-Küppers charakterisiert den Alkoholrausch mit einer „Abnahme der Selbstkritik“ und dem „Fortfall von Hemmungen“[333]; die Erscheinungsformen des Rausches variieren und hängen sowohl von den unterschiedlichen psychischen Dispositionen als auch von den jeweiligen Situationen ab und variieren in einer Bandbreite zwischen einer „allgemeinen Lachbereitschaft“ und „schlechter Laune“. Alkohol kann sowohl lähmend als auch stimulierend wirken, wobei diese Regungen auch ins jeweils andere Extrem umschlagen können.[334]

Brigitte Veiz weist dem Alkohol in ihrer Arbeit über das Oktoberfest eine Ventilfunktion zu, in der das Individuum seine Triebe partiell ausleben darf, um im Zustand einer rauschhaften Unzurechnungsfähigkeit

331 Ebd., S. 95.
332 Ebd.
333 Müller-Küppers: „Psychiatrie“, S. 121.
334 Vgl. ebd., S. 120-126.

seine Kritik zu äußern, die allerdings Veiz zufolge keine Veränderung bewirkt, sondern vielmehr letztlich der Zementierung des Status quo dient, da der Alkoholrausch nach einem ekstatischen Hochgefühl wieder zu einem ernüchterten seelischen Tief und zu dem erneuten Versuch führt, im nächsten Rausch das angestrebte Glücksgefühl zu erlangen. Damit gleicht der Alkoholrausch dem Suchtverhalten des Einzelnen innerhalb der Konsumgesellschaft,[335] indem er durch das Glücksversprechen ständig neuen Konsum und Umsatz schafft, wobei hier nicht allein nur stoffgebundene Rauschmittel sondern auch „stofflose" Rauscherfahrungen auftreten – wie ein Rausch, der durch das Ansprechen der Sinne hervorgerufen wird (z. B. der Geschwindigkeitsrausch, der Konsumrausch) oder ein Rausch, der durch massive Einwirkung auf den Körper entsteht.

> [...] so lassen sich auch Rauschzustände auf dem Oktoberfest erklären, die nicht allein vom Bier abhängig sind, denn das Springen und Hüpfen auf den Bierbänken, das Schunkeln und Tanzen in den Gängen [...], das gemeinsame Singen und Jubeln der Festmasse in den Zelten, aber auch das Sich-herumschleudern-lassen in den Fahrgeschäften, dieser allgemeine erregte Trubel auf dem Festplatz, all die intensiven Bewegungen, die bunten Lichter und die dröhnende Musik im Rausch weitgehend aufgehoben und können zur Ausschüttung körpereigener Hormone führen, die den individuell erlebten Rausch- und Glückszustand erhöhen.[336]

Veiz versteht den Rausch nicht allein als „sinnlose Betrunkenheit", sondern deutet ihn als „außergewöhnlichen, euphorisch-ekstatischen Bewußtseinszustand".[337] Grundlage dieser Überlegung bildet bei Veiz die Platonische Unterscheidung des Rausches in einen allein dem Lustgewinn verpflichteten Rausch und einen göttlichen Rausch, in dem transzendente Erfahrungen erlebt werden und welche die Grundlage künstlerischen Schaffens darstellen. Dabei herrschen nach Veiz auf dem Oktoberfest die profanen Rauschzustände vor. Der göttliche Rausch, der durch Selbstentgrenzung dem Individuum ein Gefühl der Einheit mit seiner Umwelt vermittelt, bildet eher die Ausnahme.

---

335 Veiz trennt den alkoholischen Rausch als profanen vom euphorisch schwärmerischen Rausch der „Dionysdiener", die in ihrer Verzückung dem Göttlichen und „Ur-Einen" nahe kommen wollen. Merkmal dieser Trennung ist die systemkonstitutive Funktion des Alkoholgenusses im Unterschied zum kreativen, teils subversiven Rausch als Erfahrung einer alternierenden Wirklichkeit.

336 Veiz: „Das Oktoberfest", Band 1, S. 153-154.

337 Ebd., S. 151.

Es erhebt sich die Frage, inwieweit der stofflose Rausch eine Abhängigkeit provoziert. Veiz behandelt diese Problematik aus einem philosophisch-psychologischen Blickwinkel. In der etymologischen Herleitung des Wortes „Sucht" steckt das althochdeutsche Wort „siech", was ‚krank' bedeutet. In der neueren psychologischen Forschung wird „Sucht" von „Suche" hergeleitet, von der Suche nach „Anerkennung, Liebe und Geborgenheit, Freiheit, Unbeschwertheit und vor allem Glück".[338] Werden diese Bedürfnisse nicht oder nur unzureichend erfüllt, wird teils bewusst, teils unbewusst zu Hilfsmitteln wie Drogen gegriffen, welche Mangelgefühle zumindest zeitweise vergessen machen oder den Leidensdruck zumindest mindern. Da die zugrunde liegenden Mangelerfahrungen auf diese Weise jedoch nicht dauerhaft gemindert werden können, da der Rauschzustand zeitlich begrenzt ist, verlangt eine Sucht nach Wiederholung, um den ersehnten Zustand wieder herzustellen.[339]

In ihrer philosophischen Grundlegung der Sucht greift Veiz auf Sissas Arbeit über den Rausch bei Platon zurück.[340] Platons Bild des Regenpfeifers, eines Vogels der zugleich frisst und ausscheidet, vor allem aber das Bild der bodenlosen Krüge als Bild der menschlichen Hülle, die immerzu gefüllt werden muss, überträgt Veiz bildlich auf das Oktoberfest, wo mittels Bierkrügen, die menschliche Hülle scheinbar maßlos gefüllt wird.[341] Diese Strategie, die eigene Leere durch ständiges Auffüllen zu überwinden, führt zwangsweise zu einer Maßlosigkeit zum Exzess, so dass hier die Grenzen der menschlichen Aufnahmefähigkeit überschritten werden und ein anderer Weg der Entleerung der menschlichen Hülle notwendig wird, was in dem sich Übergebenden sichtbar wird.

338 Ebd., S. 70.

339 „Um das Phänomen der Sucht und dessen philosophische Hintergründe genauer zu beschreiben, ist es nötig sich mit einigen Begriffen im Umfeld des Suchtbegriffs eingehender zu befassen. Hierzu gehören am negativen Pol: Leere, Mangel, Einschränkung, Begrenzung, Einsamkeit, Isolation, Distanz, (Selbst-) Beherrschung, die eine Sehnsucht nach dem Positiven Pol erzeugen, nach Fülle: Ganzheit, Freiheit, Öffnung, Weite, Kontakt, Nähe Befriedigung und erfüllter Liebe […] Der erwünschte Glückszustand ist für manche Menschen nur in einem dem Alltag enthebenden Rausch zu erleben." Veiz: „Das Oktoberfest", S. 72.

340 Vgl. Knut Eming: „Wahnsinniger Rausch – Platon über Manie und Eros" in: Helmut Kiesel (Hg.): „Rausch", Heidelberger Jahrbücher 1999, Springer, Berlin, 1999, S. 189-234.

341 Dabei kommt der Ausscheidung besondere Qualität zu. Einerseits ist das „Bieseln" ein viriler Ausdruck von Männlichkeit; andererseits wird übermäßiges Urinieren jedoch als unmännlich angesehen, wodurch es zu den unterschiedlichsten Techniken des Wasserlassens kommt.

Abbildung 47: Postkarte: Betrunkene auf dem Heimweg, 1909

Das Bedürfnis dieser Rauschlust entspringt historisch nach Veiz, die sich hier der Argumentation Maases bedient, der Industrialisierung und der dadurch entstehenden Freizeitindustrie, die mit einem Überangebot an Waren eine Art Konsumrausch ermöglicht, der die inneren Bedürfnisse mit einem Glücksversprechen kurzfristig zu überblenden vermag. Dieses Gesamtensemble an Nahrungs-, Trunk- und anderen Rauschmitteln, welches das Oktoberfest bildet, wird so Veiz durch die unterschiedlichsten Rituale geordnet und strukturiert. So finden sich auf dem Oktoberfest die großen Rituale in Form des Einzugs der Wiesnwirte und der offiziellen Eröffnung der Wiesn, die von Gottesdiensten begleitet wird, aber auch die kleinen (Interaktions-)Rituale, die sich zum Beispiel in den unterschiedlichsten Trinkritualen offenbaren.[342]

Feuerwerk und Festbeleuchtung: Visionen

Je nachdem, zu welcher Tageszeit man einen Rummel besucht, herrscht dort jeweils eine andere Atmosphäre. So bietet der Festplatz abends durch die bunten Lampen, Lichtkaskaden und Lichtblitze einen völlig anderen Eindruck. Diese opulente Illumination unterscheidet die Kirmes auch wesentlich vom Freizeitpark. Man kann die Beleuchtung eines Rummels schon fast als gesonderte Attraktion beschreiben, auch wenn das Lichtspiel kein Fahrgeschäft im engeren Sinne ist.

Es gibt zwei Formen des Lichtspiels auf dem Rummelplatz. Das Lichtspiel auf diesem besteht zum einen aus der Beleuchtung der Attraktionen und der Wege und zum anderen aus dem einmaligen Ereignis des

342 Veiz: „Das Oktoberfest", Band 1, S. 196-197.

Feuerwerks, das oftmals im Laufe einer Kirmeswoche veranstaltet wird.

Abbildung 48: Postkarte: Oktoberfest bei Nacht, 1933

Die Beleuchtung der Fahrgeschäfte hängt eng mit der Entdeckung und der Nutzung der Elektrizität zusammen. Neben Attraktionen wie dem Elektrisierapparat, der diese Energie anschaulich demonstriert, ergibt sich durch Elektrizität die Möglichkeit, Licht zu einer eigenen Erlebnisqualität werden zu lassen. So entsteht in Dresden ein „Lichterpark", der außer Glühbirnen, die den Park erhellen, keine weiteren Attraktionen bietet. Dabei dienen bei einer Kirmes die Lampen nicht allein nur der Erhellung der Nacht, sondern setzen zusätzliche effektvolle Akzente an den Attraktionen. Beispielsweise zeichnet ein Riesenrad eine riesige Farbkaskade an den nächtlichen Himmel und die Lauflichter „beleben" geradezu den nächtlichen Festplatz.

Für das einzelne Fahrgeschäft erfüllen diese Lichter zwei Zwecke: zum ersten locken sie Zuschauer und Fahrgäste an, zum zweiten aber sind sie ähnlich der Musik Teil des Fahrerlebnisses. Durch die schnellen Bewegungen bilden sich farbige Linien, die sich überlagern und die gewohnte Wahrnehmung irritieren.

Aldous Huxley hebt in seinem Essay „Himmel und Hölle", in dem er seine in „Die Pforten der Wahrnehmung" im Meskalinrausch erlebten Erfahrungen beschreibt, die Rolle des Lichts und der Farben hervor. Die Erfahrungen eines allumfassenden Begreifens manifestieren sich für Huxley im lebendigen Farbspiel. Diese Erfahrung der eigenen Transzendenz wird im Lichtspiel der Edelsteine nicht nur symbolisiert, sondern auch bruchstückhaft wiedergegeben. Daher finden sich auch in vielen Jenseitswelten, nicht nur in den Beschreibungen des himmlischen Jerusalems, sondern auch in buddhistischen, germanischen und keltischen Texten Edelsteine. Auch die Glasfenster der Kirchen dienten der Vermittlung einer Vorstellung der Jenseitigkeit, indem sie die Intensivierung der Farben bei Einheitserfahrungen demonstrieren.[343] Eine moderne Form dieser Lichtspiele stellen – so Huxley – auch die modernen Leuchtreklamen dar, wobei durch die massenhafte Installation eine Gewöhnung eintritt, die zugleich zu einer Entwertung und zum Verlust der ursprünglichen Erlebnisqualität, sinnbildhaft Visionen herzustellen, führt. Auf dem Jahrmarkt als exklusivem Raum ist dieses Erleben sowohl in seiner Ausdehnung als auch seiner Zeitlichkeit noch gegenwärtig.

Abbildung 49: Postkarte: Feuerwerk, 1904

Die Pyrotechnik,[344] die Huxley zufolge ursprünglich in der Militärtechnik beheimatet ist, wird „später dann auch für Volksbelustigungen nutz-

343 Vgl. Aldous Huxley: „Die Pforten der Wahrnehmung. Himmel und Hölle. Erfahrungen mit Drogen", 23. Auflage, Piper, München, 2002, S. 78-80 und S. 85-90.

344 Zur Kulturgeschichte des Feuerwerks sei hier verwiesen auf: „Arthur Lotz: „Das Feuerwerk. Seine Geschichte und Bibliographie", Edition Olm, Zürich, 1978.

bar gemacht".[345] So werden bereits im antiken Rom Feuerwerke veranstaltet. In der Renaissance wird die Technik der Feuerwerke durch wissenschaftliche Erkenntnisse (vor allem die Fortschritte in der Chemie) weiter verfeinert, so dass „[um] die Mitte des 19. Jahrhunderts [...] die Pyrotechnik einen derartigen Höhepunkt erreicht [hat], dass sie es vermochte, riesigen Zuschauermengen zu Visionen zu verhelfen."[346]

Zusammenfassung: Der Rummel, eine Art zweite Wirklichkeit

In diesem Kapitel wurden die Vergnügungsattraktionen in die Caillois'schen Spielkategorien (Agon, Alea, Mimicry und Illinx) eingeordnet und unter Berücksichtigung ihrer historischen Entwicklung gedeutet.

In die Kategorie Agon, des Wettkampfes, gehört unter anderem die Schießbude, deren Grundphänomen die Konzentration darstellt. Erjagt werden in der Schießbude Artikel, welche teilweise die Vanitas (Vergänglichkeit) symbolisieren und die Funktion einer Opfergabe erfüllen. Beim Autoskooter offenbart sich eine Wunscherfüllung: der Wunsch ein Auto fahren zu dürfen; die momentane reale Nichterfüllbarkeit dieses Wunsches wird durch die symbolische Zerstörung des Artefakts kompensiert. Bei Attraktionen wie dem Kraftmesser und der Boxbude stehen das Kräftemessen und damit die Zurschaustellung der eigenen Potenz im Zentrum. Bei diesen Attraktionen kann der Rezipient sich über seinen Körper vergegenwärtigen.

Unter Alea versteht Caillois die mannigfaltigen Glücksspiele, bei denen weniger das Geschick als vielmehr der Zufall ausschlaggebend ist. Zu diesen Attraktionen gehören die Losbude und verschiedene Laufgeschäfte wie Irrgarten und Labyrinth. Bei der Losbude unterzieht sich der Rezipient einer Schicksalsprobe, ob ihm das Glück hold ist, um so an einer übernatürlichen Gerechtigkeit teilzuhaben. Der Irrgarten stellt den Besucher durch einen intransparenten Laufweg mit ungewissem Ausgang auf die Probe und erscheint gemäß der lateinischen Weisheit „per aspera ad astra" (Durch den Staub zu den Sternen) als Geburtsweg, auf dem der Besucher zur Welt kommt.

Zur Mimicry gehören die Attraktionen, die durch Schaustellungen, Verkleidungen und Rollentausch eine Art zweite Wirklichkeit entstehen lassen. Hierzu gehört die Geisterbahn, die als volkstümliche Jenseitsfahrt dem Fahrgast eine Vorstellung dessen vermittelt, was nach dem

345 Vgl. Huxley: „Wahrnehmung", S. 115-117.
346 Ebd., S. 117.

Tode kommt. In den verschiedenen Schaubuden werden Gefühlsregungen wie Schaulust und Neugier angesprochen. Medien des Ausdrucks sind hier die Empathie und das Lachen. Um diese Gefühlsregungen zu provozieren, arbeiten diese Attraktionen mit der Verkehrung und der Verfremdung des Gewohnten. Zu dieser Kategorie gehören auch Jahrmarktsphotographie und Jahrmarktskino, bei welchen der Teilnehmer simulativ in fremde Rollen schlüpft beziehungsweise fremde Wirklichkeiten erlebt. Aber auch im Kasperltheater wird eine zweite Wirklichkeit geschaffen, indem politische und gesellschaftliche Missstände einer fundamentalen Kritik unterzogen werden. Gemein ist all diesen Attraktionen, dass sie eine Verunsicherung der gewohnten Wirklichkeitswahrnehmung provozieren, um so eine alternative Wirklichkeit entstehen zu lassen.

Die Attraktionen, die zur Kategorie des Illinx gehören, bestimmen maßgeblich das Flair eines Jahrmarkts. Die Sinneseindrücke werden optisch durch die bloße gigantische Präsenz der Attraktionen, durch Lichter und Pyrotechnik stimuliert. Begleitet werden diese Sinnesreizungen von der akustischen Beschallung durch Musik und Rekommandation und nicht zuletzt durch olfaktorische Eindrücke. Zum Illinx gehören in erster Linie alle großen Fahrgeschäfte, bei denen massiv auf den Körper und die Sinneswahrnehmung eingewirkt wird und die charakteristisch für den Rummel sind.

So wird bei der Fahrt im Riesenrad durch die Horizonterfahrung eine Allmachtsphantasie erzeugt. In verschiedenen Scenic Railways wird auf das Erleben von Landschaft abgezielt. Da bei Achterbahnen der Startpunkt gleich dem Zielpunkt ist, dient dieses Fahrgeschäft nicht der Fortbewegung, sondern hier ist gleichsam der Weg das Ziel. Das Karussell erzeugt eine Vielzahl möglicher Rollenbilder und ermöglicht auf diese Weise für Erwachsene eine Art Regress in das *Paradies der Kindheit*. Zugleich sind viele der Attraktionen sexuell konnotiert. Die Schaukeln ermöglichen nicht nur eine Imagination des wiegenden Gefühls eines Kindes im Mutterleib, darüber hinaus symbolisieren sie einen Kopulationsakt. Auch bei der Rutsche wird durch die gleitende Abwärtsbewegung die Vorstellung eines Geburtsaktes im Sinne eines Zur-Welt-Kommens angesprochen. Aber auch bei den verschiedenen Hoch- und Rundfahrgeschäften wird durch die Inanspruchnahme kinetischer Größen Körperkontakt „zwangsläufig" hergestellt. An den Süßigkeitenständen werden Liebesartefakte verkauft, die auf der symbolischen Ebene unter anderem der Umwerbung dienen. Andere Attraktionen wie der „Sling-Shot" ermöglichen eine exklusive Gemeinsamkeit zweier Fahrgäste. Beim Freefall-Tower wird – vergleichbar mit dem Erlebnis des Geschlechtsaktes – eine Art kontrollierter Kontrollverlust erzeugt.

Dieses Erlebnis eines Kontrollverlustes impliziert auch eine Art „Angstlust" („Thrill"), die durch das bewusste Erleben von Gefahr ausgelöst wird. Einher geht mit diesem ein Orientierungsverlust, bei dem der Rezipient in seiner Tätigkeit aufgeht („Flow"). Die Erzeugung dieser Gefühlsintensitäten wird von Caillois wie folgt beschrieben:

> Man muß nur den Umfang, die Bedeutsamkeit und die Komplexität der Geräte betrachten, die die Trunkenheit in regelmäßigen Abständen von drei bis sechs Minuten vermitteln. Da folgen sich Wägelchen auf Rundbahnen derart, daß das Fahrzeug, ehe es sich umwendet, im freien Sturz zu fallen scheint, so daß die Insassen auf ihren Sitzen den Eindruck haben, mit ihm zu fallen. An anderer Stelle werden die Beteiligten in einer Art von Käfigen eingeschlossen, die sie mit dem Kopf nach unten in einer gewissen Höhe über der Menge im Gleichgewicht halten. Bei einer dritten Art von Maschinerie katapultiert die plötzliche Entspannung großer Spiralfedern Gondeln an das äußerste Ende einer Bahn, die langsam zurückkehren, um ihren Platz im ursprünglichen Mechanismus wieder einzunehmen, der sie dann von neuem davonschleudert. Alles ist darauf berechnet, organische Sensationen, Schrecken und physiologische Panik hervorzurufen [...] Diese organischen Stöße sind mit verschiedenen aufeinander folgenden Überraschungen verbunden, die geeignet sind, abzulenken, zu Verwirren, Betäubung, Angst und Übelkeit hervorzurufen, einen vorübergehenden Schrecken, der sich rasch in Lachen verwandelt, so wie sich vorher die körperliche Gleichgewichtslosigkeit beim Verlassen der infernalischen Maschine sofort in eine unaussprechliche Erleichterung umsetzt.[347]

Caillois betrachtet die Institution Spiel in seinen vier Kategorien als Relikt, in denen sich das Erleben von Transzendenz erhalten hat, was jedoch im Laufe der Zeit verdeckt wurde. Auf diese Weise komplettieren sich die vier Spielkategorien zu einem Gesamtereignis, dessen Rahmenbedingungen der räumlichen Abgrenzung gewährleisten, dass alles Spiel innerhalb eines Raumes geschieht, der von dem übrigen Leben getrennt ist und dessen Wirkungen auf das Spiel beschränkt bleibt.[348] An diesem Punkt schließt sich auch die Spieltheorie an das Konzept außergewöhnlicher Bewusstseinszustände an. Der Rummelplatz ermöglicht eine besondere Form einer profanen Transzendenz die sich als Einheitsvorstellung, als Gefühl einer „ozeanischen Entgrenzung" darstellt und mittels meist technischer Apparaturen hergestellt wird.

347 Caillois: „Spiele", S. 152-153.

348 „Alles bleibt Spiel, das heißt bleibt frei, abgetrennt, begrenzt und verabredet. Zunächst der Rausch und die Trunkenheit, der Schrecken, das Mysterium". Ebd., S. 153.

Rausch und Rummel
Eine Schlussbetrachtung:

Die vorliegende Arbeit thematisierte das Phänomen des Rummels unter besonderer Berücksichtigung der Attraktionen und erörterte die Frage, weshalb erwachsene Menschen auf den Rummelplatz gehen und worin der Reiz dieser Veranstaltung liegt.

Nachdem die grundlegende Literatur vorgestellt wurde, wurde auf die historische Entwicklung der Institution Kirmes eingegangen. Die Entwicklung dieser Feste wurde zum einen von der im Religiösen beheimateten Kirchmesse und dem Kirchweihfest und zum anderen vom weltlichen Jahrmark beeinflusst. Im neunzehnten Jahrhundert entstanden die ersten Volksfeste. Daneben entstanden „dauerhafte Volksfeste“, die sich zu Vergnügungsvierteln und in der Folge zu Vergnügungsparks beziehungsweise Themenparks entwickelten.

Ausgehend von der religiösen Kirchweihe wurde gezeigt, wie sich dieses Ereignis unter dem Einfluss der erstarkenden Städte zu einem weltlichen Ereignis wandelte und so wandelte sich auch die Erfahrung einer geistigen zu einer rauschhaften Transzendenzerfahrung. Diese Erlebnisdimensionen wurden am Beispiel der unterschiedlichen Attraktionen im Hauptteil dieser Arbeit herausgestellt.

Zu diesem Zweck wurde zuerst das Konzept der erweiterten Bewusstseinszustände vorgestellt und mit Caillois' Spieltheorie verknüpft. Caillois' Theorie baut grundlegend auf den von Huizinga herausgestellten Merkmalen des Spiels auf (Freiwilligkeit, eigener Raum, Eigengesetzlichkeit, Unproduktivität und Fiktivität). Caillois entwickelt darauf aufbauend vier Spielkategorien: Agon (Wettkampfspiele), Alea (Glücksspiele), Mimicry (Schauspiele) und Illinx (Wettkampfspiele). Diesen Kategorien wurden in einem ersten Schritt die Attraktionen zugeordnet. Die Spiele, die dem Agon zuzurechnen sind, zeichnen sich grundsätzlich durch ihren Wettkampfcharakter aus. Dabei wird über das Sich-Messen eine Erlebnisdimension der Einheit eröffnet – einerseits durch intensive Konzentration, andererseits durch eine massive Körperaufwertung. Die Spiele des Alea (Glücksspiel) stellen diese Einheit durch den gewollten Verlust von Sicherheiten her, die ein neues Verhältnis zur Umwelt erzeugen. In den verschiedenen Erscheinungsformen der Mimicry wird die gewohnte Selbstwahrnehmung irritiert. Die Spiele des Illinx sind auf dem Rummelplatz am stärksten präsent. Hierzu gehören neben den Verpflegungsständen vor allem die vielen großen Apparaturen, die massiv auf den Körper einwirken, um so unterschiedliche Formen von ekstatischen Rauschzuständen herzustellen.

In diesen Rauscherlebnissen, die von den unterschiedlichen Spielarten initiiert werden können, verschwimmen die als festgelegt empfundenen Grenzen zwischen Ich und Umwelt, dies kann mit Csikszentmihalyi als „Flow" beschrieben werden. Dieser Zustand kann, wenn er glückt als „ozeanische Transzendenzerfahrung" auftreten, oder im Falle eines Misslingens, etwa aufgrund einer mangelnden Rollenidentität, als „angstvolle Ich-Auflösung" wahrgenommen werden, was eine Neustrukturierung der Erlebnisumwelt zur Folge hat. In der „ozeanischen Transzendenzerfahrung" tritt der Rezipient in ein Jenseits der Wirklichkeit ein – zumindest für die kurze Dauer des „Rides".

Fasst man die Merkmale der Rummelplatzwelt zusammen, zeigen sich fünf Merkmale. So werden alltägliche Lebenswirklichkeiten verkehrt, Intimität wird technisch erzeugt. Durch die unterschiedlichen Formen der Rauscherzeugung werden transzendente Einheitserfahrungen ermöglicht, die sich über den Körper als zentrale Referenzgröße manifestieren. Im Folgenden werden diese fünf Bezugspunkte – Verkehrung, Intimität, Rausch, transzendente Einheitserfahrung und Körper – abschließend betrachtet.

Verkehrung

Betrachtet man die einzelnen Attraktionen, so greifen diese vorhandene technische Konstruktionen auf und verkehren deren Leistung zugunsten einer Potenzierung der ursprünglich innewohnenden Erlebnisdimension. Die Achterbahn hat als schienengeführtes Fahrgeschäft ihren Ursprung in der Eisenbahn, deren Geschwindigkeit nun bis ins kaum Aushaltbare gesteigert wird. Aber auch andere Erlebnisqualitäten werden herausgelöst, wie etwa die Landschaftsschau der Eisenbahn, die in den verschiedenen Schaubahnen aufgegriffen wird. In dieser Potenzierung steckt zugleich eine Form der Verkehrung der ursprünglichen Leistung. War es ursprünglich der Zweck der Eisenbahn, die Punkte A und B zu verbinden, um Waren zu transportieren, so führt die Achterbahn zurück zum Ausgangspunkt A, es ist eine Art Bewegung auf der Stelle. Alle der Fortbewegung dienenden Innovationen (wie Eisenbahn, Automobil, Heißluftballon, Seilbahnen) finden sich auf der untenstehenden Karte auf dem Rummelplatz wieder: als Riesenrad, Autoskooter und Achterbahn – nur mit dem Unterschied, dass diese Attraktionen nun nicht mehr ihrem eigentlichen Zweck, der Fortbewegung, dienen, sondern „verkehrt" verwendet werden.

Abbildung 50: Postkarte: Leipziger Scherbelberg in der Zukunft, ca. 1900

Diese Verkehrung lässt sich im Anschluss an Bachtin als karnevaleskes Moment bestimmen. Bachtin versteht den „Karneval" nicht in unserem deutschen Sinne als Fastnachtstreiben, sondern vielmehr als ‚Grundprinzip einer im Mittelalter entstehenden Lachkultur, die mit anarchischer Intentionalität die Kränkung des Todes zu verlachen sucht'. Bei Bachtin trägt das Karnevaleske bestimmte Ausdrucksformen, wozu neben dem Tanz die Verwendung bestimmter Symbole, Rituale sowie die Verwendung von Rauschmitteln wie etwa dem Alkohol gehören. Bachtin bestimmt für das Karnevaleske vier Eigenschaften:

1. Die Familiarität: Die alltäglichen Gesetze und Beschränkungen werden kurzfristig außer Kraft gesetzt, an deren Stelle herrscht ein „freie[er], intim-familiäre[r], zwischenmenschliche[r] Kontakt".
2. Die Exzentrizität: Stellung und Standesnormen und Grenzen werden aufgehoben, so dass sie „exzentrisch vom Standpunkt der Logik des gewöhnlichen Lebens" werden.

3. Die Messaliance verkehrt Dinge in ihr Gegenteil und vormals undenkbare Konstellationen werden durch die Vereinigung diametral entgegengesetzter Dinge erzeugt.
4. Die Profanation geht mit den Punkten eins bis drei einher; darin werden sakrale Rituale parodiert. [1]

Bezogen auf den Rummelplatz finden wir diese vier Eigenschaften wieder. Sie sind eine Art sozialer Bauplan für die einzelnen Attraktionen. So wird durch die Gewalt der kinetischen Kräfte zwischenmenschlicher Kontakt in einer alles egalisierenden Weise hergestellt, man kann zugespitzt sagen: Im Karussell sind alle gleich.[2] Profanisiert und parodiert werden auf dem Jahrmarkt oder dem Volksfest in erster Linie Initiationsriten. Die Rutschbahn ist beispielsweise – wie oben gezeigt wurde – durch die Verwendung des Wassers ein Initiationsritual, welches an den frühchristlichen Taufakt anknüpft. Vor allem aber fällt die Messaliance der Fahrgeschäfte ins Auge, die sich auf eine zugrunde liegende technische Errungenschaft zurückführen lassen, welche jetzt in ihr Gegenteil verkehrt der Rauscherzeugung und der Herstellung von Intimität dient.[3]

Intimität

Um sich dem Problem der Intimität auf dem Rummel zu nähern, bietet es sich an, auf Canettis Unersuchung zur Masse zurückzugreifen, welche auf vier Annahmen gründet. Canetti attestiert der Masse das Bedürfnis nach Expansion: Jede Menschenmasse wirkt anziehend auf weitere Individuen. Merkmal dieser Masse ist die Verschmelzung der einzelnen

1 Michail Bachtin: „Literatur und Karneval. Zur Romantheorie und Lachkultur", Fischer, Frankfurt a. M., 1996, S. 48-49.

2 Die den Jahrmarkt innewohnende egalisierende Kraft wurde in dem Schlager „Auf dem Karussell" von Jürgen Marcus thematisiert:
„Auf dem Karussell fahren alle gleich schnell
darum wäre es schön
wär' man noch einmal zehn
da sind alle gleich
ob sie arm oder reich
alle fahren gleich schnell auf dem Karussell.
Auf dem Karussell fahren alle gleich schnell."

3 „Für den Erwachsenen übrigens regiert auf der fiktiven Fahrbahn wie auf dem ganzen Schauplatz des Festes in jedem der panikerzeugenden Instrumente, in jeder Schreckensbude, in der die Wirkungen der Rotation und des Schauers, die Körper einander annähert, auf verschiedenartige und hinterhältige Weise eine andere Angst, ein anderes Entzücken, das seinerseits aus der Suche nach dem Sexualpartner herrührt." Caillois: „Spiele", S. 154.

Teilnehmer zu einer gleichförmigen Masse, innerhalb derer auch individuelle Unterschiede nivelliert werden. Ihre Dynamik erhält die Masse aus einem gemeinsamen Ziel, dessen Verwirklichung die Masse am Leben erhält.[4] Diesem Ziel sind die individuellen Privatinteressen konträr entgegengesetzt und können das Ende der Masse bedeuten. Die Masse tritt in zwei Formen in Erscheinung: zum einen als geschlossene Masse, die auf Bestand konzentriert ist und die ihre Geschlossenheit durch Grenzziehungen verschiedenster Form (etwa räumlich, sozial oder monetär) erhält; und zum anderen als offene Masse, die nicht durch Erhalt konstituiert, sondern deren Ambition Wachstum ist.[5]

Durch die Enge und Nähe, die diese Ansammlung erzeugt, werden körperliche Grenzen überschritten.[6] Die Grenzen, die der Einzelne um sich zieht, sind Ausdruck – so Canetti – einer Berührungsfurcht, die nur durch die Masse selbst überschritten werden kann. Es finden Berührungen statt, der Einzelne verschmilzt auf dieser Ebene mit der Masse. Die Masse wird zu einem Körper, diese Verschmelzung macht die Attraktivität der Masse aus.[7] Das Ziel der Masse auf der Kirmes ist das Fest selbst, das viele Regeln außer Kraft setzt und eine Eigengesetzlichkeit entwickelt, die Berührungen nicht geradezu provozieren. Diese Berührungslust wird dabei nicht allein nur durch die Menschenmasse selbst erzeugt, sondern maschinell erzeugt. Die jeweilige Attraktion auf einer Kirmes erzeugt immer die Möglichkeit der zwischenmenschlichen Kontakterzeugung als Produkt mit.

So bleibt auf manchen Karussellen, bei denen mehrere Personen nebeneinander auf einer Bank eines sich drehenden Karussells Platz nehmen, allein durch die kinetische Kraft der Körperkontakt unvermeidlich; selbst sich fremde Personen werden aufeinander gepresst und können auf diese Weise ohne Hemmschwelle Kontakt miteinander aufnehmen. Aber auch die Enge der Wagen in den Schienenfahrgeschäften erzeugt eine Nähe, die durch das gemeinsam Erlebte zusätzlich noch gesteigert wird. Es ist eine besondere Eigenheit der Maschinen auf der Kirmes, Intimität technisch zu produzieren.

4 Vgl. dazu auch Caillois: „Heilige", S. 127-128.

5 Demonstrationszüge können hier als prototypisch gelten. Vgl. außerdem Elias Canetti: „Masse und Macht", Fischer, Frankfurt a. M., 2003, S. 14-16.

6 „In unserer Zeit leben die Leute isoliert, sie kennen nicht einmal ihre Nachbarn. Sie brauchen Hilfe, um ihre Aggressionen loszuwerden und wieder zu lernen, Bekanntschaften zu schließen. Und wo finden sie die Gelegenheit dazu? Auf einem Volksfest, in einem Rahmen, wo man in der Masse den Leuten ungezwungen begegnen kann", Messen-Jaschin/Dering, u.a.: „Die Welt der Schaustellerei", S. 107.

7 Vgl. Canetti: „Masse", S. 13-14.

Abbildung 51: Postkarte: Achterbahn, 1898

Rausch

Etymologisch leitet sich der Begriff „Rausch" vom mittelhochdeutschen „rusch" ab, das als ‚rauschende Bewegung, Anlauf, Angriff' beschrieben wird. Erst im 16. Jahrhundert wird der Rausch auch mit dem Alkoholrausch in Verbindung gebracht.[8] Bemerkenswert ist diese Bedeutungserweiterung und teilweise Wandlung insofern, als sich der Rausch zuerst auf eine körperlich erfahrbare, nicht stoffgebundene Ausnahmesituation bezieht und erst im Laufe der Begriffsgeschichte auch den stoffgebundenen Rausch umfasst, welcher durch Alkohol oder andere Drogen hervorgerufen wird.[9]

Betrachtet man die verschiedenen Spielklassen, die auf dem Rummel in Form von Geschäften vertreten sind, so scheinen die Geschäfte vorherrschend, die man dem Bereich des Illinx (also der Rauschspiele) zuordnen kann. Caillois verbindet in dieser Klasse sehr geschickt zwei Phänomene, das Spiel und den Rausch zu einer Erlebnisqualität, wobei der Rausch als Erlebnisgröße durchaus als eigenständiges Phänomen betrachtet werden kann. Der Vorteil der Verknüpfung dieser beiden Phänomene ordnet jedoch den Rausch in einen umfassenden Kontext ein, so dass der Rausch nicht als singuläre Erscheinung, sondern vielmehr als

8 Veiz: „Oktoberfest", S. 150-151.

9 Eine Entwicklung, die bemerkenswerterweise auch das Jahrmarktstreiben umschreibt. Hier spielt der Alkohol zwar eine große, aber keinesfalls eine dominierende Rolle. Vielmehr kann der Rausch auf dem Jahrmarkt in vielfacher unterschiedlicher Weise erfahren werden.

Funktionsträger, als Medium einer außergewöhnlichen Erlebnisgröße betrachtet werden kann.

Dies führt zu der Frage, was das grundlegende Merkmal des Rausches darstellt. Aldo Legnaro beschreibt den Rausch[10] als einen Zustand, in welchem das Innen und Außen verschwindet.

Bei einer solchen Erfahrung schwindet die Trennung zwischen Erfahrendem und dem Erfahrenen, und die All-Einheit der Welt verifiziert sich im Akt des Erfahrens. Subjekt und Objekt verschmelzen.[11]

Dies ist eine Deutung, der sich auch Kiesel, Müller-Küppers und in deren Tradition Veiz anschließen, die den Rausch als eine Form des „Außer-sich-sein" als eine Art „Grenzüberschreitung" verstehen, in der das Individuum „seines alltäglichen Bewusstseinszustandes" enthoben wird und Erlebnisse der „Entgrenzung und Transzendentes des alltäglichen Seinszustandes […] auf seelischer wie auch auf emotionaler, kognitiver und physischer Ebene" erfährt.[12] Diese Grenzüberschreitung ist jedoch, darauf weist auch Veiz ausdrücklich hin, immer zeitlich und räumlich begrenzt. Was die zeitliche und räumliche Begrenzung betrifft sind Rausch und Spiel also miteinander verwandt.

Es wird deutlich, dass der Rausch mehr als nur alkoholische oder sonst wie stoffgebundene Trunkenheit ist. Vielmehr stellt der Rausch mittels der körperlichen Ebene eine Grenzüberschreitung dar, die in jeweils besonderer Weise, aber keineswegs ausschließlich durch Rauschmittel hergestellt werden kann. Vielmehr können Rauscherlebnisse auch durch Körpermanipulationen erzeugt werden: Indem man den Körper Ausnahmesituationen aussetzt, die die Ausschüttung von Hormonen begünstigen, die auch Rauscherlebnisse initiieren können. Als weitere Rauschgruppen gelten Brigitte Veiz zufolge der Geschwindigkeitsrausch, der Konsumrausch, der sinnliche Rausch und der Rausch in der

10 „Mit Traum, Trance, Meditation und Hypnose zählen Rausch und Ekstase zu den altered states of consciousness, den veränderten Bewußtseinszuständen. […] Im Begriff der Sonderzustände des Bewußtseins verbirgt sich die Tatsache, dass Bewußtsein nicht ausschließlich eine Ichleistung darstellt und die Wirklichkeit von Erfahrungen nicht nach ihrem Ichanteil gemessen werden kann", Aldo Legnaro: „Zur Soziologie von Rausch und Ekstase", in: Peter Kemper/Ulrich Sonnenschein (Hg.): „Sucht und Sehnsucht. Rauschrisiken in der Erlebnisgesellschaft", Reclam, Stuttgart, 2000, S. 32.

11 Legnaro: „Rausch und Ekstase", S. 41.

12 Veiz: „Das Oktoberfest", Band 1, S. 151.

Masse.[13] Der Rausch in der Masse führt über einen Ich-Verlust zu einem Einheitsgefühl, einem Aufgehen in der Masse.

Die Rauschherstellung ordnet sich ihrerseits in die Spielkategorie des Illinx ein, jedoch ist dieses Rauschmoment keineswegs ausschließlich auf diese Kategorie beschränkt, vielmehr eröffnen auch das Glücksspiel, der Wettkampf und die Maskerade Zugänge zu außergewöhnlichen Einheitserfahrungen beziehungsweise zu spezifischen Rauscherfahrungen, wie etwa dem Glücks- oder dem Geschwindigkeitsrausch. Dabei sind diese Erlebnisse in völlig unterschiedlichen Qualitäten präsent, strukturell jedoch in den Kategorien des Spiels eingeordnet, so dass man den Rausch als Effekt des spielerischen Tuns beschreiben kann. Das rauschhafte Erleben scheint sich daher als dem Spiel zugrunde liegendes Element zu erweisen. Hier ist nochmals deutlich darauf zu verweisen, dass nicht der Rausch Endzweck des Spiels ist, sondern nur eine Qualität, deren Funktion in der Herstellung außergewöhnlicher Bewusstseinszustände liegt.

Einheit

Der Rausch als Zustand, der auf ganz unterschiedliche Weisen auf dem Rummel hergestellt wird, indem sich das Subjekt als eins mit seiner Umwelt empfindet, verleiht dem Rausch die Funktion eines Katalysators zur Herstellung einer Transzendenz, in der das Subjekt, indem es seine Grenzen überschreitet, zu einer Einheit mit seiner Umwelt gelangt. Im Verlust des souveränen Status als reflektierendes Subjekt geht zugleich das eigene Zeit- und Raumgefühl verloren: Der Berauschte empfindet sich als eins mit seiner Umwelt. Dieser Zustand eines erweiterten Bewusstseinszustandes und der selbsterzeugten Transzendenz impliziert zugleich die Aufhebung der Wahrnehmung der subjektiv empfundenen Lebenszeit; wird diese jedoch ausgeblendet, wird zugleich auch das Wissen um die eigene Endlichkeit ausgeblendet.[14]

Diese alternierende Wirklichkeit eröffnet dadurch ein Erleben der Abwesenheit von Krankheit und Tod, es ist ein paradiesischer Zustand ewigen Lebens, der in diesen Momenten erfahrbar wird.[15] Begrenzt wird

13 Ebd. Band 1, S.165-175, vgl. auch Sibylle Spiegel: „Der Festbesucher", Wiesbaden, 1994.

14 Frank Lanfer zitiert einen Jahrmarktsseelsorger mit den Worten: „Achterbahnen seien ein Geschenk Gottes, der uns Vergnügen als Voraussetzung für die Muse bereitet." Lanfer: „100 Jahre Achterbahn", S. 88.

15 Diese Einheit ist für die Kirmes insofern interessant, als sie eine Art protoreligiöses Erlebnis darstellt. Mit der Reformation setzt sich Trennung zwischen innerem Erleben und sozialen Handeln ein. Über Reflexion wird

dieser Zustand nur durch die Grenzen, die von dem Spiel gegeben werden, also der Begrenzung der Spieldauer, bezogen auf den Jahrmarkt von der Dauer der Karussellfahrt. Während der Fahrt fallen ekstatisch subjektives Erleben und objektive Welt zusammen. Diese außergewöhnliche Bewusstseinserfahrung kann als ein Jenseits der Realität, als Paradies verstanden werden. Daraus erschließt sich auch die tiefere Bedeutung der Aussage Papst Johannes XXIII.[16]: Das Karussell ist das Erleben einer Alterität und damit eine temporäre Möglichkeit das Himmelreich, in dem alle Ungerechtigkeit und Kränkung abwesend ist, zu erleben.

Das Spiel kann man aus diesem Blickpunkt wie von Huizinga vorgeschlagen als präreligiöses Prinzip identifizieren. Das Spiel ist die Grundstruktur allen Schaffens, das über das Diesseits hinausweist. Betont man wie Huizinga den Übergang vom Spiel zur Religion als Kontinuum, so stehen „Spiel – Religion – Kirmes" in einer historischen Traditionslinie, die auch in einer kulturhistorischen Betrachtung des Ursprungs der Kirmes deutlich wird, wie die vorliegende Arbeit gezeigt hat.

Die Entgrenzungen, die in den verschiedenen Attraktionen auf unterschiedliche Art hergestellt und von den Besuchern erlebt werden, stellen das eigentliche Reizmoment des Rummels dar. Die Entgrenzung enthebt den Einzelnen, indem sie das erlebende Individuum mit seiner Umwelt verschmelzen lässt, einer reflektierbaren raumzeitlichen Ordnung. Der Einzelne, der sich als eins mit seiner Umwelt empfindet, vergisst in dem Rahmen, den dieses Fest generiert, nicht nur die gewöhnlichen Zeitgrößen, so dass Fahrten wie eine Ewigkeit zu dauern scheinen, er verliert zugleich seinen archimedischen Punkt, von dem aus er auf sein Dasein reflektieren kann.

---

nun dieses Handeln einem Wertsystem unterworfen, das beständig danach fragt, ob es gottgerecht ist. Oftmals wird dieser Punkt zeitlich später in der Aufklärung angesetzt und dort in dem Kant'schen Imperativ festgelegt. Diese philosophiegeschichtliche Entwicklung korrespondiert mit einer anthropologischen Problematik. Ab dem Zeitpunkt, ab dem Reflexion einsetzt, empfindet sich das Individuum getrennt von seiner Umwelt, es erlangt Bewusstsein über seine Umwelt, über sich, was eine Voraussetzung für Problemlösungsvermögen ist. Problemlösungsvermögen impliziert zugleich aber irgendeine Form von Zeit. Es muss, um ein Problem lösen zu können, ein Davor und ein Danach geben. Mit dieser Fähigkeit erlebt sich das Individuum aber auch als sterbliches und es stellt sich die „Frage des Danach". Dieser Punkt wird zugleich als die Geburtsstunde von Kultur im weitesten Sinne betrachtet, da sich mit dem Problem des Todes auch eine Sinnfrage des Lebens verknüpft.

16 „Es ist kein Blumenbeet zu schade dafür, dass man nicht darauf ein Karussell für Kinder bauen könnte", Frank Lanfer: „100 Jahre Achterbahn", S. 3.

Damit hebt sich zugleich auch Zeit als eine Abfolge auf, Vergangenheit und Zukunft verschmelzen zu einer totalen Vergegenwärtigung. Dies führt dazu, dass sowohl vergangene Erlebnisse als auch zukünftige Vorstellungen für diesen kurzen Moment in den Hintergrund treten und ausgeblendet werden, damit wird auch die existentielle Kränkung ausgemerzt, welche die Fähigkeit des Menschen zu reflektieren bedingt. Das Wissen um die eigene Endlichkeit wird in diesem Akt der Vergegenwärtigung verdrängt. Dieser Moment der Entgrenzung konfrontiert den Erlebenden mit einer Vorstellung einer alternierenden Wirklichkeit, in welcher der erwartbare Tod keinen Platz innehat. Diese paradiesische Vorstellung liegt der Erfahrung von Transzendenz zugrunde und stellt die eigentliche Qualität dieses Erlebnisses dar.

Auf dieses Erlebnis der Transzendenz rekurriert jetzt in gleicher Weise die Erfahrung des Heiligen als mystische Erfahrung.[17] Diese Qualität wird vermittelt durch den religiösen Ursprung auf der Kirmes volkstümlich transformiert und als Erlebnis dargeboten.[18] Aus diesem Kontext heraus lassen sich auch die vielfachen religiösen Symbole auf der Kirmes erklären, die weniger eine Verkehrung als vielmehr eine Aneignung darstellen. Mit dieser Aneignung verändert sich jedoch durch den Kontext auch die Wertigkeit der Rituale. Das rauschhafte Erleben der Entgrenzung wird auf dem Jahrmarkt zulasten einer tragfähigen Sinnstruktur, die auf das Erleben einer Transzendentalität aufbaut, betont – wohingegen im religiösen Kontext Transzendenz nur Ausgangspunkt einer sinnhaften Welt ist, die auch nach dem Erleben einer alternierenden Wirklichkeit diese Erlebnisse aufgreift und kontextuell einbettet. Caillois bemerkt hierzu:

> Der Geist des Spiels ist für die Kultur wesentlich, aber Spiele und Spielzeug sind im Laufe der Geschichte zu Residien der Kultur geworden. [...] Ihre soziale Funktion, nicht aber ihr Wesen hat sich geändert. Die Verwandlung und Degradation, die sie erfahren haben, beraubten sie ihrer politischen oder religiösen Bedeutung. Aber dieser Verfall hat, indem er sie isoliert, nur um so deutlicher gemacht, was sie als solche enthielten, nämlich nichts anderes als eben die Struktur des Spiels.[19]

17 „Das Heilige ist Chiffre für einen uneinholbaren Erregungsüberschuss“, Christoph Türcke: „Erregte Gesellschaft. Philosophie der Sensation“, C. H. Beck, München, 2002, S. 172.

18 Vgl. Hans-Joachim Höhn: „Religion in der Erlebnisgesellschaft“, in: Thomas Morus (Hg.): „Kathedralen der Freizeitgesellschaft. Kurzurlaub in Erlebniswelten. Trends, Hintergründe, Auswirkungen“, Akademie Bensberg, Bergisch Gladbach, 1995, S. 42-45.

19 Caillois: „Spiele“, S. 68.

Das Erleben von Transzendenz ist demnach die Struktur, an welcher sich religiöse Sinnsysteme kristallisieren, aus denen sich dann das exzesshafte, außergewöhnliche Rauscherleben exkludiert. Deutlich wird dies in dem Beispiel der Wasserrutsche, die als Taufe verstanden werden kann (durch die Verwendung des Wassers als reinigendes Element einer Initiation). Der qualitative Unterschied zur Taufe liegt darin, dass die moderne Taufe – im Gegensatz zur urchristlichen sich mit einer symbolischen Handlung des Benetzens des Täuflings mit Wasser begnügt, der nach dem Taufakt in die Gesellschaft der Gläubigen aufgenommen wird, wohingegen, die Wasserrutsche allein das Rauschhafte des Taufaktes produziert.

Damit wird auch der qualitative Unterschied zwischen dem religiösen Erleben und dem Spiel kenntlich gemacht. Obwohl beide mittels transzendenter Erlebnisse die Erfahrung außergewöhnlicher, alternierender Wirklichkeiten ermöglichen, unterscheiden sie sich grundlegend darin, wie diese Erlebnisse in der Folge integriert werden. Im religiösen Bereich sind diese Erfahrungen Bestandteil eines übergeordneten Sinnkontextes, der auch das normale Leben der Gläubigen strukturiert. Dagegen sind die Erfahrungen auf dem Rummelplatz rein situativ, sie sind reiner Selbstzweck. Das Spiel, welches der Rummelplatz darstellt, und der religiöse Bereich stehen sich diametral gegenüber mit dem profanen Leben als Mittelpunkt.[20] Dies genau ist auch die Unterscheidung, die Caillois zwischen dem Spiel und dem Heiligen als Zustand transzendenter Entrückung trifft.[21]

Eine wesentliche Ursache der Exklusion des Rauscherlebens aus der Kirche lässt sich in der im Mittelalter einsetzenden Leibfeindlichkeit der katholischen Kirche festmachen, so dass außerkirchliche Feste sehr stark und auf unterschiedliche Weise auf den Körper Bezug nehmen. Neben der latenten Sexualität, die ein wesentliches Charakteristikum der Volksfeste darstellt, beziehen viele Attraktionen den Körper teils aktiv (als Fahrgast), teils passiv (als Zuschauer) intensiv in das Geschehen ein. In

20 „In diesem Sinne ist das Spielerische, die freie Handlung *par excellence,* das rein Profane; es hat keinen Inhalt und zieht keine Wirkung auf anderen Ebenen nach sich, […] Von da aus lässt sich eine Hierarchie Heiliges-Profanes-Spielerisches aufstellen […] Heiliges und Spielerisches weisen insofern Ähnlichkeit auf, als sich beide vom praktischen Leben absetzen, doch befinden sie sich ihm gegenüber in symmetrischen Stellungen.“ Caillois: „Heilige“, S. 213.

21 „[Das] Spiel [ist] reine Form […], eine Aktivität, die ihren Zweck in sich selbst trägt, aus Regeln bestehend, die nur eingehalten werden, weil sie Regeln sind. […] Mit dem Heiligen verhält es sich anders; es ist gerade umgekehrt, reiner Inhalt: unteilbare, ungeklärte, flüchtige, wirksame Kraft.“ Caillois: „Heilige“, S. 209-210.

der Kirchmesse wird der Körper weniger angesprochen – im Unterschied zur Kirmes, in welchem der Körper der zentrale Bezugspunkt ist. Mit dieser Verschiebung geht zugleich eine Potenzierung des Rauscherlebnisses einher. Praktiken, die eher symbolisch als Initiationsakt ausgeführt werden, werden aus ihrem Kontext gelöst und gesteigert, so dass letztlich der Initiationsakt als Rauscherlebnis auf der Kirmes erlebbar ist. Damit zeigt sich, dass mit der Exklusion dieses Rauscherlebnisses aus der Kirche eine wesentliche Veränderung einherging, in der das am Rande Befindliche in die Mitte und das Zentrale an den Rand gerückt wird.[22]

Betont man eine Kontinuität des sakralen Aktes, der sich säkularisiert hat, so gleicht das Rummelerleben einem religiösen Ritual. Berücksichtigt man aber die Diskontinuitäten, die allein schon dadurch manifest sind, dass es weiterhin die Kirchmesse und Kirmes als jeweils getrennte Ereignisse gibt, so scheint sich hier der Rummel vom religiösen Kontext losgelöst zu haben. Um Caillois' Setzung aufzugreifen: der Rummel hat sich, aus dem sakralen Kontext gelöst und ist zum komplementären Gegenpol des Sakralen geworden, in dessen Mitte sich das Profane befindet. Der Rummel als Spiel eröffnet eine außergewöhnliche Wirklichkeit, in deren Herstellung das Diesseits überschritten wird. Die Erfahrung einer alternierenden Wirklichkeit wird im Unterschied zum Ritus nicht in einer Sinnstruktur aufgefangen und verankert, sondern ist ein flüchtiger, ein vergänglicher Zustand, ein Augenblick, nicht mehr.[23] Es ist ein Zustand profaner Transzendenz.

Körper

Neben diesen Rauscheffekten, die der Rummelplatz bei einem Besuch provoziert, wird der Körper des Besuchers als zentrales Referenzsystem von fast allen Attraktionen (wenngleich in unterschiedlicher Weise) in Anspruch genommen.[24] Blicken wir auf die historischen Entwicklungen der Feste zurück, so können wir ab Mitte des neunzehnten Jahrhunderts eine Tendenz der Mechanisierung bei den Rummelplatzattraktionen feststellen, die ein intensiveres Erleben auch des eigenen Körpers er-

22 Vgl. Caillois: „Spiele", S. 68-69.

23 „Alles was von Natur aus dem Mysterium oder der Welt des Scheins zugehört, steht dem Spiel nahe: doch muß der Anteil an Fiktion und an Vergnügen überwiegen, das heißt, daß Mysterium darf nicht verehrt und die Welt des Scheins nicht der Beginn oder Zeichen von Metamorphose oder Besessenheit sein." Caillois: „Spiele", S. 11.

24 Hartmann: „The Thrilling Fields", S. 73-75.

möglichen. Um den Körper in diesem Spannungsfeld zu positionieren, ist zuerst zu fragen, wie sich der Körper außerhalb dieses Sonderfeldes präsentiert.

Der menschliche Körper ist das Ergebnis der Bearbeitung durch unterschiedliche gesellschaftliche Anforderungsmechanismen.[25] Der Körper meint immer einen durch die Gesellschaft bearbeiteten, man kann ihn in letzter Konsequenz als Ergebnis der Naturbeherrschung des Menschen an sich selbst verstehen.[26] Rudolf zur Lippe sieht den menschlichen Körper bis zur Neuzeit noch in einer sinnlichen Verschränkung mit seiner Umwelt.[27] Über Erziehung und Disziplin wird dieser Körper für ökonomische Systeme vorbereitet, man kann auch „zugerichtet“ sagen.[28] Gekoppelt an diesen Vorgang ist konterkarierend ein zweiter, der auf paradoxe Weise den menschlichen Körper auf zwei Arten gerade von dieser Arbeit freisetzt.

Wird bei der Einbindung des Körpers an eine Maschine zuviel „überflüssige“ Biomasse mit eingesetzt, so ergibt sich bereits in der Geburtsstunde der Fabriken eine Tendenz zur Rationalisierung und Minimierung des menschlichen Faktors. Darüber hinaus wird vom Arbeiter eine völlige Identifizierung mit seiner Arbeit verlangt, die als Ausgleich Freizeit als Erholungsraum konstituiert, so dass wir ab etwa Mitte des neunzehnten Jahrhunderts Arbeiter und vor allem Fachkräfte über ein bestimmtes Freizeitkontingent verfügen können, welches sie nun frei gestalten. Wenn man die Freizeit als Regenerationszeit definiert, erschließt sich die Freizeitbetätigung als eine Möglichkeit der Weltflucht. Die Definition von Freizeit als Eskapismus hat in dieser Verschränkung ihre Begründung.

Für das entstehende Körperbild ergibt sich ein paradoxes Verhältnis von Körpernutzung und Körperverdrängung in der Industriegesellschaft, so dass man von einem gleichzeitig ablaufenden Prozess der Körpereinbindung und Körperverdrängung ausgehen kann. Dieser Prozess reflektiert eine Bewegung der Freisetzung des Körpers aus gesellschaftlichen Zusammenhängen. Im Rahmen einer Institutionalisierung von Funktionssystemen, die in sich abgeschlossen sind, verliert der Körper seine Stellung als Bezugssystem, wie dies Michel Foucault am Beispiel des

25 Vgl. Christoph Wulf: „Die Zeitlichkeit von Weltbildern und Zeitbildern“, in: Dietmar Kamper, Christopf Wulf (Hg.): „Rückblick auf das Ende der Welt“, Boer, Augsburg, o. J., S. 21-31.

26 Zur Lippe: „Leib“, S. 17-23.

27 Ebd.

28 Berr: „Technik und Körper“, S. 40-42 und Anne-Marie Berr: „Der Körper als Prothese. Als Text“, in: Dietmar Kamper/Christoph Wulf (Hg.): „Transfigurationen des Körpers. Spuren der Gewalt in der Geschichte“, Reimer, Berlin, 1989, S. 256-258.

modernen Strafsystems aufzeigt.[29] Beziehen sich beispielsweise juridische Systeme noch im Mittelalter direkt auf den Körper, so wird dieser im Lauf der Entstehung eines modernen Strafsystems immer mehr zu einer funktionellen Größe, die als Delinquenz nicht mehr am Körper exemplarisch ausgeübt wird, sondern Zugriff auf die Person, als individuelle Referenz nimmt.[30]

Für Arbeitsprozesse kann ein ähnlicher Prozess angenommen werden; die ursprünglich enge Verbindung von Individuum und Produkt wird durch Mechanisierung, Maschinisierung und schließlich Hochtechnologie aufgelöst, in der der Körper nur noch als Störfaktor auftaucht und sukzessiv durch künstliche Roboterkörper ersetzt wird, deren Funktion darin besteht, lediglich wenige Funktionen der menschlichen Arbeit zu übernehmen, diese aber dafür effizienter. Der freigesetzte Körper wird in der entwickelten Industriegesellschaft nur partiell in Anspruch genommen, indem sich über den Körper andere gesellschaftliche Institutionen abstimmen.[31] Diese Prozesse bleiben aber nicht ohne Folgen für den verdrängten Körper, der sich jetzt als kranker Körper (als Indikator überindividueller Prozesse, die etwa Stress erzeugen) zurück ins Bewusstsein bringt und wieder in Institutionen eindringt, aus denen er zuvor verdrängt wurde.

Damit tritt der Körper wieder an eine zentrale Stelle, die jedoch nicht allein nur als Gegenreaktion auf die Körperverdrängung zu sehen ist, sondern spiegelt zugleich die Notwendigkeit einer Instanz wieder, auf die sich das Individuum – nach dem Verlust tragfähiger Sinnsysteme wie Familie oder Religion – wieder auf sich selbst besinnen und erleben kann. Gekoppelt ist diese Erfahrung mit einer Projektion von Identität, die ihre Ursache darin hat, dass es eine Vielzahl kontingenter Projekte mit jeweils eigenen Zeiträumen gibt, die jetzt nicht alle zugleich vom Individuum erfüllt werden können, ja teilweise aufgrund der Endlichkeit des menschlichen Lebens sogar Utopie bleiben. Die Erkenntnis, dass diese Projekte nur noch im Fiktionalen durchgeführt werden können, führt zu einem Verlust an Redundanz und damit an erfahrbarer Wirklichkeit. An diese Stelle tritt der Körper, der jetzt zum Garanten einer

29 Michel Foucault: „Überwachen und Strafen. Die Geburt des Gefängnisses“, Suhrkamp, Frankfurt a. M., 1994.

30 Vgl. Karl-Heinrich Bette: „Körperspuren. Zur Semantik und Paradoxie moderner Körperlichkeit“, de Gruyter, Berlin, 1989, S. 19 f.

31 Der Körper wird hier zu einem „Symbiotischen Mechanismus“, vgl. Niklas Luhmann: „Symbiotische Mechanismen“, in: Niklas Luhmann: „Soziologische Aufklärung 3 – Soziales System, Gesellschaft, Organisation“, Westdeutscher Verlag, Opladen, 1981, S. 230-231 und siehe auch: Niklas Luhmann: „Soziale Systeme. Grundriß einer Theorie“, Suhrkamp, Frankfurt a. M., 1987, S. 337-341.

auf kausalen Gesetzen gründenden Wirklichkeit[32] wird, anhand dessen sich das einzelne Individuum rückversichern und selbstbestätigen kann.[33]

Mit dieser Vereinfachung komplexer Systeme geht auch eine Vereinfachung des Normenkatalogs einher, der das Verhalten in komplexen Gesellschaften regelt. So werden einerseits Gewaltdiskurse demonstriert, die Zeugnis von der Durchsetzungsfähigkeit des einzelnen Individuums ablegen, als auch „magische" Handlungen in Form von symbolischen Schicksalsprüfungen durchgeführt. Die Mechanismen der Selbstbestätigung wie Angst und Schmerz sind doppelt besetzt, einerseits wirken sie direkt auf den Körper ein,[34] andererseits aber sind sie Medium zum Erleben der erstrebten Einheit, so dass geradezu eine Lust nach diesen Medien entstehen kann.[35]

Diese Einheit, die jetzt den Körper und den reflexiven Geist der Erlebenden transzendiert, wird als Rausch empfunden. Der Besucher erlebt eine *Sensation* im eigentlichen Sinne: zu dem außergewöhnlichen Erlebnis tritt die Sensation im Sinne eines inneren Gefühls hinzu,[36] wobei die Herstellung dieses außergewöhnlichen Bewusstseinszustandes auch an körperliche Fähigkeiten und Fertigkeiten gekoppelt ist, so dass die Erzeugung transzendenter Zustände das ganze Spektrum von intensiver Körperaufwertung bis hin zu extensiver Ruhigstellung des Körpers umfasst.

Das Erleben dieser Einheit wirkt jetzt rück auf den Erlebenden, der auch körperlich die Distanz zu seiner Umwelt durch eine intensivere haptische Nähe überschreitet und auf diese Weise ungezwungener in Kontakt zu seiner Umwelt treten kann. Das Bemerkenswerte dieses Vorganges ist, dass diese ekstatischen Transzendenzerfahrungen in der Mehrzahl durch technische Apparaturen erzeugt werden, ja man kann sogar sagen: industriell produziert. Damit spiegelt sich genau die Umweltbedingung, die diese Entwicklung möglich gemacht hat, in diesem System wider. Jedoch spiegelt sie sich im wahrsten Sinne des Wortes wider, nämlich verkehrt.

---

32 Damit folgt diese Einbettung des Körpers in eine Kausalität, einem Merkmal des Spiels, das sich gleichermaßen durch einen nachvollziehbaren Regelkanon auszeichnet. Siehe dazu auch: Caillois: „Heilige", S. 211.

33 Vgl. Bette: „Körperspuren", S. 31-32.

34 Vgl. Ebd.

35 „In einer komplexen Gesellschaft wird Ganzheit als semantisches Gegenkorrelat zur Ausdifferenzierung, Selektion und Technologiedefizit benutzt." Ebd. S. 39.

36 „Sensation ist also 1) sinnliche Empfindung und Gefühl. Es wird aber auch 2) in der gemeinen Deutsch-Französischen Sprechart für Aufsehen, Bewegung, Geräusch und Gährung genommen", aus: Joachim Heinrich Campe: „Wörterbuch zur Erklärung und Verdeutschung der unserer Sprache aufgedrungenen fremden Ausdrücke", In der Schulbuchhandlung, Braunschweig, 1813, S. 553.

Die Konzeptionen, die Ausgangspunkt der Entwicklung dieser Maschinen ist, verkehrt sich in ihr Gegenteil. Aus der Eisenbahn, die den Raum zwischen A und B zu überwinden hilft, werden die unterschiedlichsten Schienenbahnen, die von A nach „A" führen, die Bewegung *simulieren*, tatsächlich aber im Raum stillstehen. Dieser Funktionswandel wertet zugleich das dem technischen System zugrunde liegende rauschdienliche Moment massiv auf, so dass – ganz im Unterschied zum industriellen Ursprungsprodukt – der Körper wieder maßgeblich in den Vordergrund gerückt wird.

Die Maschinen, die den Rausch erzeugen, sind in einem Rahmen, dem Festplatz, eingebettet, der Eigengesetzlichkeiten zulässt, so dass man hier eine karnevaleske Verkehrung als normal zulässt.[37] Aber nicht nur das seit der Mechanisierung und Maschinisierung entstehende Produktionssystem wird verkehrt, sondern in gleicherweise werden frühere Sinnsysteme aufgegriffen und auf ihr Rauschpotenzial hin gesteigert. So finden sich noch Atavismen des zugrunde liegenden religiösen Systems bis heute auf dem Rummelplatz[38] als Anzeichen einer Reritualisierung entritualisierter Inhalte. Bemerkenswert an der industriell technischen Erzeugung von Rauscherlebnissen, die eine Transzendierung der alltäglichen Erfahrungswelt ermöglichen, ist, dass dieses Produkt nicht nur nicht manifest, sondern völlig ohne Nachhaltigkeit ist. Es ist ein rein temporäres Gefühl.

Doch ist das Rauscherleben im spielerischen Kontext als Zugang zu einer alternierenden Wirklichkeit auf der individuellen Ebene nur ein Teil des Gesamtereignisses Jahrmarkt. Dieser Rausch selbst muss im Kontext der jeweiligen gesellschaftlichen Formation begriffen werden. Setzt man die spätkapitalistische Wirtschaftsform als dominierende Form in der Gesellschaft in Bezug zum Rausch, so steht hier der Rausch als Vergeudung im Kontrast zur Warenproduktion und die Kirmesattraktionen sind in diesem Kontext Produktionsstätten wertloser Waren. Die Erfahrung von Transzendenz als Einheitsvorstellung ist damit ein Komplementärbegriff zur funktional differenzierten Gesellschaft. In der Verschwendung von Ressourcen gebiert sich das neuzeitliche Subjekt als

37 Dies geht sogar so weit, dass durch die Fahrchips ein für den Festplatz eigenes monetäres System existiert.

38 Hugo Rahner: „Spiel und Reigen sind darum, wie immer sie hienieden echt und ernst gelingen, eine Antizipation des Himmlischen, eine in Geste und Ton oder Wortgefüge hineingeformte Vorwegnahme jener Harmonie zwischen Seele und Leib auf Gott hin, die wir Himmel nennen. Die Ewigkeit wird also sein, was das verlorene Paradies war: ein göttliches Kinderspiel, ein Reigen des Geistes, eine endlich und ewig gelungene Leibwerdung der Seele." Hugo Rahner: „Der spielende Mensch", Johannes Verlag, Einsiedeln, 1952, S. 12 f.

souveränes, indem es den allumfassenden Anspruch auf Verwertbarkeit unterläuft.

> Das Spiel ist eine Gelegenheit zu reiner Vergeudung von Zeit, Energie, Erfindungsgabe, Geschicklichkeit und oft auch von Geld [...][39]

Das hergestellte Produkt zeichnet sich dadurch aus, dass es zwar kurzfristig erlebbar, aber niemals manifest wird. Das Einzige, was übrig bleibt, sind Erinnerungsstücke, Souvenirs, die außerhalb dieses Festplatzes an Attraktivität einbüßen. Damit verkehrt sich in dieser Alternativwelt das unserer Gesellschaft zugrunde liegende Produktionssystem, indem nicht mehr Mehrwert produziert wird, sondern im Gegenteil: Mehrwert wird auf dem Festplatz rationell vernichtet. Es ist eine Gegenwelt, in der die oberste Prämisse einer entwickelten Industriegesellschaft systematisch in ihr Gegenteil verkehrt wird, es wird aus industriell-wirtschaftlicher Sicht „Nichts" produziert.

In diesem Vorgang erweist sich jetzt der Jahrmarkt als Festplatz, auf dem einer alternierenden Wirklichkeit gefrönt wird, in der jetzt alle Gesetzmäßigkeiten gespiegelt, auf dem Kopf stehend erzeugt werden. Damit steht der Jahrmarkt in Opposition zur entwickelten Moderne, indem er als Reflex auf eine unüberschaubare Moderne vormoderne, mystische, Einheitsvorstellungen erzeugt und durch die Möglichkeit des Konsums dieser Wirklichkeit mit den Mitteln einer fortgeschrittenen Industriegesellschaft Erlebnisqualitäten einer transzendenten Einheit ermöglicht.

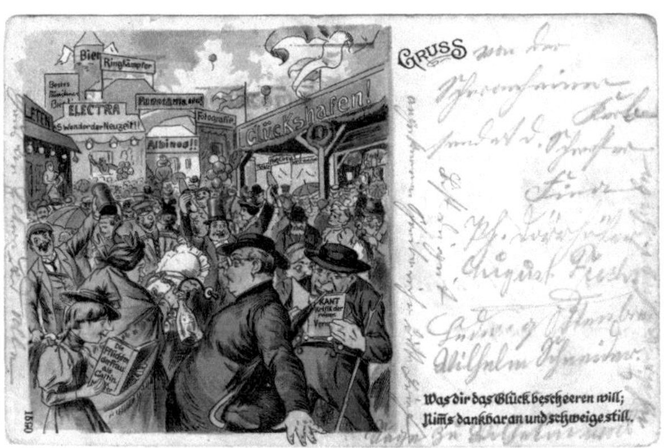

Abbildung 52: Postkarte: Rummelplatz (man beachte das Buch rechts: Kant „Kritik der reinen Vernunft"), 1905

39 Caillois: „Spiele", S. 12.

Quellenverzeichnis

Literatur

Abel, Susanne: „Bremer Schausteller 1945-1985: Zum Wandel von Arbeit und Leben“, Schmerse, o. O., 1988.

Adrion, Alexander: „Die Kunst zu zaubern“, DuMont, Köln, 1978.

Allianz Versicherung (Hg.): „Alte Bräuche frohe Feste zwischen Flensburg und Oberstdorf, Aachen und Bayreuth“, Allianz, o. O., o. J.

Alt, Jürgen August: „Zauberkunst. Eine Einführung“, Reclam, Stuttgart, 1995.

Anderson, Norman: „Ferris Wheels. An Illustrated History“, Bowling Green State University Popular Press, Ohio, 1992.

Arasse, Daniel: „Die Guillotine. Die Macht der Maschine und das Schauspiel der Gerechtigkeit“, Rowohlt, Hamburg, 1988.

Auguet, Roland: „Spiele, Sport und Sensationen“, Österreichischer Bundesverlag, Wien, 1975.

Bachfischer, Margit: „Musikanten Gaukler und Vaganten. Spielmannskunst im Mittelalter“, Battenberg, Augsburg, 1998.

Bachtin, Michail: „Literatur und Karneval. Zur Romantheorie und Lachkultur“, Fischer, Frankfurt a. M., 1996.

Bahr, Hans-Dieter: „Über den Umgang mit Maschinen“, Konkursbuchverlag, Tübingen, 1983.

Balint, Michael: „Angstlust und Regression. Beitrag zur psychologischen Typenlehre“, Rowohlt, Hamburg, 1972.

Bally, Gustav: „Vom Ursprung und von den Grenzen der Freiheit“, Schwabe, Basel, 1945.

Bartels, Klaus: „Über das Technisch-Erhabene“, in: Pries, Christine (Hg.): „Das Erhabene. Zwischen Grenzerfahrung und Größenwahn“, VCH, Weinheim, 1989.

Baudrillard, Jean: „America“, Matthes und Seitz, München, 1995.

Baudrillard, Jean: „Der symbolische Tausch und der Tod“, Matthes & Seitz, München, 1991.

Becker, Udo: „Lexikon der Symbole“, Herder, Freiburg, 1998.

Beeck, Sonja: „Parallele Welten: Theming: Analyse einer Methode aus dem Bereich der visuellen Kommunikation zur semantischen Programmierung, bezogen auf den Kontext von Architektur und Städtebau im 21. Jahrhundert“, Universität Karlsruhe, Fakultät für Architektur. Diss. v. 21.02.2003, Online Veröffentlichung (http://www.ubka.uni-karlsruhe.de/cgi-bin/psview?document=/2003/architektur/1&search=/2003/architektur/1) [Stand 01.06.2006].

Beitl, Klaus: „Liebesgaben. Zeugnisse alter Brauchkunst“, DTV, München, 1980.

Benett, David: „Roller Coaster. Wooden und Steel Coasters, Twisters and Corkscrews“, Chartwell Books Inc., New Jersey, 1999.

Bengtson, Hermann: „Die olympischen Spiele in der Antike“, Artemis, Zürich, o. J.

Benjamin, Walter: „Das Kunstwerk im Zeitalter seiner technischen Reproduzierbarkeit“, Suhrkampf, Frankfurt a. M., 1963.

Berr, Anne-Marie: „Der Körper als Prothese. Als Text“, in: Kamper, Dietmar/Wulf, Christoph (Hg.): „Transfigurationen des Körpers – Spuren der Gewalt in der Geschichte“, Reimer, Berlin, 1989.

Berr, Anne-Marie: „Technik und Körper“, Reimer, Berlin, 1990.

Bette, Karl-Heinrich: „Körperspuren. Zur Semantik und Paradoxie moderner Körperlichkeit“, de Gruyter, Berlin, 1989.

Bette, Karl-Heinrich: „X-treme. Zur Soziologie des Abenteuer- und Risikosports“, transcript, Bielefeld, 2004.

Bettegay, Raymond: „Angst und Sein“, Hippokrates Verlag, Stuttgart, 1970.

Birnbaum, Lilian: „Fahrende“, Medusa, Wien, 1984.

Blume, Torsten: „Die Achterbahn – oder die Welt gerät Tempo, Tempo vollständig aus den Fugen“. In: Regina Bittner (Hg.) „Urbane Paradiese“. Edition Bauhaus, Campus-Verlag, Frankfurt a.M. 2001.

Blunk, Andre: „Piraten. Die Freibeuter aus Bremen“, in: Kirmes und Park Revue, 5/97, 1997, S. 22-24.

Blunk, Andre: „Sensorium. Wahrnehmung aller Sinne“, in: Kirmes und Park Revue, 1+2/97, 1997, S. 46-48.

Blunk, Andre: „Simulatoren. Illusionsspektakel mit Zukunft“, in: Kirmes und Park Revue 8/96, 1996, S.18-22.

Bodmer, Ines/Dittrich, Adolf/Lampartner, Daniel: „Außergewöhnliche Bewußtseinszustände: ihre gemeinsame Struktur und Messung“, in: Dittrich, Adolf/Hofmann, Albert/Leuner, Hanscarl (Hg.): „Welten des Bewußtseins. Band 3. Experimentelle Psychologie, Neurobiologie und Chemie“, VWB, Berlin, 1994.

Bogena, Reinhard: „Faszination Auto-Skooter“, in: Kirmes und Park Revue 7, 2001, S. 46-49.

Bonhof, Michael, Schmitt, Ralf: „Hexenschaukel. Comeback einer Illusion“, in: Kirmes und Park Revue 5/97, 1997, S. 18-20.

Bonhoff, Michael: „Original Rotor. Entwicklungsgeschichte Teil 1“, in: Kirmes und Park Revue 9/96, 1996, S. 36-39.

Bonhoff, Michael: „Original Rotor. Entwicklungsgeschichte Teil 2“, in: Kirmes und Park Revue 10/96, 1996, S. 20-23.

Bonhoff, Michael: „Round Up Teil 1. Die Zukunft vor 40 Jahren“, in: Kirmes und Park Revue 7/98, 1998, S. 60-66.

Bonhoff, Michael: „Round Up Teil 2. De Boer- und Fähtz-Versionen“, in: Kirmes und Park Revue 8/98, 1998, S. 30-37.

Bühler, Karl: „Die Krise der Psychologie“, Gustav Fischer, Jena, 1927.

Bumke, Joachim: „Höfische Kultur“, Band 1, DTV, München, 1990.

Burton, Anthony: „Dampfmaschinen. Veteranen der Technik“, Bechtermünz, o. O., 2000.

Caillois, Roger: „Der Krake. Versuch über die Logik des Imaginativen“, Hanser, München, 1986.

Caillois, Roger: „Die Spiele und die Menschen. Maske und Rausch“, Ullstein, Berlin, 1982.

Campe, Joachim Heinrich: „Wörterbuch zur Erklärung und Verdeutschung der unserer Sprache aufgedrungenen fremden Ausdrücke“, In der Schulbuchhandlung, Braunschweig, 1813.

Cartmell, Robert: „The incredible Scream Machine“, Amusement Park Books Inc. and Bowling Green State University Popular Press, o. O., 1987.

Caysa, Volker: „Körperutopien. Eine philosophische Anthropologie des Sports“, Campus, Frankfurt a. M., 2003.

Certeau, Michel de: „Kunst des Handels“, Merve, Berlin, 1988.

Chateau, Jean: „Spiele des Kindes“, Klett, Stuttgart, 1974.

Cooker, Robert: „Roller Coasters: A Thrill-Seekers Guide to the Ultimate Scream Machines“, Main Street Press, o. O., 2004.

Condrau, Gion: „Angst und Schuld als Grundprobleme der Psychotherapie“, Suhrkamp, Frankfurt a. M., 1976.

Cousto, Hans: „Drogeninduzierte und andere außergewöhnliche Bewusstseinszustände. Ein Bericht über Sucht und Sehnsucht, Transzendenz, Ich-Erfahrungen und außergewöhnliche Bewusstseinszustände“, Eve-Rave Schweiz, 1998 (Online Veröffentlichung).

Cox, Harvey: „Das Fest der Narren. Das Gelächter ist der Hoffnung letzte Waffe“, Gütersloher Verlagshaus Mohn, Gütersloh, 1977.

Debord, Guy: „Die Gesellschaft des Spektakels“, Edition Revolutionsbräuhof, Wien, 1999.

Dering, Florian/Gröner, Margarete/Wegner, Manfred: „Heute Hinrichtung. Jahrmarkts- und Varietéattraktionen der Schausteller-Dynastie Schichtl“, Christian Brandstätter Verlag, Wien, 1990.

Dering, Florian: „Für ein paar Groschen Vergnügen“, in: Kemp, Cornelia/Gierlinger, Ulrike (Hg.): „Wenn der Groschen fällt ... Münzautomaten – gestern und heute“, Deutsches Museum, München, 1989.

Dering, Florian: „Volksbelustigungen. Eine bildreiche Kulturgeschichte von den Fahr-, Belustigungs- und Geschicklichkeitsgeschäften der Schausteller vom 18. Jahrhundert bis zur Gegenwart“, Delphi, Nördlingen, 1986.

Dettelbacher, Werner: „Die Kilianimesse zu Würzburg“, Echter Verlag, Würzburg, 1977.

Dittrich, Adolf/Hofmann, Albert/Leuner, Hanscarl (Hg.): „Welten des Bewußtseins. Band 3. Experimentelle Psychologie, Neurobiologie und Chemie“, VWB, Berlin, 1994.

Dunlop, Beth: „Building a Dream. The Art of Disney Architecture“, Harry N. Abrams, o. O., 1996.

Durkheim, Emile: „Die elementaren Formen des religiösen Lebens“, Suhrkamp, Frankfurt a. M., 1994.

Eberstaller, Gerhard: „Schön ist so ein Ringelspiel. Schausteller, Jahrmärkte und Volksfeste in Österreich. Geschichte und Gegenwart“, Christian Brandstätter, Wien, 2004.

Ebert, Ralf: „Der Lunapark im Fredenbaum“, in: Franke, Gisela (Hg.): „8 Stunden sind kein Tag. Freizeit und Vergnügen in Dortmund 1870-1939“, Edition Braus, o. O., 1993.

Eigen, Manfred, Winkler, Ruthild: „Das Spiel. Naturgesetze steuern den Zufall“, Piper, München, 1996.

Eisenbahn-Sammelheft, Nr. 6, Verlag Josef Slezak, Wien, 1978.

Eming, Knut: „Wahnsinniger Rausch – Platon über Manie und Eros“ in: Helmut Kiesel (Hg.): „Rausch“, Heidelberger Jahrbücher 1999, Springer, Berlin, 1999.

Essener Markt- und Schaustellermuseum (Hg.): „Faksimilierter Bestellkatalog für Schausteller von 1887“, o. V., o. O., o. J.

Evelyn Flögel: „Automatenträume. Mechanik und Poesie. Eine Kulturgeschichte der Musikautomaten“, Elztalmuseum, Waldkirch, 2005.

Faber, Michael: „Die Ankunft des Eisenbahnzuges. Varieté und Schausteller als Wegbereiter des Kinos“, in: Landesmuseum Koblenz (Hg.): „Odeon – Scala – Capitol. 100 Jahre Kino“, Selbstverlag des Landesmuseums Koblenz, Koblenz, 1995.

Faber, Hans von/Haid, Herbert: „Endokrinologie“, Ulmer, Stuttgart, 1996.

Faber, Michael: „Jahrmarktskino. Seine Geschichte Teil 1“, in: Kirmes und Park Revue 10/97, 1997, S. 34-37.

Faber, Michael: „Jahrmarktsphotographie Teil 1“, in: Kirmes und Park Revue 6/99, 1999, S 20-224.

Faber, Michael: „Jahrmarktsphotographie Teil 2“, in: Kirmes und Park Revue 7/99, 1999, S. 16-19.

Faber, Michael: „Jahrmarktsphotographie Teil 3“, in: Kirmes und Park Revue 8/99, 1999, S. 16-18.

Faber, Michael: „Mechanische Bergwerke“, in: Kirmes und Park Revue 8, 2001, S. 38-41.

Faber, Michael: „Menagerien Teil 1“, in: Kirmes und Park Revue 89, 2004, S. 24-31.

Faber, Michael: „Menagerien Teil 2“, in: Kirmes und Park Revue 90, 2005, S. 20-25.

Faber, Michael: „Menagerien Teil 3“, in: Kirmes und Park Revue 91, 2005, S. 14-21.

Feilhauer, Angelika: „Feste feiern in Deutschland. Ein Führer zu alten und neuen Volksfesten und Bräuchen“, Nagel und Kimche, Zürich, 2000.

Finley, M./Pleket, H.: „Die Olympischen Spiele der Antike“, Wunderlich, Tübingen, 1976.

Fiske, John: „Die kulturelle Ökonomie des Fantums“, in: SpoKK (Hg.): „Kursbuch Jugendkultur. Stile, Szenen und Identitäten vor der Jahrtausendwende“, Bollmann, Mannheim, o. J.

Fiske, John: „Lesarten des Populären. Cultural Studies Bd. 1“, Turian & Kant, Wien, 2000.

Freundeskreis Kirmes und Freizeitpark e. V. (Hg.): „Achterplan. Deutschlands Achterbahnen. Bilder und Daten. Kirmes und Park“, o. V., Bornheim, o. J.

Freundeskreis Kirmes und Freizeitpark e. V. (Hg.): „Aqua Plan … Alles, was nass macht!“, Odd GmbH, Bad Kreuznach, 2004.

Freundeskreis Kirmes und Freizeitpark e. V. (Hg.): „Dark Ride“, Odd GmbH Graphische Betriebe, Bad Kreuznach, 2005.

Foucault, Michel: „Überwachen und Strafen. Die Geburt des Gefängnisses“, Suhrkamp, Frankfurt a. M., 1994.

Frayling, Christopher, „Alpträume. Die Ursprünge des Horrors“, VGS, Köln, 1996.

Fried, Frederick: „A Pictoral History of the Carousel“, Barnes and Company, South Brunswick, 1978.

Fürstenberger, Markus/Ritter, Ernst: „500 Jahre Basler Messe“, Helbig und Lichtenhahn, Basel, 1971.

Gadamer, Hans-Georg: „Die Aktualität des Schönen“, Reclam, Stuttgart, 1977.

Ganz, Thomas: „Die Welt im Kasten“, Verlag Neue Züricher Zeitung, Zürich, 1994.

Geese, Uwe: „Eintritt frei, Kinder für die Hälfte. Kulturgeschichtliches vom Jahrmarkt“, Jonas Verlag, Marburg, 1981.

Gerhard Schulze: „Die Erlebnisgesellschaft. Kultursoziologie der Gegenwart“, Campus, Frankfurt a. M., 2000.

Gerigk, Horst-Jürgen: „Ästhetische Erfahrung als Rauschzustand. Überlegungen mit Rücksicht auf literarische Texte in Orientierung an Kant und Nietzsche“, in: Kiesel, Helmut (Hg.): „Rausch“, Heidelberger Jahrbücher 1999, Springer, Berlin, 1999.

Girard, Rene: „Das Heilige und die Gewalt“, Benziger, Zürich, 1987.

Goethe, Johann Wolfgang von: „Faust“, Reclam, Stuttgart, 1986.

Goffman, Erving: „Interaktion: Spass am Spiel. Rollendistanz“, Piper, München, 1973.

Goronzy, Frederic: „Die Inszenierung des Paradieses – Eine qualitative Inhaltsanalyse von künstlichen Erlebniswelten“, Diplomica, Hamburg, 2002.

Göttler, Christine: „Seelen in Wachs. Material, Mimesis und Memoria in der religiösen Kunst um 1600“, in: Gerchow, Jan (Hg.): „Ebenbilder. Kopien von Körpern – Modelle des Menschen“, Hatje Cantz Verlag, Ostfildern-Ruit, 2002.

Götz, Birgit: „‚Mit Romantik hat unser Beruf nichts zu tun‘. Münchner Schaustellerfrauen erzählen aus ihrem Leben“, Buchendorfer Verlag, München, 1999.

Gourarier, Zeev: „Jahrmarkt der Wissenschaften“, in: Knocke, Erich (Hg.): Gesammeltes Vergnügen. Das Essener Markt- und Schaustellermuseum“, Klartext, Essen, 2000.

Gourarier, Zeev: „Manéges d'Autrefois“, Flammarion, Paris, 1991.

Grave, Friedrich: „Marktzauber. Die Erlösung vom Zweck“, Dieterichs, Jena, 1929.

Grieser, Dietmar: „Gustl, Liliom und der dritte Mann. Ein literarischer Praterspaziergang“, Kremyr und Schertau, Wien, 1992.

Groos, Karl: „Das Spiel. Zwei Vorträge“, Gustav Fischer, Jena, 1922.

Groth, Lothar: „Die starken Männer. Eine Geschichte der Kraftakrobatik“, Henschel Verlag, Berlin, 1987.

Günther, Dorothee: „Der Tanz als Bewegungsphänomen“, Rowohlt, Hamburg, 1962.

Habermas, Jürgen: „Arbeit – Freizeit – Konsum. Frühe Aufsätze“, Raubdruck der Zeitschrift Merkur und aus der Festschrift für E. Rothacker, o. V., o. O., o. J.

Hagenbeck, Carl: „Von Tieren und Menschen. Erlebnisse und Erfahrungen“, Paul List, Leipzig, 1928.

Hartmann, Hans Albrecht: „The Thrilling Fields“, in: Hartmann, Hans Albrecht/Haubl, Rolf (Hg.): „Freizeit in der Erlebnisgesellschaft. Amüsement zwischen Selbstverwirklichung und Kommerz“, Westdeutscher Verlag, Opladen, 1998.

Herrigel, Eugen: „Zen in der Kunst des Bogenschießens“, Otto Wilhelm Barth, Bern, 1984.

Higley, Doug: „Scary Dark Rides“, 2. Auflage, o. V., o. O., 2000.

Hille, Horst: „Ansichtskarten sammeln“, Phil Creativ Verlag, Schwalmtal, 1993.

Hille, Horst: „Postkarte genügt. Ein kultur-historisch-philatelistischer Streifzug“, Urania-Verlag, Leipzig, 1988.

Hille, Horst: „Sammelobjekt Ansichtskarte“, VEB Verlag für Verkehrswesen, Berlin, 1989.

Höhn, Hans-Joachim: „Religion in der Erlebnisgesellschaft“, in: Thomas Morus (Hg.): „Kathedralen der Freizeitgesellschaft. Kurzurlaub in Erlebniswelten. Trends, Hintergründe, Auswirkungen“, Akademie Bensberg, Bergisch Gladbach, 1995.

Horkheimer, Max/Adorno, Theodor W.: „Dialektik der Aufklärung. Philosophische Fragmente“, Fischer, Frankfurt a. M., 1988.

Hornbostel, Wilhelm/Jockel, Nils: „Automatenwelten. Freizeitzeugen des Jahrhunderts“, Prestel, München, 1998.

Huizinga, Johan: „Homo Ludens. Vom Ursprung der Kultur im Spiel“, Rowohlt, Hamburg, 1997.

Imagineers: „Walt Disney Imagineering: A Behind the Dreams Look at Making the Magic Real“, Disney Editions, o.O., 1998.

Immerso, Michael: „Coney Island: The People's Playground“, Rutgers University Press, o.O., 2002.

Israel, Joachim: „Der Begriff der Entfremdung. Zur Verdinglichung des Menschen in der bürokratischen Gesellschaft“, Rowohlt, Hamburg, 1985.

Izutsu, Toshihiko: „Philosophie des Zen-Buddhismus“, Rowohlt, Hamburg, 1986.

Janov, Arthur: „Der Urschrei. Eine neuer Weg der Psychotherapie“, Fischer, Frankfurt a. M., 1990.

Jantowski, Michael: „Geisterbahnen Teil 1“, KPR 9/99, 1999, S. 34-38.

Jantowski, Michael: „Geisterbahnen Teil 2“, Kirmes und Park Revue 10/99, 1999, S. 38-42.

Jay, Martin: „Die Ordnungen des Sehens in der Neuzeit“, in: Tumult. Zeitschrift für Verkehrwissenschaften, „Das Sichtbare“, Boer, München, 1990.

Jay, Ricky: „Sauschlau & Feuerfest. Menschen, Tiere, Sensationen des Showbusiness“, Edition Volker Huber, Offenbach a. M. 1988.

Jean Paul: „Levana oder Erziehlehre“, Reclam, Leipzig, 1873.

Jenny, Hans: „Das haarsträubenste Panopticum. Die exquisitestes „Supertiere“, Basler Zeitung, Basel, 1996.

Jenny, Hans: „Die verrückteste Nostalgia. Die haarsträubensten Wundermenschen“, Basler Zeitung, Basel, 1995.

Jüttemann, Herbert: „Waldkircher Dreh- und Jahrmarktorgeln. Aufbau und Fertigungsprogramme“, Waldkircher Verlag, Waldkirch, o. J.

Kagelmann, Hans Jürgen: „Freizeitparks und andere Erlebniswelten“, Profil, München, 2002.

Kaiser, Bruno, Meinold, Michael: „Faller. H0. N. Kirmes. Jahrmarkt. Rummelplatz“, o. V., o. O., o. J.

Kant, Immanuel: „Kritik der Urteilkraft“, Meiner, Hamburg, 2001.

Kasson, John F.: „Amusing the Million: Coney Island at the Turn of the Century (American Century“). Hill & Wang, o.O., 1978.

Kemp, Cornelia, Gierlinger, Ulrike (Hg.): „Wenn der Groschen fällt … Münzautomaten – gestern und heute“, Deutsches Museum, München, 1989.

Kiesel, Helmut/Kluwe, Sandra: „Jenseits von Eden“ in: Kiesel, Helmut (Hg.): „Rausch“, Heidelberger Jahrbücher 1999, Springer, Berlin, 1999.

King, Stephen: „Achterbahn. Riding the Bullet“, Ullstein, München, 2000.

King, Stephen: „Dance Macabre. Die Welt des Horrors in Literatur und Film“, Heyne, München, 1988.

Klunkert, Gabriele: „Hugo Haase in Leipzig“, in: Kirmes und Park Revue 9, 2001, S. 24-27.

Knietzsch, Horst: „Filmgeschichte in Bildern“, Henschel Verlag, Berlin, 1984.

Knodt, Reinhard: „Liebes Montafon“, in: Knodt, Reinhard: „Ästhetische Korrespondenzen. Denken im technischen Raum“, Reclam, Ditzingen, 1994.

Köhler, Jochen: „Von der Muße zum Marketing. Die Perfektionierung der Feiertage“, in: Kemper, Peter (Hg.): „Der Trend zum Event“, Suhrkamp, Frankfurt a. M., 2001, S. 11-26.

Kolesch, Fritz/Graupner, Christa/Schönberg, Susen: „Das Biberacher Schützenfest“, Dr. Karl Höhn, Biberach, 1999.

König, Hannes/Ortenau, Erich: „Panoptikum. Vom Zauberbild zum Gaukelspiel der Wachsfiguren“, Isartal Verlag, München, 1962.

Koppei, Ton: „Loopingschaukeln Teil 2. Ranger und Isarfloss“, in: Kirmes und Park Revue 11/98, 1998, S. 46-49.

Koppei, Ton, Bonhoff, Michael: „Loopingschaukeln Teil 1. Sturzbomber und Co.“, in: Kirmes und Park Revue 10/98, 1998, S. 46-49.

Koppei, Ton: „Loopingschaukeln Teil 3. Der Doppelranger“, in: Kirmes und Park Revue 12/98, 1998, S. 30-33.

Koppei, Ton: „Polyp Teil 1. Von der Spinne zum Klaus-Polyp“, in: Kirmes und Park Revue 1+2/98, 1998, S. 42-45.

Koppei, Ton: „Polyp Teil 2. Monster 1&2“, in: Kirmes und Park Revue 3/98, 1998, S. 20-25.

Koppei, Ton: „Polyp Teil 3. Von Bakker bis A. R. M.“, in: Kirmes und Park Revue 4/98, 1998, S. 28-51.

Kornmeier, Uta: „Kopierte Körper. ‚Waxworks‘ und ‚Panoptiken‘ vom 17. bis zum 20. Jahrhundert“, in: Gerchow, Jan (Hg.): „Ebenbilder. Kopien von Körpern – Modelle des Menschen“, Hatje Cantz Verlag, Ostfildern-Ruit, 2002.

Kosok, Lisa/Jamin, Mathilde (Hg.): „Viel Vergnügen. Öffentliche Lustbarkeiten im Ruhrgebiet der Jahrhundertwende, Verlag Peter Pomp, Essen, 1992.

Kraft, Hartmut: „Über innere Grenzen. Initiation in Schamanismus, Kunst, Religion und Psychoanalyse“, Diederichs, München, 1995.

Laister, Nick/Page, David: „Request für Spot Listing: The scenic Railway Roller Coaster, Margate“, Online Veröffentlichung. (http://www.joylandbooks.Com/scenicrailway/scenicrailway.pdf) [Stand 01.06.2006].

Landeshauptstadt Stuttgart (Hg.): „Festschrift zum 150. Cannstatter Volksfest“, o. V., Stuttgart, 1995.

Lanfer, Frank/Kagelmann, Hans Jürgen: „Erlebniswelt Achterbahn“, in: Kagelmann, Hans Jürgen/Bachleitner, Reinhard/Rieder, Max (Hg.): „Erlebniswelten. Zum Erlebnisboom in der Postmoderne“, Profil Verlag, München, 2004.

Lanfer, Frank: „100 Jahre Achterbahn“, Gemi, o. O., 1998.

Lanfer, Frank: „Life is a Rollercoaster Teil 1“, in: Kirmes und Park Revue 11, 2001, S. 64-68.

Lanfer, Frank:“Life is a Rollercoaster Teil 2“, in: Kirmes und Park Revue 12, 2001, S. 64-68.

Lanfer, Frank:“Life is a Rollercoaster Teil 3“, in: Kirmes und Park Revue 58, 2002, S. 72-75.

Lanfer, Frank: „Life is a Rollercoaster Teil 4“, in: Kirmes und Park Revue 61, 2002, S. 60-63.

Lanfer, Frank: „Life is a Rollercoaster Teil 5“, in: Kirmes und Park Revue 62, 2002, S. 76-79.

Lanfer, Frank: „Life is a Rollercoaster Teil 6“, in: Kirmes und Park Revue 63, 2002, S. 76-79.

Lanfer, Frank: „Werner Stengel“, in: Kirmes und Park Revue 5, 2000, S. 6-18.

Latotzki, Ralph: „Colossos“, in: „Park + Ride“, März/April 2001, Odd GmbH Graphische Betriebe, Bad Kreuznach, 2001, S. 10-15.

Latotzki, Ralph: „(Audio-)Animatronics“, in: Freundeskreis Kirmes und Freizeitpark e. V. (Hg.): „Dark Ride“, Odd GmbH Graphische Betriebe, Bad Kreuznach, 2005.

Lay, Conrad: „‚Freizeitpark Deutschland‘? Zur Zukunft der Arbeitsgesellschaft“, in: Kepmer, Peter (Hg.): „Der Trend zum Event“, Suhrkamp, Frankfurt a. M., 2001.

Legnaro, Aldo: „Subjektivität im Zeitalter ihrer simulativen Reproduzierbarkeit. Das Beispiel des Disney-Kontinents“, in: Bröckling, Ulrich/Krasmann, Susanne/Lemke, Thomas (Hg.): „Gouvernementalität der Gegenwart“, Suhrkamp, Frankfurt a. M., 2000.

Legnaro, Aldo: „Zur Soziologie von Rausch und Ekstase“, in: Kemper, Peter/Sonnenschein, Ulrich (Hg.): „Sucht und Sehnsucht. Rauschrisiken in der Erlebnisgesellschaft“, Reclam, Stuttgart, 2000.

Lehmann, Alfred: „Tiere als Artisten. Eine kleine Kulturgeschichte der Tierdressur“, Ziemsen Verlag, Wittenberg, 1955.

Lehmann, Alfred: „Zwischen Schaubuden und Karussells“, Dr. Paul Schöps, Frankfurt a. M., 1952.

Lepold, Peter: „Freiburger Messe … Ein Bummel durch ihre Geschichte“, Promo Verlag, Freiburg, 1980.

Lewis, Ioan: „Schamanen, Hexer, Kannibalen“, Athenäum, Frankfurt a. M., 1989.

Lippe, Rudolf zur: „Vom Leib zum Körper. Naturbeherrschung am Menschen in der Renaissance“, Rowohlt, Hamburg, 1988.

Lotz, Arthur: „Das Feuerwerk. Seine Geschichte und Bibliographie“, Edition Olm, Zürich, 1978.

Luhmann, Niklas: „Soziale Systeme. Grundriß einer Theorie“, Suhrkamp, Frankfurt a. M., 1987.

Luhmann, Niklas: „Symbiotische Mechanismen“, in: Niklas Luhmann: „Soziologische Aufklärung 3 – Soziales System, Gesellschaft, Organisation“, Westdeutscher Verlag, Opladen, 1981.

Maase, Kaspar: „Grenzenloses Vergnügen. Der Aufstieg der Massenkultur 1850-1970“, Fischer, Frankfurt a. M., 1997.

Macho, Thomas: „Überlegungen zur Glücksspielsucht“, in: Baatz, Ursula/Müller-Funk, Wolfgang (Hg.): „Vom Ernst des Spiels. Über Spiel und Spieltheorie“, Dietrich Reimer, Berlin, 1993.

Marbach, Markus: „Achterbahnen. Entwicklungsgeschichte Teil 1“, in: Kirmes und Park Revue 6/96, 1996, S. 28-30.

Marbach, Markus: „Achterbahnen. Entwicklungsgeschichte Teil 2“, in: Kirmes und Park Revue 7/96, 1996, S. 26-27.

Marbach, Markus: „Achterbahnen. Entwicklungsgeschichte Teil 3“, in: Kirmes und Park Revue 8/96, 1996, S. 24-27.

Marchi, Luigi de: „Der Urschock. Unsere Psyche, die Kultur und der Tod“, Luchterhand, Darmstadt, 1988.

Markus, Mario: „Halluzinationen: Ihre Entstehung in der Hirnrinde kann im Computer simuliert werden“, in: Dittrich, Adolf/Hofmann, Albert/Leuner, Hanscarl (Hg.): „Welten des Bewußtseins. Band 3. Experimentelle Psychologie, Neurobiologie und Chemie“, VWB, Berlin, 1994.

Marling, Karal Ann: „Designing Disney's Theme Parks. The Architecture of Reassurance“, Flammarion, Paris und New York, 1997.

Martius, Johann Nikolaus/Wiegleb, Johann Christian: „Vaucansons Beschreibung eines mechanischen Flötenspielers“, in: Völker, Klaus (Hg.): „Künstliche Menschen. Über Golems, Homuculi, Androiden und lebende Statuen“, Suhrkamp, Frankfurt a. M., 1994.

Messen-Jaschin, Youri, Dering, Florian, Cuneo, Anne, Sidler, Peter: „Die Welt der Schaustellerei vom XVI. Bis zum XX. Jahrhundert“, Editions des Trois continents, Lausanne, 1986.

Meyer, Gerhard: „Geldspielautomaten mit Gewinnmöglichkeit – Objekte pathologischen Glücksspiels“, Studienverlag Dr. N. Brockmeyer, Bochum, 1983.

Minois, Georges: „Hölle. Kleine Kulturgeschichte der Unterwelt“, Herder, Freiburg, 2000.

Mogner, Hans: „Gruss vom Jahrmarkt und Schützenfest um die Jahrhundertwende auf alten Ansichtskarten“, Junfermann, Paderborn, 1985.

Morris, David: „Die Geschichte des Schmerzes“, Suhrkamp, Frankfurt a. M., 1996.

Müller-Küppers, Manfred: „Psychiatrie und Psychopathologie des Rausches“, in: Kiesel, Helmut (Hg.): „Rausch“, Heidelberger Jahrbücher 1999, Springer, Berlin, 1999.

Münchner Stadtmuseum (Hg.): „Das Oktoberfest. Einhundertfünfundsiebzig Jahre Bayrischer National-Rausch“, F. Bruckmann, o. O., 1985.

Narciß, Georg Adolf: „Wahrhaffter und Eigentlicher Jahrmarkt der Welt berühmtesten Messen. Gar kurtzweilige, possierliche und fast lächerliche neue und alte Historien, Reime und Anekdoten durch den Curiositätenliebhaber Geord Adolf Narciß Zusammengetragen“, Ehrenwirth, München, 1967.

Nasaw, David: „Going Out. The Rise and Fall of Public Amusements“, Basic Books, o. O., 1993.

Nationalgalerie Berlin: „Zirkus Circus Cirque“, Greno, Obertshausen, 1978.

Naumann, Hans: „Studien über den Bänkelgesang“, in: „Zeitschrift des Vereins für Volkskunde“, 30 und 31/1921. S.1-21.

Oberstadtdirektor der Stadt Krefeld – Amt für Landwirtschaft, Liegenschaften und Marktwesen (Hg.): „Kirmes in Krefeld. Geschichte und Geschichten von Schaustellern“, o. V., o. O., 1991.

Oettermann, Stefan: „Alles-Schau: Wachsfigurenkabinette und Panoptiken“, in: Kosok, Lisa/Jamin, Mathilde (Hg.): „Viel Vergnügen. Öffentliche Lustbarkeiten im Ruhrgebiet der Jahrhundertwende“, Verlag Peter Pomp, Essen, 1992.

Oettermann, Stefan: „Fremde. Der. Die. Das. Völkerschauen und ihre Vorläufer“, in: Kosok, Lisa/Jamin, Mathilde (Hg.): „Viel Vergnügen. Öffentliche Lustbarkeiten im Ruhrgebiet der Jahrhundertwende“, Verlag Peter Pomp, Essen, 1992.

Oettermann, Stephan: „Alte Schaustellerzettel“, Puppen & Masken, Frankfurt, 1980.

Oettermann, Stephan: „Das Panorama. Die Geschichte eines Massenmediums“, Syndikat, Frankfurt a. M., 1980.

Oettermann, Stephan: „Die Schaulust am Elefanten. Eine Elephantographia Curiosa“, Syndikat, Frankfurt a. M., 1982.

Oettermann, Stephan: „Läufer und Vorläufer. Zu einer Kulturgeschichte des Laufsports“, Syndikat, Frankfurt a. M., 1984.

Oettermann, Stephan: „Zeichen auf der Haut. Die Geschichte der Tätowierung“, Syndikat, Frankfurt a. M., 1979.

Ohne Autor: „Coney Island, was ist aus dir geworden?“, in: Kirmes und Park Revue 1+2/97, 1997. S. 86-88.

Ohne Autor: „Das große Kribbeln im Bauch“, in: „Europa Park Magazin“, 1/2001.

Ohne Autor: „Der Jahrmarkt. Sehenswürdigkeiten und Scenen in bunter Reihe“, Insel, Frankfurt a. M., 1978.

Ohne Autor: „Hals über Kopf“, in: „Focus“, 16. September 2002, Nr. 38, 2002. S. 77.

Ohne Autor: „Schausteller Handbuch 2000“, Braun und Partner, Pfaffenhofen, o. J.

Ohne Autor: „Volksfeste und Märkte. Herausgegeben als Jubiläumsbuch 100 Jahre Der Komet“, Komet Druck und Verlagshaus Klaus Endres, Pirmasens, 1983. 1997.

Ohne Autor: „650 Jahre Hamburger Dom. Das große Volksfest im Norden“, o. V, o. O., o. J.

Opaschowski, Horst: „Kathedralen des 21. Jahrhunderts. Erlebniswelten im Zeitalter der Eventkultur“, B. A. T. Freizeit-Forschungsinstitut GmbH, Hamburg, 2000.

Opschonek, Roland/Dering, Florian/Schreiber, Justina: „Im Banne der Motoren. Die Geschichte einer Schausteller-Attraktion“, Buchendorfer Verlag, München, 1995.

Orschel, Rolf: „Hannes Graubergers Entenangeln“, in: Kirmes und Park Revue 93, 2005, S. 20.

Orschel, Rolf: „Wachsfigurenkabinett“, in: Kirmes und Park Revue 83, 2004, S. 26-27.

Otto, Rudolf: „Das Heilige. Über das Irrationale in der Idee des Göttlichen und sein Verhältnis zum Rationalen“, Leopold Klotz Verlag, Gotha, 1929.

Paczensky, Gert von/Dünnebier, Anna: „Kulturgeschichte des Essens und Trinkens“, Orbis, München, 1999.

Pagels, Elaine: „Adam, Eva und die Schlange. Die Theologie der Sünde“, Rowohlt, Hamburg, 1991.

Parkscout: „Europa-Park“, Vista Point, Köln, 2005.

Parnicke, Peter: „Oldenburger Jahrmarktstradition. Geschichte und Geschichten zu Oldenburger Schaustellermärkten“, Isensee, Oldenburg, 1995.

Pemmer, Hans: „Der Prater: Von den Anfängen bis zur Gegenwart“, Jugend und Volk Verlag, Wien, 1974.

Petersen, Michael: „The Ring“, in: Kirmes und Parkrevue 5/2000, 2000, S. 20-22.

Petrarca, Francesco: „Die Besteigung des Mont Ventoux“, übersetzt von Hans Nachod, Insel, Frankfurt a. M., 1996.

Petzold, Leander: „Feste und Feiern in Baden-Württemberg“, G. Braun, Karlsruhe, 1990.

Platon: „Werke Band III. Der Staat, G. Reiner, Berlin, 1828.

Platthaus, Andreas: „Von Mann und Maus. Die Welt des Walt Disney“, Henschel, Berlin, 2001.

Plessner, Helmut: „Lachen und Weinen. Eine Untersuchung nach den Grenzen menschlichen Verhaltens“, Leo Lehen, München, 1950.

Poenicke, Klaus: „Eine Geschichte der Angst. Appropriationen des Erhabenen in der englischen Ästhetik des 18. Jahrhunderts“, in: Pries,

Christine (Hg.): „Das Erhabene. Zwischen Grenzerfahrung und Größenwahn“; VCH, Weinheim, 1989.

Polin, Robert/Rain, Michael: „Wie man besser flippert! Tricks. Technik. Theorie“, DuMont, Köln, 1982.

Puppentheatersammlung der Stadt München (Hg.): „Hereinspaziert Hereinspaziert. Jahrmarkts-Graphik aus drei Jahrhunderten“, o. V., o. O., o. J.

Rahner, Hugo: „Der spielende Mensch“, Johannes Verlag, Einsiedeln, 1952.

Ramus, Margit: „Wie alles begann ... Jahrmarkt, Fahrendes Volk und Karussells“, Komet, Pirmasens, 2004.

Rätsch, Christian: „Bier. Jenseits von Hopfen und Malz“, Orbis, München, 2002.

Reck, Hans/Szeemann, Harald (Hg.): „Junggesellenmaschinen. Erweiterte Neuausgabe“, Springer, Wien, 1999.

Reck, Hans: „Terrain und Entwurf – Zur Bedeutung von Theorien über „Spiel” für Ästhetik und Kunst“, in: „Kunstforum“, Band 176, Juni-August 2005, Kunstforum International, Ruppichteroth, 2005.

Register, Woody: „‚The Kid of Coney Island‘: Fred Thompson and the Rise of American Amusements“, Oxford University Press, Oxford, 2003.

Ruhrfestspiele Recklinghausen, 81 (Hg.): „Fahrendes Volk. Spielleute. Schausteller. Artisten“, o. V., o. O., o. J.

Runkel, Gunter: „Das Spiel in der Gesellschaft“, LIT, Münster, 2003.

Rutherford, Scott: „The American Roller Coaster“, MBI Publishing Company, Osceola, 2000.

Saltarino, Signor: „Artisten Lexikon. Biographische Notizen über Kunstreiter, Dompteure, Gymnastiker, Clowns, Akrobaten, Spezialitäten etc. aller Länder und Zeiten“ (Reprint des Originals von 1895, „Hubers Magischen Repositorium), o. V. Offenbach, 1984.

Salten, Felix: „Wurstelprater“, Fritz Molden, Wien, o. J.

Salten, Felix: „Josephine Mutzenbacher. Die Lebensgeschichte einer wienerischen Dirne von ihr selbst erzählt“, Rowohlt, Hamburg, 1978.

Saul, Christian/Veldhuis, Richard: „Black Hole. Neugier auf das Ungewisse“, in: Kirmes und Freizeit Revue 1+2/97, 1997.

Schafer, Mike/Rutherford, Scott: „Roller Coasters“, MBI Publishing Company, Osceola, 1998.

Schardt, Hermann (Hg.): „Schausteller Gaukler und Artisten. Schaubuden-Graphik der Vormärzzeit“, Verlag, Fredebeul und Koenen, Essen, 1980.

Schaustellerverband Lübeck e.V. (Hg.): „Die Geschichte der Hansestadt Lübeck in 12 Festzugsbildern Anno 1898“, Kunsthaus Lübeck, Lübeck, o. J.

Scheuerl, Hans: „Beiträge zu einer Theorie des Spiels“, Julius Beltz, Weinheim, 1964.

Schickel, Richard: „Disneys Welt. Zeit, Leben, Kunst & Kommerz des Walt Disney“, Kadmos, Berlin, 1997.

Schievelbusch, Wolfgang: „Geschichte der Eisenbahnreise. Zur Industrialisierung von Raum und Zeit im 19. Jahrhundert“, Ullstein, Frankfurt a. M., 1979.

Schirrmeister, Claudia: „Schein-Welten im Alltagsgrau. Über soziale Konstruktion von Vergnügungswelten“, Westdeutscher Verlag, Opladen, 2002.

Georgi Schischkoff: „Philosophisches Wörterbuch“, Kröner, Stuttgart, 1991.

Schmid, Carola: „Glücksspiel. Über Vergnügen und ‚Sucht‘ von Spielern“, Westdeutscher Verlag, Opladen, 1994.

Schmitt, Ralf/Bonhoff, Michael: „Jahrmarktskino. Seine Geschichte Teil 2“, in: Kirmes und Freizeit Revue 11+12/97, 1997, S. 54-57.

Schmitt, Ralf/Bonhoff, Michael: „Jahrmarktskino. Seine Geschichte Teil 3“, in: Kirmes und Freizeit Revue 1+2/98, 1998, S. 46-50.

Schmitt, Ralf/Bonhoff, Michael: „Jahrmarktskino. Seine Geschichte Teil 4“, in: Kirmes und Freizeit Revue 3/98, 1998, S. 26-28.

Schmitt, Ralf/Bonhoff, Michael: „Jahrmarktskino. Seine Geschichte Teil 5“, in: Kirmes und Freizeit Revue 4/98, 1998, S. 22-27.

Schmitt, Ralf: „Breakdance Teil 1“, in: Kirmes und Freizeit Revue 12, 2000, S. 18-26.

Schmitt, Ralf: „Breakdance Teil 2“, in: Kirmes und Freizeit Revue 1+2, 2001, S. 24-32.

Schmitt, Ralf: „Breakdance Teil 3“, in: Kirmes und Freizeit Revue 3+4, 2001, S. 42-45.

Schmitt, Ralf: „Freefalltower. Freier Fall aus siebzig Metern“, in: Kirmes und Freizeit Revue 8/97, 1997, S. 26-29.

Schmitt, Ralf: „Psycho & CO. Laufgeschäfte von Dietz“, in: Kirmes und Freizeit Revue 4/97, 1997, S. 12-18.

Schmitt, Ralf: „Revue der Illusionen. Staunen, immer wieder Staunen“, in: Kirmes und Freizeit Revue 6/98, 1998, S. 20-24.

Schmitt, Ralf: „Ufo Stehend in den Himmel“, in: Kirmes und Freizeit Revue 9/98, 1998, S. 34-37.

Schnalke, Thomas: „Geteilte Glieder – ganzer Körper. Von anatomischen Wachsmodellen und medizinischen Moulagen“, in: Gerchow,

Jan (Hg.): „Ebenbilder. Kopien von Körpern – Modelle des Menschen“, Hatje Cantz Verlag, Ostfildern-Ruit, 2002.

Schumacher, Gert-Horst: „Monster und Dämonen. Unfälle der Natur. Eine Kulturgeschichte“, Edition Q, Berlin, 1996.

Schütz, Alfred/Luckmann, Thomas: „Strukturen der Lebenswelt Band 2“, Suhrkamp, Frankfurt a. M., 1984.

Schützmannsky, Klaus: „Roller Coaster. Der Achterbahn-Designer Werner Stengel“, Kehrer Verlag, Heidelberg, 2001.

Spencer, Herbert: „Die Principien der Psychologie“, Schweizerbart, Stuttgart, 1886.

Spiegel, Sibylle: „Der Festbesucher“, Wiesbaden, 1994.

Spiel, Christian: „Menschen essen Menschen. Die Welt der Kannibalen“, Fischer, Frankfurt a. M., 1974.

Stadtarchiv München (Hg.): „Gruss vom Hippodrom“, o. V., München, 1981.

Stafford, Barbara Maria: „Kunstvolle Wissenschaft. Aufklärung, Unterhaltung und der Niedergang der visuellen Bildung“, Verlag der Kunst, o. O., o. J.

Steuten, Ulrich: „Das Ritual in der Lebenswelt des Alltags“, Focus, Gießen, 1998.

Stimming, Elisabeth, Vogt, Holger: „Hamburger Dom. Das Volksfest des Nordens im Wandel“, Medien-Verlag Schubert, Hamburg, 1995.

Stoop, Max: „Sensationen – Attraktionen an Jahrmarkt und Chilbi“, Th. Gut Verlag, Stäfa, 1999.

Strohecker, Hans/Willmann, Günter: „Cannstatter Volksfest“, Konrad Theiss Verlag, Stuttgart, 1978.

Strohecker, Hans: „Festschrift zum 150. Cannstatter Volksfest“, o. V., o. O., 1995.

Sutton-Smith, Brian: „Die Dialektik des Spiels“, Verlag Karl Hofmann, Schorndorf, 1978.

Thoma, Willi: „Europapark. Freizeit und Kultur“, Waldkircher Verlag, Waldkirch, 1986.

Thoma, Willi: „Faszination Karussell- und Wagenbau. 200 Jahre Mack Waldkirch“, o. V., o. O., o. J.

Till, Wolfgang: „Alte Postkarten“, Battenberg, Augsburg, 1994.

Türcke, Christoph: „Erregte Gesellschaft. Philosophie der Sensation“, C. H. Beck, München, 2002.

Veiz, Brigitte: „Das Oktoberfest. Masse, Rausch und Ritual. Sozialpsychologische Betrachtungen eines Phänomens. Eine qualitative Studie“, Band 1 und 2, Selbstverlag, 2001.

Veldhuis, Richard: „Vortex. Drehvergnügen aus Italien“, in: Kirmes und Park Revue 6/97, 1997. S. 10-13.

Vogt, Norman: „Reptilienschau“, in: Kirmes und Park Revue 87, 2004. S. 36.

Stadt Waldkirch (Hg.): „Von der Kuckucksuhr zum Orchestrion“: Die Geschichte der Waldkircher Musikautomaten, o. V., Waldkirch, 2002.

Stadt Waldkirch (Hg.): „Waldkircher Musikautomaten“, o. V., Waldkirch, 2002.

Walther, Klaus (Hg.): „Zwiebelmarkt und Lichterfest. Bräuche, Feste, Traditionen“, Mitteldeutscher Verlag Halle, Leipzig, o. J.

Weber, Max: „Gesammelte Aufsätze zur Religionssoziologie 1“, Mohr, Tübingen, 1988.

Weedon, Geoff/Ward, Richard: „Fairground Art“, Abbeville Press, White Mouse Edition, 1985.

Wegner, Ulrich: „Olympische Götterspiele. Wettkampf und Kult“, Thorbecke, Ostfildern, 2004.

Wiechens, Peter: „Bataille zur Einführung“, Junius, Hamburg, 1995.

Winkler, Gisela/Winkler, Dietmar: „Die große Raubtierschau. Aus dem Leben berühmter Dompteure. Gekürzte Fassung des gleichnamigen Buches“, Henschelverlag, Berlin, 1981.

Wittenberg, Reinhard: „Volksfest in Nürnberg“, S. Roderer, Regensburg, 2005.

Wozel, Heidrun: „Die Dresdner Vogelwiese. Vom Armbrustschießen zum Volksfest“, Verlag der Kunst, Dresden, 1993.

Wulf, Christoph: „Die Zeitlichkeit von Weltbildern und Zeitbildern“, in: Kamper, Dietmar/Kamper, Wulf (Hg.): „Rückblick auf das Ende der Welt“, Boer, Augsburg, o. J.

Wunderer, Richard: „Hexenkessel der Erotik. Lust und Laster internationaler Vergnügungszentren“, Freyja Verlag, 1963.

Zapff, Gerhard: „Pferde im roten Ring“, Henschel Verlag, Berlin, 1980.

Zapff, Gerhard: „Vom Flohzirkus zum Delphinarium. Seltene Dressuren der Zirkusgeschichte“, Henschel Verlag, Berlin, 1977.

Zille, Heinrich: „Buden, Bier und starke Frauen. Ein Rummelspaziergang mit Heinrich Zille“, Fackelträger, Hannover, 1987.

Zimmermann, Helmut: „Das Große Hannoversche Schützenbuch. Die Geschichte des hannoverschen Schützenwesens von den Anfängen im Mittelalter bis zur Gegenwart“, Schlutersche, Hannover, 1981.

Links

America Coaster Enthusiast: http://www.aceonline.org/ [Stand 01.12. 2005]

Ärzte Zeitung Online: http://www.aerzte-zeitung.de/docs/2004/09/16/166a1601.asp?cat=/medizin/angst [Stand 01.12.2005]

Automates Anciens: http://www.automates-anciens.com/ [Stand 01.12. 2005]

Coney Island History Site: http://naid.sppsr.ucla.edu/coneyisland/ [Stand 01.06.2006]

Deutscher Schaustellerbund e.V.: http://www.dsbev.de/gewerbe/main. htm [Stand 01.12.2005]

European Coaster Club: http://www.coasterclub.org/ [Stand 01.12.2005]

Freizeitparkweb: http://freizeitparkweb.de/cgi-bin/dcf/dcboard.cgi [Stand 01.12.2005]

Freundeskreis Kirmes und Freizeitpark: http://www.fkf-online.de/ [Stand 01.12.2005]

Ganz München De: www.ganz-muenchen.de/oktoberfest/fahrgeschaefte/modern/freefall.htmlst/Fahrgeschäfte /modern/freefall.html [Stand 23.08.2005]

German Coaster Club: http://www.germancoasterclub.de/ [Stand 01.06. 2006]

Das Deutsche Wörterbuch von Jacob und Wilhelm Grimm auf CD-ROM und im Internet: http://germazope.uni-trier.de/Projects/WBB/woerterbuecher/dwb/wbgui?lemid=GR09422 [Stand 01.12.2005]

Die Zeit.de Wissen: http://www.zeit.de/zeit-wissen/2005/04/Angstlust. xml [Stand 01.06.2006]

Herforder Wochenzeiger: http://www.wochenanzeiger-herford.de/index. php3?id=ausgabe&kategorie=kultur&m_id=47 [Stand 01.12.2005]

HTW Chur: http://66.249.93.104/search?q=cache:UcsfC4sHH2EJ:www. fh-htwchur.ch/files/A43-Vier-Todsuenden_bei_FZP-Planung.pdf+europa-park+kreft&hl=de&gl=de&ct=clnk&cd=17 [Stand 01.06.2006]

John A. Miller, Roller Coaster Designer und Builder: http://home.nyc.rr. com/johnmiller/ [Stand 01.06.2006])

Kirmes-Nostalgie: http://www.kirmes-nostalgie.de/ [Stand 01.06.2006]

Lullusfest: http://www.lullusfest.de/lolls05/ [Stand 01.12.2005]

Main-Spitze: http://www.main-spitze.de/reise/objekt.php3?artikel_id=1852173 [Stand 01.06.2006]

Owl Community: http://owl-community.de/modules.php?name=Kalender&op=view&eid=258; [Stand 01.12.2005]

Rhein Zeitung: http://rhein-zeitung.de/on/01/05/17/topnews/phanthin.html [Stand 01.12.2005]
Ride-n-Rumours: http://www.ride-n-rumors.de/portal.php [Stand 01.12.2005]
Roller Coaster DataBase: http://rcdb.com/ [Stand 01.06.2006]
Rollercoasterfriends: http://www.rollercoasterfriends.com/ [Stand 01.06.2006]
Schaubuden.de: http://www.schaubuden.de [Stand 01.12.2005]
Schwarzkopf Coaster Net: http://schwarzkopf.coaster.net/unternehmenGF.htm [Stand 01.12.2005]
Spiegel Online: http://www.spiegel.de/reise/kurztrip/0,1518,301147,00.html [Stand 01.12.2005]
Spiegel Online: http://www.spiegel.de/sptv/extra/0,1518,140720,00.html [Stand 01.12.2005]
Stern: http://www.stern.de/lifestyle/reise/510765.html?eid=510653&&nv=ex_rt [Stand 01.12.2005]
Stern: http://www.stern.de/lifestyle/reise/510859.html?eid=510653&&nv=ex_tt [Stand 01.12.2005]
taz: http://www.taz.de/pt/2006/05/02/a0152.1/text [Stand 01.06.2006]
Tekkies.de: http://www.tekkies.de/pdf/DIN-4112-Fliegende-Bauten.pdf [Stand 01.06.2006]
Themata: http://www.themata.com/ [Stand 01.12.2005]
Venice, California History Site: http://naid.sppsr.ucla.edu/venice/ [Stand: 01.06.2006]
Wikipedia: http://de.wikipedia.org/wiki/Achterbahn#Typen [Stand 01.12.2005]
Wikipedia: http://de.wikipedia.org/wiki/Chilbi [Stand 01.12.2005]
Wikipedia: http://de.wikipedia.org/wiki/Herford [Stand 01.12.2005]
Wikipedia: http://de.wikipedia.org/wiki/Kirchweih [Stand 01.06.2006]
Wikipedia: http://de.wikipedia.org/wiki/Wiener_Riesenrad/ [Stand 01.12.2005]
Wissen.de: http://www.wissen.de/wde/generator/wissen/ressorts/bildung/index,page=1090690.html [Stand 01.06.2006]

Prospekte

„30 Jahre Lust auf Spass. 30 Jahre Holiday Park", Holiday Park, Hassloch, 2001.

„Europa-Park. Deutschlands größter Freizeitpark. 70 Seiten mit über 200 Farbfotos und neuem Panoramaplan", o. V., o. O., o. J.

„Madame Tussaud's Baker Street London", o. O., o. V., o. J.

Fernsehbeiträge und Filme

„Achterbahn", Regie: James Goldstone, Universal Pictures, 1976.

„Exklusiv – Die Reportage. Die Spaß-Profis. Der Harte Job im Freizeitpark", RTL II, 17.01.06

„Feste und Bräuche: Cannstatter Wasen", S3, 01.10.01.

„Kirmesboxen", RTL, 05.03.02.

„NTV-Reportage: Freizeitparks Teil 1", NTV, 14.01.06.

„NTV-Reportage: Freizeitparks Teil 2", NTV, 21.01.06.

„o zapft ist", BR, 16.09.05.

„Planet Wissen: Nostalgie und Hightech", WDR, 15.09.03.

„Spiegel TV: Der Herr des Schreckens", Vox, 21.06.01.

„Spiegel TV: Mission Nervenkitzel", Vox, 27.05.05.

„Werner Stengel", Arte, 19.06.01.

„ZDF – Reportage: Klappaltar am Autoskooter. Unterwegs mit einem Kirmespfarrer", 3 Sat, 21.05.02.

Abbildungsverzeichnis

Danksagung

Gedankt sei an dieser Stelle Herrn Prof. Dr. Wolfgang Eßbach, der mir für das vorliegende Projekt den nötigen Freiraum gab und mir das Vertrauen schenkte diesen auch zu nutzen.

Auch sei Herrn Werner Stengel (Ingenieurbüro Stengel), Herrn Dr. Florian Dering (Münchner Stadtmuseum), Herrn Frank Lanfer (Kirmes und Park Revue) sowie Herrn Michael Kreft von Byern (Europa-Park) dafür gedankt, dass sie mit Interesse mein Anliegen unterstützten und sich für Gespräche und Interviews bereitstellten.

Sozialtheorie

Christoph Wulf
Anthropologie kultureller Vielfalt
Interkulturelle Bildung in Zeiten der Globalisierung
September 2006, 164 Seiten, kart., 17,80 €,
ISBN: 3-89942-574-X

Martin Voss
Symbolische Formen
Grundlagen und Elemente einer Soziologie der Katastrophe
September 2006, 312 Seiten, kart., 28,80 €,
ISBN: 3-89942-547-2

Heiner Depner
Transnationale Direktinvestitionen und kulturelle Unterschiede
Lieferanten und Joint Ventures deutscher Automobilzulieferer in China
September 2006, 240 Seiten, kart., 25,80 €,
ISBN: 3-89942-567-7

Heiner Keupp, Joachim Hohl (Hg.)
Subjektdiskurse im gesellschaftlichen Wandel
Zur Theorie des Subjekts in der Spätmoderne
September 2006, 232 Seiten, kart., 25,80 €,
ISBN: 3-89942-562-6

Lutz Leisering, Petra Buhr, Ute Traiser-Diop
Soziale Grundsicherung in der Weltgesellschaft
Monetäre Mindestsicherungssysteme in den Ländern des Südens und des Nordens. Weltweiter Survey und theoretische Verortung
September 2006, 342 Seiten, kart., 29,80 €,
ISBN: 3-89942-460-3

Andrej Holm
Die Restrukturierung des Raumes
Stadterneuerung der 90er Jahre in Ostberlin: Interessen und Machtverhältnisse
September 2006, 356 Seiten, kart., 29,80 €,
ISBN: 3-89942-521-9

Helen Schwenken
Rechtlos, aber nicht ohne Stimme
Politische Mobilisierungen um irreguläre Migration in die Europäische Union
September 2006, 374 Seiten, kart., 29,80 €,
ISBN: 3-89942-516-2

Amalia Barboza, Christoph Henning (Hg.)
Deutsch-jüdische Wissenschaftsschicksale
Studien über Identitätskonstruktionen in der Sozialwissenschaft
September 2006, 292 Seiten, kart., 28,80 €,
ISBN: 3-89942-502-2

Leseproben und weitere Informationen finden Sie unter: www.transcript-verlag.de

Sozialtheorie

Christian Berndt,
Johannes Glückler (Hg.)
Denkanstöße zu einer anderen Geographie der Ökonomie
August 2006, 172 Seiten,
kart., 17,80 €,
ISBN: 3-89942-454-9

Mark Hillebrand, Paula Krüger,
Andrea Lilge,
Karen Struve (Hg.)
Willkürliche Grenzen
Das Werk Pierre Bourdieus in interdisziplinärer Anwendung
August 2006, 256 Seiten,
kart., 25,80 €,
ISBN: 3-89942-540-5

Ivo Mossig
Netzwerke der Kulturökonomie
Lokale Knoten und globale Verflechtungen der Film- und Fernsehindustrie in Deutschland und den USA
Juli 2006, 228 Seiten,
kart., 26,80 €,
ISBN: 3-89942-523-5

Wolf-Andreas Liebert,
Marc-Denis Weitze (Hg.)
Kontroversen als Schlüssel zur Wissenschaft?
Wissenskulturen in sprachlicher Interaktion
Juli 2006, 214 Seiten,
kart., 24,80 €,
ISBN: 3-89942-448-4

Renate Grau
Ästhetisches Engineering
Zur Verbreitung von Belletristik im Literaturbetrieb
Juli 2006, 322 Seiten,
kart., 32,80 €,
ISBN: 3-89942-529-4

Christian Kellermann
Die Organisation des Washington Consensus
Der Internationale Währungsfonds und seine Rolle in der internationalen Finanzarchitektur
Juli 2006, 326 Seiten,
kart., 28,80 €,
ISBN: 3-89942-553-7

Ulrich Heinze
Hautkontakt der Schriftsysteme
Japan im Zeichen der Globalisierung: Geldflüsse und Werbetexte
Juli 2006, 208 Seiten,
kart., 25,80 €,
ISBN: 3-89942-513-8

Leseproben und weitere Informationen finden Sie unter:
www.transcript-verlag.de